古典文獻研究輯刊

十六編

潘美月・杜潔祥 主編

第 20 冊

陳垣《日知錄校注》研究
——以注校史源爲例

黃偉豪 著

國家圖書館出版品預行編目資料

陳垣《日知錄校注》研究——以注校史源為例／黃偉豪　著
— 初版 — 新北市：花木蘭文化出版社，2013〔民 102〕
　　目 4+280 面；19×26 公分
（古典文獻研究輯刊 十六編：第 20 冊）
ISBN：978-986-322-171-5（精裝）
1. 陳垣　2. 日知錄　3. 注釋
011.08　　　　　　　　　　　　　　　　102002359

ISBN-978-986-322-171-5

古典文獻研究輯刊
十六編　第二十冊　　　　　　ISBN：978-986-322-171-5

陳垣《日知錄校注》研究——以注校史源為例

作　　者　黃偉豪
主　　編　潘美月　杜潔祥
總 編 輯　杜潔祥
企劃出版　北京大學文化資源研究中心
出　　版　花木蘭文化出版社
發 行 所　花木蘭文化出版社
發 行 人　高小娟
聯絡地址　235 新北市中和區中安街七二號十三樓
　　　　　電話：02-2923-1455 ／傳真：02-2923-1452
網　　址　http://www.huamulan.tw 信箱 sut81518@gmail.com
印　　刷　普羅文化出版廣告事業
初　　版　2013 年 3 月
定　　價　十六編 30 冊（精裝）新台幣 50,000 元

陳垣《日知錄校注》研究
——以注校史源爲例

黃偉豪　著

作者簡介

黃偉豪，畢業於台灣中國文化大學，就讀大學期間得到不少好老師的薰陶，萌生從事古籍鑽研的想法。取得香港新亞研究所碩士學位後，進而修讀博士學位，所裏陳志誠、何廣棪與李學銘教授等對我教誨良多，受益匪淺。研究興趣為語言文史，尤喜經史校讎。嘗於香港中文大學學術期刊《中國語文通訊》上發表〈談董橋早期的一篇譯作〉論文。《陳垣《日知錄校注》研究——以注校史源為例》一書，據碩士論文修訂而成，指導教授為陳志誠老師。

提　要

　　本文以陳垣（援庵）先生（1880～1971年）《日知錄》的文獻學注校和史源為研究重心，論述了他的文獻注校和史源思想及其在文獻學注校和史源方面所取得的成就。因為陳垣先生是在《日知錄集釋》本的天頭側頁上加注的，篇幅少，不能不意賅辭精。

　　實際上，陳垣先生在文獻學上的成就是非常豐富和多方面的，本文只就其中兩三個主要方面做一初步的探討，冀發掘陳垣先生在自己或前人研究的基礎上的進展，以及他採取前人未用過的方法。因為陳垣先生《日知錄校注》的行文比較簡略，我多採用類比的方法，期把《日知錄校注》裏摘取陳垣先生注校和史源的意見，從陳垣先生不同著作裏找出其類似的地方，再據此將它們合在一起歸納出條例來，找出系統。也希望進而掌握著述的內在規律，得到以此推彼、舉一反三的效果。我更會將心比心去領會、推測陳垣先生寄寓的民族情感，從而理解《日知錄校注》著作的內容和中心主旨。

　　我同時參考李師學銘的〈陳援庵先生與史書要刪〉，先列「引用」及「櫽括」方法兩表，把陳垣先生給《日知錄》校注下關於顧炎武「引用」及「櫽括」方法的應用嘗試整理，結論相信會有意義。

第一章 緒 論

　　文獻學是關於整理典籍及學習、運用文獻資料從事教學和研究工作的一門學問。校注即校勘加注釋，《日知錄校注》匯聚了校注者陳垣先生幾十年關於《日知錄》的研究成果。

　　《日知錄》是明末清初學者顧炎武（1613～1682 年）的代表作品之一。《日知錄》在引用資料時一般既不注卷數，也不詳注起迄，引文與顧炎武自己的文字混倒一起，通行的《日知錄集釋》不止沒有區分顧炎武原文與引文，更進一步混淆了《日知錄》所引書的注文與顧炎武自注。陳垣先生的《日知錄校注》將《日知錄》的引文一一找出並核實其出處，能注出書名、卷數或篇名的，標明起止頁碼段落，且校勘諸版本及抄本《日知錄》。可以從像《冊府元龜》一類大書中找到不起眼的一小段，在電腦不盛行的年代難以想像。縱然引著名學者的書久已亡佚，其學說在民間流傳，因爲好在有繼承者，經流傳引用後可以得窺部分面貌，《日知錄校注》就從輾轉輯佚後的文句作出判斷，發揮重要校勘的功能，還教讀者讀了明白經學家數的推衍，知道誰是師，誰是徒。《日知錄校注》不但能助讀者正確認識《日知錄》，它揭櫫的史源學和考證方法，深具啓發意義。

　　陳垣先生作《日知錄校注》，始於上世紀三十年代初，直至五十年代後期還在修改補充，歷時二十餘年。

　　《日知錄》是顧炎武的重要著作，該書引用古籍不注卷數，難以分辨起止，致古籍每與顧炎武自己文章相混，讀者不能辨析何者爲引文，何者爲作者議論。黃汝成《日知錄集釋》被稱爲「《日知錄》最爲精善的版本」，但其注不但不解釋《日知錄》原文，反而常把原文半途截斷。嶽麓書社 1994 年版

《日知錄集釋》和甘肅民族出版社 1997 年版《日知錄》以黃本為底本，雖然做了大量校注工作，但在引文起訖、斷句、校勘等方面仍存不少錯誤。陳垣先生遺稿《日知錄校注》將《日知錄》的引文盡行查找，並進行了追溯史源、校勘和訂正。陳垣先生的家屬陳智超、陳致易等為《日知錄校注》補闕增潤的工作成績不能磨滅。

《後漢書》可以省稱《漢書》嗎？《日知錄》原注稱《後漢書》為《漢書》，陳垣先生認為《後漢書》書名似不能省作《漢書》。〔註1〕得業師陳志誠老師的提示，推論顧炎武逕將《後漢書》省稱《漢書》，為的是顧炎武重一統的歷史觀念，前後《漢書》只管是大漢朝的產物。

《日知錄校注》的校勘史源即直承南宋王應麟（1223～1296 年）下迄清代諸儒「經史致用」的學術系統，在某些項目下更有長足的發展。看過王應麟的《困學紀聞》就知道這書與《日知錄》學術路線的相近，陳垣先生接受經史致用的思想，不多不少受了王應麟的影響。由王應麟、錢大昕到陳垣先生經學致用一派，其哲學理論暫且不論，都不難看到無論是學術方向以至治學態度都可以互相補足，沒多大需求要向他派取經。

顧炎武和陳垣先生民族意識特高，不甘屈從於異族，設法於著作中表達不仕二朝的意志。陳垣先生很能體會顧炎武受異族侵凌的沉痛心情。

陳垣先生文章學顧炎武，他們都是實事實幹的學者。陳垣先生發展刪削敷衍文字的一套理論，於《日知錄校注》稍見端倪。

第一節　研究動機

我最先動起念頭去研究陳垣先生《日知錄校注》，為的是顧炎武同是個人向來極為欽仰的古人，而和陳垣先生也是自己敬重的前輩學者。安徽大學出版社不多久前出版陳垣《日知錄校注》，可謂顧炎武去世後《日知錄》最為完

〔註1〕陳垣先生在〈廉恥〉條中注說：「（顧炎武）引《舊唐書》而不加『舊』字，與前例不一。」（陳垣：《日知錄校注》上冊，卷十三（合肥：安徽大學出版社，2007 年，第 1 版），頁 742。）又於〈凶禮〉條中注說：「上文〈正月之吉〉條引《逸周書》，『逸』字不可省。」（陳垣：《日知錄校注》上冊，卷五（合肥：安徽大學出版社，2007 年，第 1 版），頁 263。）顧炎武引書名無疑是採較寬容的態度，陳垣先生則堅持史家嚴謹注書的態度，是時代不同，要求自異。後引《日知錄校注》的出版資料從略。陳垣：《日知錄校注》中冊，卷十七，頁 965。

善的一個版本。

　　陳垣先生作《日知錄校注》，是要「溯本追源，辨認其本來面目」，使讀者正確了解《日知錄》，並爲學者研究顧炎武思想與學術提供幫助。《日知錄》在引用資料時一般既不注卷數，也不注起止，引文與顧炎武自己的文字混淆不分。通行的《日知錄集釋》有時非但沒有區分顧氏原文與引文，而且進一步混淆了《日知錄》所引的資料。

　　在學術上，陳垣先生對宗教史、元史以及歷史文獻學的幾個分支史諱學、校勘學、年代學的研究，在校注《日知錄》之時都已取得了重要的成就，醞釀著新的研究課題。

　　《日知錄校注》爲第一部、也是目前唯一的一部《日知錄》校注本。我期望陳垣先生以細密周到的校勘和簡明精當的注釋，把此書勒成定本。

　　我覺得陳垣先生於「校」的部分能尋繹線索，核查引據，校版本，比異同。惟是在「注」一方，因是隨手校注，爲備課用，難免簡略了些。自己確曾據陳垣先生的注解翻閱原典，絕大部分都沒出錯，不比今天容易找資料，當時陳垣先生所做的已經了不起，除本於個人研究和舊本基礎，還據手頭文獻重新輯錄。我想，陳垣先生無疑於閱讀批注《日知錄》時，總有考慮過校注體例該怎麼寫的時候。

　　陳垣先生對所治領域史料有大量校讎輯佚，徵引廣博，考訂精審。本文以陳垣先生《日知錄校注》中對文獻史源校勘的有關論述爲研究對象，探討其書校注的理念。我喜歡陳垣先生的《通鑑胡注表微》，想到把《通鑑胡注表微》圓熟的校勘注釋理論，加上目錄學、宗教學、年代學等優厚修養，以之量度《日知錄校注》，會有甚麼樣的結果，答案會相當有趣味。

第二節　研究範圍與方法

　　陳垣先生的《日知錄校注》是迄今爲止輯佚最爲完備、校注最爲精審、資料最爲豐富的《日知錄》研究專書。明確的目標意識、深厚的文獻功底、廣泛的研究範圍是該書的三個主要特點。

　　所謂目錄、校勘、版本被看作是文獻學的三個分支學科，另外，輯佚與辨僞、注釋與索引，都是直接施加於文獻之上，是直接對文獻進行處理的手段。陳垣先生所歸納的校勘四法，是注重總結、歸納和概括，注重邏輯演繹

方法，強調實踐和實證。本文研究範圍主要限於目錄、校勘、版本、史源及避諱，金石學是顧炎武的絕學，但在陳垣先生的注中絕少提及，故不擬列入研究的範圍；宗教學在陳垣先生的注中也絕少提及，也不列入研究的範圍。

自己研究採用的資料包括典籍記載、金甲文材料、避諱字彙的運用等。

此外，考察《日知錄校注》對內容涉及很廣的範圍，包含了地理、歷史、社會、禮制的觀點，並探究校注人藉此對憂慮時局所表達的內在情感。

在版本方面自然以陳垣先生的《日知錄校注》爲主，欒保成等點校的《日知錄集釋》（上海古籍出版社）補充了《日知錄校注》不載的黃汝成注文。事實上，欒保成等點校的《日知錄集釋》在校點上有不錯的成績。

本文的研究方法有以下幾個，包括指陳特點，反映陳垣先生廣引群書，以證異同、博采眾說，校定字句、不尚虛浮，獨立思考的治學態度，知類旁通，融合各科學術、樹立文獻爲學術公器的風範、建立以文獻考索文化的研究方法。

陳垣先生敬重愛國的學者，尊崇的對象有些名氣響亮，有些未享大名。陳垣先生甚至義不容辭地發掘那些愛國的學者尚不爲人知的學術成就與愛國情操。

校注之學，實爲一切作品研究的基礎，若無校勘，善本無從得見；若無箋注，文義未能詮解。凡對於古籍的研究，都或多或少要涉及版本問題，不可對版本茫無所知。

顧炎武與陳垣先生的爲學均以「經世致用」爲目的，這也是他倆觀察問題，解決問題的起點，也是終點，不必深究「著」或「注」得好不好的問題。

我研究的方法是先通讀陳垣先生的《日知錄校注》多遍，記下有關校勘史源的材料，試粗分多項類別，這個步驟重複多次。幸得睹吳漫〈試論王應麟《困學紀聞》的文獻學價值〉一文，彷彿爲我設計了一個論文架構。另一方面可以推論除了哲學思想外，王應麟《困學紀聞》「經世致用」研究的路線，不待錢大昕而傳授予陳垣先生。王應麟（1223～1296 年）跟顧炎武的文辭都簡約，而道理融通探奧窮源，眞知洞見；陳垣先生強調包括注文以內的文字須不蔓不枝。陳垣先生經常在自己的藏書上寫下自己的心得批語，著名學者的遺藏宜保留，體例即使未算盡善的《日知錄校注》實有值得我們後學一讀再讀的價值。

第三節　前人研究成果

　　陳垣先生的學生劉乃和（公元 1918～1998 年）曾編〈陳垣同志已刊論著目錄繫年〉，發表於十多年前，爲陳垣研究提供了極大的便利。這繫年表收錄於《陳垣年譜配圖長編》（上、下冊）〔註2〕後的附錄。

　　劉乃和既是陳垣先生的得力助手，同時照顧老師的飲食，師徒關係密切，劉乃和的說法當然值得信賴。不過〈陳垣同志已刊論著目錄繫年〉記載的歷史年代跨度大，個別遺漏和失誤之處難免。近年，陳垣先生已刊論著不斷發現，一部分未刊論著得到整理、梓行。爲了全面反映這些新的研究成果，王明澤〈陳垣同志已刊論著目錄繫年補正〉〔註3〕對〈陳垣同志已刊論著目錄繫年〉的漏誤進行了考訂和增補。

　　接踵補全陳垣年譜的不乏人，〈爲《陳垣年譜配圖長編》補遺指謬〉〔註4〕的作者孫玉蓉很幸運，研讀了 80 餘年前，曾在京師圖書館佐助陳垣檢理翻閱敦煌經卷的俞澤箴晚年《日記》手稿，從中發現了有關陳垣的記載。徵得俞氏親屬的同意，在文中披露一二，藉以補充《陳垣年譜配圖長編》中的遺漏，並訂正少許失誤。說幸運，還好有孫玉蓉努力，從訪問陳垣先生的學生，才覓得未被發掘的珍貴資料。

　　了解陳垣先生的生平後，自然要讀他的著作。

陳垣先生已刊論著要目

　　這是一個簡化的目錄，主要收錄近年再版或新刊行的。參照劉乃和《陳垣同志已刊論著目錄繫年》（收入遼海出版社《陳垣年譜配圖長編》，2000 年，頁 865～919）並略作增補。

　　《勵耘書屋叢刻》北京師範大學出版社影印本，1982 年

　　第一集

　　　　元西域人華化考八卷

　　　　元典章校補八卷

〔註 2〕劉乃和、周少川等：《陳垣年譜配圖長編》上、下冊，（瀋陽：遼海出版社，2000 年，第 1 版），頁 865～919。

〔註 3〕王明澤：〈陳垣同志已刊論著目錄繫年補正〉《史學史研究》2000 年第 4 期，頁 61～66。

〔註 4〕孫玉蓉：〈爲《陳垣年譜配圖長編》補遺指謬〉，《天津大學學報：社會科學版》第 2 期（2008 年 3 月），頁 143～145。

元典章校補釋例六卷

第二集

史諱舉例八卷

舊五代史輯本發覆三卷

吳漁山先生年譜二卷

釋氏疑年錄十二卷

清初僧諍記三卷

《陳垣史學論著選》，上海人民出版社，1981 年，收元也里可溫教考、開封一賜樂業教考、火祆教入中國考、摩尼教入中國考、雍乾間奉天主教之宗室、吳漁山生平、湯若望與木陳忞等論著共 79 篇，包括一些專著的摘錄。

《陳垣史源學雜文》，人民出版社，1980 年。（陳智超 2007 年增訂《陳垣史源學雜文》，三聯書店）。

陳垣集，中國社會科學出版社，《近現代著名學者佛學文集》，1995 年。

《陳垣來往書信集》，陳智超編注，上海古籍出版社，1990 年。

單行本

《校勘學釋例》（即收入《叢刻》中的《元典章校補釋例》），中華書局 1959 年。

《釋氏疑年錄》，中華書局，1964 年。

《元西域人華化考》，上海古籍出版社，《蓬萊閣叢書》，2000 年。

《中國佛教史籍概論》，科學出版社，1955 年，中華書局，1962 年，1982 年，上海書店出版社 2001 年。

《史諱舉例》，科學出版社，1958 年，中華書局 1962 年。

《明季滇黔佛教考》，科學出版社，1959 年，中華書局，1962 年，河北教育出版社，《二十世紀史學名著叢書》，2000 年。

《通鑑胡注表微》，科學出版社，1958 年，中華書局 1962 年，遼寧教育出版社《新世紀萬有文庫》，1997 年。（科學出版社 1958 年單本編成的《通鑑胡注表微》以繁體字印行，現在難以買得）

《二十史朔閏表》，中華書局，1962 年，1999 年。

台灣新文豐出版社在 1993 年已經出版了《陳援菴先生全集》，全書茲依專著、雜著、序跋和書信四大類分，專著部分凡 15 冊，23 種。

　　論全不能不看 2010 年版的《陳垣全集》〔註5〕，雖然有幾本嚴格說來是陳垣先生的筆記。2010 年《陳垣全集》由陳垣先生的長孫陳智超主編。全集近一千萬字，有半數以上內容爲陳垣先生生前未發表過的文章。陳垣先生經常在自己的藏書上寫下自己的心得批語。陳智超利用這些批語整理出了《廿二史箚記批註》、《日知錄校注》、《鮚崎亭集批註》等陳垣先生未刊行、待定稿的著作。

【陳垣全集】目錄

　　第一冊　早年文

　　第二冊　元也里可溫教考　開封一賜樂業教考　火祆教入中國考　摩尼教入中國考　元西域人華化考　宗教史論文

　　第三冊　四庫書目考異

　　第四冊　中西回史日曆（上）

　　第五冊　中西回史日曆（下）

　　第六冊　二十史朔閏表

　　第七冊　史諱舉例　校勘學釋例　吳漁山年譜　舊五代史輯本發覆　歷史文獻學論文　雜著

　　第八冊　敦煌劫餘錄（上）

　　第九冊　敦煌劫餘錄（下）

　　第十冊　元典章校補

　　第十一冊　元秘史音譯類纂（上）

　　第十二冊　元秘史音譯類纂（下）元秘史校記　元秘史譯音用字考

　　第十三冊　廿二史札記批注　廿二史札記考正

　　第十四冊　日知錄校注（上）

　　第十五冊　日知錄校注（中）

　　第十六冊　日知錄校注（下）

　　第十七冊　釋氏疑年錄　中國佛教史籍概論

　　第十八冊　明季滇黔佛教考　清初僧諍記　南宋初河北新道教考

　　第十九冊　鮚崎亭集批注（上）

　　第二十冊　鮚崎亭集批注（下）

〔註 5〕陳智超：《陳垣全集》，（合肥：安徽大學出版社，2010 年，第 1 版）。

第二十一冊　通鑑胡注表微
第二十二冊　文稿　批注本　教材　詩稿　解放后重要講話文章
第二十三冊　書信

第二章 《日知錄校注》編撰的緣起

　　《日知錄》的寫作是一個漫長的過程，寫作方式是累積成篇。作為對清代史學有重大影響的史家，顧炎武在史書編纂上也有精到的見解。他重視史家的修養與處理史料的方法，鑽研從史料的角度論述怎樣才能信實寫史，比較不受名教的束縛。他主張歷史文學應準確而不在於繁簡，也重視表志。

　　彭君華說明《日知錄校注》如何整理黃汝成集釋本，又如何辨析修訂，他說：

> 援庵先生是據民國元年鄂官書處重刊黃汝成集釋本加以批註的。黃
> 本所謂集釋，只是「博采諸家疏説傳注名物、古制、時務者，條比
> 其下」，換句話說，就是羅列一些同一論題的材料，於亭林原著文字
> 的來龍去脈及版本、目錄、校勘等少有發明，甚至常將相應材料攔
> 腰插入，截斷文脈，致兩者相淆。於此，援庵先生亦詳加辨析，是
> 者韙之，非者正之。〔註1〕

文獻學的研究對像是古籍，經、史、子、集都包括在內，並不是只研究單一的史部書。顧炎武的《日知錄》，考古而證今，目的仍在經世致用。陳垣先生編撰《日知錄校注》為開設「史源學實習」備課，又當時他身處淪陷區，要通史致用，研究有意義、實用的史學。本論文即以陳垣先生對「日知錄」的研究為重心，以了解有關陳垣先生校勘史源的論說。

〔註 1〕 彭君華：〈採山之銅刮垢磨光──評陳垣先生《日知錄校注》〉，見《古籍整理
　　　　出版情況簡報》2008 年第 2 期），總 444 期。彭君華是安徽大學出版社的編輯，
　　　　他的名字亦見於陳垣先生《日知錄校注》的前言中。（陳垣：《日知錄校注》
　　　　上冊，前言，頁 9。）

顧炎武提出了「亡國」與「亡天下」之辨，促救華夏民族，外攘夷狄。《日知錄‧正始》：

> 有亡國，有亡天下。亡國與亡天下奚辨？曰：易姓改號，謂之亡國；仁義充塞，而至於率獸食人，人將相食，謂之亡天下。魏晉人之清談，何以亡天下？是孟子所謂楊、墨之言，至於使天下無父無君，而入於禽獸者也。昔者嵇紹之父康，被殺於晉文王，至武帝革命之時，而山濤薦之入仕。紹時屏居私門，欲辭不就。濤謂之曰：「爲君思之久矣，天地四時，猶有消息，而況於人乎？」一時傳誦，以爲名言，而不知其敗義傷教，至於率天下而無父者也。……自正始以來，而大義之不明，徧於天下。如山濤者，既爲邪說之魁，遂使嵇紹之賢且犯天下之不韙而不顧。夫邪正之說，不容兩立。使謂紹爲忠，則必謂王裒爲不忠，而後可也。何怪其相率臣於劉聰、石勒，觀其故主青衣行酒，而不以動其心者乎？是故知保天下然後知保其國。保國者，其君其臣，肉食者謀之；保天下者，匹夫之賤，與有責焉耳矣。〔註2〕

天下興亡，匹夫有責，是顧炎武在《日知錄‧正始》中提出的觀點。

嵇紹隨晉帝與成都王戰於蕩陰，嵇紹的仕晉及身殉晉惠帝被殺，嵇紹這行爲被顧炎武責難爲不忠不孝。顧炎武的意思是：嵇紹出仕的時候，知道自己的行爲敗壞了儒家倫理，仍然知法犯法，不可原諒。

從前嵇紹的父親，竹林七賢之一的嵇康，被晉文王司馬昭所殺，到了晉武帝司馬炎篡魏的時候，山濤推薦嵇紹出任秘書郎的職務，嵇紹隱居不出，想推辭不去赴任。山濤告訴他說：

> 爲君思之久矣。大地四時，猶有消息，而況人乎！

嵇康被殺以後，山濤推薦嵇康的兒子嵇紹做秘書丞。嵇紹去和山濤商量出任不出任，山濤說：「我替您考慮很久了。天地間一年四季，也還有交替變化的時候，何況是人呢！」這些話被流傳復誦，是當時有名的言論。若不批評當中敗壞道德、傷害教化，甚至引導天下人遺棄親生父親一樣。山濤對嵇紹說的話流傳多時，不過顧炎武明顯不欣賞。

接著，顧炎武又補充論證說：王裒的父親王儀是司馬昭手下的官吏，由

〔註 2〕 陳垣：《日知錄校注中冊》，卷十三，頁 722。
徐震堮：《世說新語校箋》，〈政事第三〉，（北京：中華書局，1984 年，第 1 版），頁 94，95。

於講直話而被司馬昭殺害，王裒因此堅決不出仕晉朝，隱居授徒為生；如果要表彰嵇紹為忠義，那就一定要抨擊王裒為不忠義才行。後來胡人劉聰、石勒相繼擁兵自重當皇帝，攻打晉朝；劉聰還俘虜了晉懷帝，讓他穿著青色衣服（賤服）在酒宴上給人們釃酒勸酒。晉朝的官員紛紛投降劉聰、石勒，甚至看著他們過去的君主受到青衣行酒的侮辱也無動於衷。既然當時輿論認為嵇紹這樣不守孝道，改投新主的人也能成就忠義，那又怎麼能責怪這些投降敵人的晉朝官員沒有心肝呢！

　　從顧炎武的這個評述，我們可以了解，在顧炎武心目中，孔孟儒家君君、臣臣、父父、子子的人倫道德，應該怎樣推理。

　　顧炎武在《日知錄・素夷狄行乎夷狄》中堅信興亡有迭代之時，而中華無不復之日。〔註3〕朝代可以更替，顧炎武信中華能夠永存。陳垣先生於《日知錄・正始》一文中的「易姓改號，謂之亡國；仁義充塞，而至於率獸食人，人將相食，謂之亡天下下」〔註4〕下注曰：

　　　　亭林以亡一姓為亡國，亡禮教為亡天下。〔註5〕

顧炎武一方面高度重視「夷夏之防」，另一方面又主張取「夷狄」之長以補「華夏」之短。顧炎武對中西數學、天文曆算還是有所關注的，未算太保守。陳垣先生於《日知錄校注》以為顧炎武所說的亡國是指一個王朝滅亡，亡天下指人類社會的正常秩序嚴重破壞，以致民不聊生天下大亂，這叫亡天下。

　　《通鑑胡注表微・勸戒篇第十》云：

　　　　晉穆帝永和八年，魏主焚襄國宮室，遷其民於鄴。趙汝陰王琨以其
　　　　妻妾來奔，斬於建康市，石氏遂絕。

胡三省注曰：

　　　　自古無不亡之國，宗族誅夷，固亦有之，未有至於絕姓者。石氏窮
　　　　凶極暴，而子孫無遺種，足以見天道之不爽矣。

陳垣先生接著表達他對胡注的意見：

　　　　古之所謂亡國，大抵一姓之興亡，等於政權之更迭而已，唯滅種乃
　　　　真無噍類矣！〔註6〕

〔註3〕陳垣：《日知錄校注》上冊，卷六，頁362。

〔註4〕陳垣：《日知錄校注》中冊，卷十三，頁722。

〔註5〕同上，頁723。

〔註6〕陳垣：《通鑑胡注表微》（北京：科學出版社，1958年，第1版），頁185。
　　　　鄴是中國古代一都邑名，舊址位於今河北邯鄲市附近，漢後為魏郡治所。建康，

到了滅種，人民無一生存的地步，眞夠悽慘。汝陰王石琨是後趙皇帝石虎（公元295～349年）的兒子，率領家小，從今天的河北出發，歷盡艱辛，終於抵達東晉首都建康也就是今天的南京。他本是爲避難去的，沒想到到了之後卻被立即逮捕，雖然東晉袞袞諸公各懷心思，但在痛恨羯胡上思想相同，紛紛要求殺石琨誓師北伐，晉穆帝司馬聃（公元343～361年）下令斬殺石琨，羯胡石氏一門遂絕。至於天理循環一類的思想，陳垣先生沒在意，他心中擔憂的是中國被日本人滅亡。

陳垣先生用《春秋公羊傳》定義「夷夏」的分別，在其《通鑑胡注表微・夷夏篇第十六》的小序中進一步述說：

> 夷夏者，謂夷與夏之觀念，在今語爲民族意識。《公羊成十五年傳》：《春秋》內其國而外諸夏，內諸夏而外夷狄。非尊己而卑人也。內外親疏之情，出於自然，不獨夏對夷有之，夷對夏亦宜然，是之謂民族意識。當國家承平及統一時，此種意識不顯也；當國土被侵陵，或分割時，則此種意識特著。〔註7〕

在五胡中，頗有一些很早便遷入中原的，這些人心慕漢化，飽讀經史。陳垣先生講求民族團結、民族平等，以爲「夷夏」之分，在國家承平及統一時不容易產生問題。中國歷朝對少數民族比較歧視，陳垣先生〈回回教人中國史略〉一文於1928年1月的《東方雜誌》第25卷第1期（頁115～124）重新發表，強烈譴責清廷對回民起義的鎮壓和對回民的殺戮。

春秋時代的「尊王攘夷」自有其發展的背景，陳垣先生以爲中國歷史上的外族很多時已混同漢族，包括回回人在內的元西域人「華化」現象是中國歷史上特有的景觀。陳垣先生在各種著作中論述的「夷」，亦針對日本侵略者而言。

況且，今天宜再檢討夷夏之分。又陳垣先生在《通鑑胡注表微・考證篇第六》的小結中說：

> 昔之言氏族利言其別，所以嚴夷夏之防；今之言氏族利言其合，然後見中華之廣。〔註8〕

即今天江蘇南京市。張保見《通鑑地理通釋校注》云：「晉建鄴都，曰廣晉府。後漢曰大名府。……建炎元年，幸杭州，進幸江寧，改江寧爲建康府。」（張保見：《通鑑地理通釋校注》（成都：四川大學出版社，2008年，第1版），頁142。）

〔註7〕陳垣：《通鑑胡注表微》（北京：科學出版社，1958年，第1版），頁307。

〔註8〕同上，頁119。

顧炎武把忠君與愛國作了區分，所謂「亡國」，就是朝代的更迭，那是士大夫該擔責的事。顧炎武一生秉承母教「不仕異族」之訓，有極強烈之節操。在顧炎武看來，「亡國」不過是「易姓改號」而已，「亡天下」則是民族文化的淪喪，在民族文化存亡危急之際，每一個人都要有爲它承擔責任。陳垣先生認爲中國人仕外國是可以的，其實是古已有之，但萬萬不可戕賊祖國。仕異國可以，仕敵國絕不可以。〔註9〕《日知錄》本民族立場嚴夷夏之分，或引古證今，口誅筆伐。顧炎武雖其身陷夷狄而心存漢室，撥亂反正。這裏，大抵陳垣先生除了名稱上的「存『漢』室」他不盡同意外，他都支持顧炎武，這是他校注顧炎武《日知錄》的一個原因。

作爲一個強調夷夏之防的儒家知識分子，明朝覆滅了，顧炎武始終以遺民自許不與清朝合作。日本人侵略中國，中國有覆滅的危險，陳垣先生存氣節，絕不許自己跟日本人合作，連和日本來客會面也不想，更不必說妥協談合作了。

顧炎武重一統的歷史觀念，前後《漢書》於他而言都是關於漢朝的歷史書，也許爲此之故前後《漢書》的書名就不大細分。

顧炎武所處的時代不幸文網森嚴，想要改字避禍亦不可。道德淪喪是亡國的重要原因。因而宣揚民族氣節，痛斥賣國投降。顧炎武〈廉恥〉譴責五代時馮道的爲人。〔註10〕

顧炎武〈與友人論學書〉闡述治國與修身。〔註11〕

顧炎武《日知錄・文辭欺人》痛斥謝靈運、王維是古來以文辭欺人之最。

陳垣先生作《日知錄校注》，經歷日本侵華的年代，悲憤心情有時流露於注文中。這時陳垣先生注說：

> 「有捧檄之喜」，原作「赴偽廷之舉」，潘本改。潘蓋自慚形穢矣。
> 〔註12〕

東漢人毛義有孝名。張奉去拜訪他，剛好府檄至，要毛義去任守令，毛義拿

〔註 9〕陳垣：《通鑑胡注表微》（北京：科學出版社，1958 年，第 1 版），頁 297。

〔註 10〕陳垣：《日知錄校注》中冊，卷十三，頁 739。

〔註 11〕顧炎武：《顧亭林詩文集》（北京：中華書局，1983 年，第 2 版），頁 41。

〔註 12〕陳垣：《日知錄校注》中冊，卷十九，頁 1058。

曹光明剖析潘耒仕清的心理：「潘耒生於清人入關之後，所以他不仕清朝的信念缺乏一個深厚遺民感情作爲基礎，而只是後天教育的成果而已。後來他的仕清就和思想基礎並不穩固有關係。」（曹光明：〈潘耒的史學：兼論顧炎武史學的繼承〉，香港大學碩士論文。1984 年，頁 72，73。）

到府檄，表現出高興的樣子，張奉因此看不起他。後來毛義母死，毛義終於不再出去做官，張奉才知道他不過是爲母親故而受屈，感歎自己知他不深。後以「捧檄」爲爲母出仕的典故。潘耒（公元 1646～1708 年）刻《日知錄》，清康熙十七年（公元 1678 年），以布衣中博學鴻辭科，授翰林院檢討，參與纂修《明史》，母死後不再做官。陳垣先生可能不滿潘耒的變節與改文，沒能「杜門絕跡，不面僞廷。」陳垣先生爲了避開日本人的騷擾，嚴拒與日本人說客的游說，潛心讀書，寫出了如《通鑑胡注表微》的好書。陳垣先生閱讀胡三省《通鑑》注，體會了他當日的心情，慨歎彼此的遭遇，忍不住流淚，甚至痛哭。正是相同的處境，陳垣先生能夠深入體會胡三省注文中深蘊的感情，以爲卑視、見利賣國的小人理該自慚形穢。

顧炎武生前，《日知錄》始終沒有完成，潘耒是顧炎武的入室弟子，潘耒從老師家求得手稿，校勘再三，才整理成冊。可見，《日知錄》是顧炎武撰作終身尚在修改的一部著作，《日知錄校注》則爲備課資料，未成著作。

第一節 《日知錄》版本與編撰緣起

陳垣先生既有相當地位，又努力，可以主持或參加各項工作，因此研究計畫得以細水長流地推展工作。

彭君華〈採山之銅‧刮垢磨光——評陳垣先生《日知錄校注》〉說：

> 援庵先生校注《日知錄》，始於 20 世紀 30 年代初，據其後人陳智超先生介紹，因緣於爲給學生開設「史源學實習」課程。他選定《廿二史劄記》、《鮚埼亭集》和《日知錄》準備寫三本書，教學生考據名物典制的出處，「晦者釋之，誤者正之」〔註13〕，以充分調動他們的主動性和積極性，把學習和研究有機地結合起來。自此直到 50 年代後期，歷時近三十年，對《日知錄》的校注不斷地加以修改補充，「是他未刊著作中用時最長、用力最多的一部」。〔註14〕

〔註13〕陳致易〈評上世紀九十年代兩種《日知錄》校注本〉說：「陳垣遺稿《日知錄校注》將《日知錄》的引文盡行找出，並進行了溯源、校勘和訂正。」（陳致易：〈評上世紀九十年代兩種《日知錄》校注本〉，《安徽大學學報》（哲學社會科學版）第 31 卷第 1 期（2007 年 1 月），頁 81。）

〔註14〕彭君華氏〈採山之銅刮垢磨光——陳垣先生《日知錄校注》編後〉，載《古籍整理出版情況簡報》2008 年第 2 期，總 444 期。

以下仍會較集中論說陳垣先生《日知錄校注》最初是爲教導學生學習史源學。

第二節 《日知錄校注》的最後成書定體例

陳垣先生的長孫陳智超爲《日知錄校注》的最後成書定體例，他說：

援庵先生校注《日知錄》，是以批註的形式寫在民國元年武昌官書處翻刻的粵刻集釋本上的，它的底本是道光十四年黃汝成西谿草廬重刻定本集釋本。……

因爲許多工作是在援庵先生身後進行的，有必要將我們所做的工作向讀者作一說明：

一、將全書由眉批的形式改爲校注，置於每條的每一段之後。

二、原文只有斷句，現加標點符號。

三、全部引文與原書覆查一遍。

四、少數原稿沒有查到出處的引文，儘可能補注出處。

五、有些在援庵先生當時屬於常識、可以不注出處的引文，如《論語》、《孟子》等，也加注出處。

六、由於校注前後歷時 20 餘年，前後體例難免有不一致之處，盡可能加以統一。

七、……我們遵從援庵先生的意見，在校注中不收「集釋」（約 15 萬字），只保留他對「集釋」的某些批語。

八、潘刻本出於政治原因，刪去了卷六「素夷狄行乎夷狄」及卷二八「胡服」兩條，又將卷十八「心學」、「朱子晚年定論」、「李贄」三條刪去了相關文字。援庵先生曾作《〈日知錄〉刪去各條》一文，據鈔本將所刪文字補足，現在也補入相關卷、條中。

九、援庵先生講授「史源學實習」課時所寫的有關《日知錄》的四篇範文，現作爲本書附錄。……〔註15〕

〔註15〕陳垣：《日知錄校注》上冊，前言，頁 7～9。

第三章　注釋與治學

　　《日知錄》是顧炎武的重要著作。陳垣先生的遺稿《日知錄校注》將《日知錄》的引文盡行找出，並進行了溯源、校勘和訂正。《日知錄校注》是陳垣先生據民國元年鄂官書處重刊黃汝成集釋本加以批注的，前人讀書很喜歡把自己考釋、訂訛、輯佚的點滴心得，批注於書眉或行側，陳垣先生也如此做。陳智超把陳垣先生批注的形式改成注釋，置於每條的每一段之後，全部引文與原書均由陳智超等覆查了一遍。

　　《日知錄・京官必用守令》：

　　　　唐張九齡言於玄宗曰：「古者刺史入爲三公，郎官出宰百里。致理之本，莫若重守令。凡不歷都督刺史，雖有高第，不得任侍郎、列卿。不歷縣令，雖有善政，不得任臺郎、給舍。都督、守令雖遠者，使無十年任外。」從之。

　　陳垣先生於「不得任臺郎、給舍。」句後注說：

　　　　給舍，給事中、中書舍人。〔註1〕

又《日知錄・選補》：

　　　　夫楚王之厭紐，盆子之探符，古之人用以立帝立王，而今日塵塵施之選人乎？

「臺郎」指尙書郎。「給舍」是給事中及中書舍人的並稱。

　　陳垣先生於「夫楚王之厭紐，」句後注說：

　　　　紐，璽紐也。〔註2〕

〔註 1〕陳垣：《日知錄校注》上冊，頁 533，534。
〔註 2〕同上，頁 483。

再於「盆子之探符，」句後注說：

《後漢書‧劉盆子傳》。盆子最幼，後探得符，諸將皆拜盆子。〔註3〕

這是歷來比較傳統注釋的模式，陳垣先生當然優而爲之，讀者看了比較容易明白。劉盆子（公元 10～？年），西漢皇族，由赤眉軍擁立爲帝。

《日知錄校注》注釋的基本原則，是不僅解釋正文，而且還給古人的注解作注解。以下陳垣先生罕有地稱讚黃汝成釋《日知錄》的注法標準。《日知錄‧干陀利》云：

〈周弘正傳〉：「有罪應流徙，敕以賜干陀利國。」《陳書‧世祖紀》：「天嘉四年，干陀利國遣使獻方物。」惟《宋書‧孝武帝紀》：「孝建二年，斤陀利國遣使獻方物。」以「干」爲「斤」，疑誤。

陳垣先生在「〈周弘正傳〉：」下注說：

應云「《南史‧周弘正傳》」。

且陳垣先生曾加批語：

黃釋《日知錄》，應以此條注法爲標準。〔註4〕

干陀利國在宋孝建二年（公元 455 年），梁天監元年（502 年）、十七年，陳天嘉四年（563 年），均來華朝貢。干陀利國故地或謂在蘇門答臘一帶。

第一節　注釋特色

注釋的原則是有助於對程式的閱讀理解，在該加的地方都加了，注釋不宜太多也不能太少，注釋語言必須準確、易懂、簡潔。

一、注釋諸名稱

注釋可以用來闡述目標名稱所指代，陳垣先生有時抒發自己所想。

先妣，先祖之母。古時人以爲「先妣」較「先祖」地位尊貴。關於〈「妣」先乎「祖」〉條，《日知錄》有這麼一段：

「過其祖，遇其妣」，據文義，妣當在祖之上。「不及其君，遇其臣」，臣則在君之下也。昔人未論此義。周人以姜嫄爲妣，〔原注曰：《周禮‧大司樂》注，周人以「后稷爲始祖，而姜嫄無所配，是以特立

〔註3〕陳垣：《日知錄校注》上冊，頁 483。
〔註4〕陳垣：《日知錄校注》下冊，卷二十九，頁 1692，1693。

廟祭之，謂之閟宮」。〕

《周語》謂之「皇妣太姜」。是以妣先乎祖。

陳垣先生於上面「周人以『后稷爲始祖……謂之閟宮』。」的一小段後注曰：

禽獸知有母不知有父，初民然，赤子亦何莫不然。〔註5〕

從周人對姜嫄的傳說記載看，姜嫄是因爲踩了神巫的腳印後懷孕而生下周人的始祖后稷，也算具備了神的特徵。其次，周人普遍認爲其世代之福，皆仰賴於祖先姜嫄的保佑，後世周人所以要世世代代地祭祀姜嫄，修建神廟。由是先妣較先祖顯得地位尊貴些，存在於祭祀禮俗中也應當優先的意識。

驟看陳垣先生的注有點茫然，著作先要對一些不同類別問題的資料進行分類整理，《日知錄校注》是陳垣先生於生前未完成的作品。參看《通鑑胡注表微》的一段就比較清楚，先是《資治通鑑》說的：

唐中宗景龍元年，右補闕權若訥上疏，以爲「天地日月等字，皆則天能事，賊臣敬暉等輕恣前規，今削之無益於淳化，存之有光於孝理。又，神龍元年制書，一事以上，並依《貞觀故事》，豈可近捨母儀，遠尊祖德！」疏奏，手制褒美。

跟著是胡三省的注：

史言中宗無是非之心。二〇八

陳垣先生引述並評論說：

〈喪服〉傳曰：「禽獸知母而不知父，都邑之士，則知尊禰矣，大夫及學士，則知尊祖矣。」權若訥導君以忘祖，不過小人希旨固寵，中宗乃爲之手制褒美，是知母而不知父矣，幾何不爲禽獸也。〔註6〕

唐中宗只知母不知父，被陳垣先生責備。陳垣先生將知母不知父的人，形容爲禽獸。

又顧炎武於其《日知錄》中〈非三公不能稱公〉條曰：

陸雲作祖、父誄，曰〈吳丞相陸公誄〉，曰：「維赤烏八年二月粵乙

〔註5〕 陳垣：《日知錄校注》上冊，卷一（合肥：安徽大學出版社，2007 年，第 1版），頁 36。

〔註6〕 陳垣：《通鑑胡注表微》，（北京：科學出版社，1958 年，第 1 版），頁 257。陳師志誠曾翻閱《陳垣全集》，發覺字句偶與北京科學出版社的《通鑑胡注表微》不同。《陳垣全集》不分冊賣，香港公共圖書館都沒見供市民參考。近幾十年《通鑑胡注表微》的單行本包括遼寧教育出版社那版，於 1997 年發行，是兩冊簡體字橫排本，不過現在要找來比對也不容易。

卯，吳故使持節郢州牧、左都護丞相、江陵郡侯陸公薨。」曰〈故散騎常侍陸府君誄〉，曰：「維太康五年夏四月丙申，晉故散騎常侍吳郡陸君卒。」王沈祭其父曰：「孝子沈敢昭告烈考東郡君。」張説作其父〈贈丹州刺史先府君墓誌〉，每稱必曰「君」。然則雖己之先人，亦不一概稱公，古人之謹於分也。

陳垣先生注說：

此（先人不一概稱「公」）無聊之辨。〔註7〕

時代處境不同，陳垣先生或以爲顧炎武討論的見瑣碎，無關大事。古時天子允許各級諸侯在國內稱公，允許諸侯臣子在安葬其君時稱公。《春秋》記載諸侯之卒皆稱本爵，而記載諸侯下葬則一律稱公。依照中國某些地方慣例，男性墓主稱「公」，女性墓主則尊爲「孺人」。輩分指在家族、親友的長幼先後中所居的地位，陳垣先生大概不認爲只執著於先人稱「公」上，故評爲無聊之辯。

又明清時摘取奏疏要點，黏附於奏疏之後，叫「貼黃」。《日知錄‧貼黃》是這樣寫的：

章奏之冗濫，至萬曆、天啓之間而極。至一疏而薦數十人，累二三千言不止，皆枝蔓之辭。崇禎帝英年御宇，屬精圖治，省覽之勤，批答之速，近朝未有。乃數月之後，頗亦厭之，命內閣爲貼黃之式。即令本宮自撮疏中大要，不過百字，黏附牘尾，以便省覽。此貼黃之所由起也。宋葉夢得《石林燕語》曰：「唐制，降敕有所更改，以紙貼之，謂之貼黃。蓋敕書用黃紙，則貼者亦黃紙也。今奏狀箚子皆白紙，有意所未盡，揭其要處，以黃紙別書於後，乃謂之貼黃，蓋失之矣。其表章略舉事目，與日月道里，見於前及封皮者，又謂之引黃。」

陳垣先生謂「貼黃」是「即昌黎所謂提要鈎玄。」〔註8〕「貼黃」猶今於公文上摘敘公文內的事由；「提要鈎玄」即昌黎寫讀書筆記，把重要的事件摘記下來。

二、注釋源流演變

《日知錄校注》的注釋著重於史實的考訂，並吸收前人和今人的研究。

陳垣先生用了幾十年時間，給後人留下一本《日知錄校注》稿，這是他

〔註7〕陳垣：《日知錄校注》中冊，卷二十，頁1091，1092。

〔註8〕同上，頁1005

邊讀邊注的寶貴材料。講稿在黃汝成著、崇文書局重刊的《日知錄集釋》上作了批改校注，間或附教案，講課時陳垣先生就用《日知錄校注》稿作講稿。稿子的校注工作斷斷續續做了十多年。

《日知錄·魁》云：

> 今人所奉魁星，不知始自何年，以奎爲文章之府，故立廟祀之。乃不能像奎，而改「奎」爲「魁」。又不能像魁，而取之字形，爲鬼舉足而起其斗。不知奎爲北方玄武七宿之一，魁爲北斗之第一星，所主不同，而二字之音亦異。今以文而祀，乃不于奎而于魁，宜乎今之應試而獲中者，皆不識字之人與？又今人以榜前五名爲五魁。《漢書·酷吏傳》：「所置皆其魁宿。」〈游俠傳〉：「閭里之俠，原涉爲魁。」師古曰：「魁者，斗之所用盛，而杓之本也。」故言根本者皆云魁。《說文》：「魁，羹斗也。」趙宧光曰：「斗首曰魁。因借凡首皆謂之魁。其見於經者，《書·胤征》之『殲厥渠魁』，《記·曲禮》之『不爲魁，主人能，則執兵而陪其後』。」然則五魁之名，豈佳語哉！或曰里有里魁，市有市魁，皆長帥之意，要非雅俊之目。

> 近時人好以魁命名，亦取五魁之義。古人以魁命名者絕少。《左傳》有鄅魁壘、盧蒲就魁。《呂氏春秋》：「齊王殺燕將張魁。」

顧炎武認爲奎星本無「魁」之名，是後人爲了祭拜方便而造的，又指出「魁」這一崇拜的大致來歷。

陳智超案：

> 集釋此下引錢大昕語，據《新定續志》，知南宋時學校已祀魁星。

接著陳垣先生在《日知錄校注》著重說《新定續志》的源流：

> 新定續志》者，宋景定間《新定嚴州續志》也。原附紹興重修《嚴州圖經》之後，故曰《新定續志》，不著地名也。《四庫提要》〈地理〉一。錢語見《養新錄》十四。〔註9〕

「魁星」是星宿的名稱，也就是北斗第一顆星。魁星爺掌管文運，但他的長相並不是想像中的溫文模樣，其造型來自一個「鬼」字，右手持硃筆，管登第之事，故而孜孜學子奉祀魁星尤爲虔誠。民國時期，對於歷代方志的整理，除編制方志目錄外，主要是對舊方志的重印、輯佚和考證研究。民國以來，

〔註9〕陳垣：《日知錄校注》下冊，卷三十二，頁1873。

在編纂新志的同時，刊印舊志也受到重視。宋代嚴州曾四修府志，今存淳熙《嚴州圖經》殘本和景定《嚴州續志》。謝國楨輯《國立北平圖書館善本叢書》第一集收有《景定嚴州續志》、《嚴州圖經》等。

又《日知錄·流言以對》云：

> 「彊禦多懟」，即上章所云彊禦之臣也。其心多所懟疾，而獨窺人主之情，深居禁中，而好聞外事，則假流言以中傷之，若二叔之流言以間周公是也。夫不根之言，何地蔑有？以斛律光之舊將，而有百升明月之謠；以裴度之元勳，而有坦腹小兒之誦。所謂「流言以對」者也，如此則寇賊生乎內，而怨詛興乎下矣。「郤宛之難」，「進胙者莫不謗令尹」，所謂「侯作侯祝」者也。孔氏疏〈采苓〉曰：「讒言之起，由君數問小事於小人」也。可不慎哉！

陳垣先生在「而有百升明月之謠；」句後注說：

> 《北齊書》十七、《北史》五四《斛律光傳》均載謠曰：「百升飛上天，明月照長安。」

北齊時，斛律光（字明月）為其北周的敵人所忌恨，他們便製作謠謠「百升（即一斛）飛上天，明月照長安」。升是容量單位元，十升為一斗，十斗為一斛，百升就是一「斛」，「明月」是斛律光的字。

又陳垣先生在「以裴度之元勳，而有坦腹小兒之誦。」後注曰：

> 《舊唐書》一七○、《新唐書》一七三〈裴度傳〉均載謠曰：「非衣小兒坦其腹，天上有口被驅逐。」

民謠所云：「非衣小兒坦其腹，天上有口被驅逐。」裴度知道，這是衝著他來的。「非衣」，合起來是一個「裴」字；「坦其腹」的「腹」字也可以指代「肚」（度）。〔註10〕歐陽修撰《新唐書》就其擷引，勇於改動，就文體而言，自是為功匪細，然作為史料，則不屬於第一手。《舊唐書》的撰修者在文體方面確實沒有歐陽修斧削的魄力，未能細加釐正，但就史料價值來說，卻屬第一手史料。

〔註10〕陳垣：《日知錄校注》上冊，卷三，頁145，146。

斛律光（公元514～572年），南北朝時期北齊名將。裴度（公元765～839年），唐代後期傑出的政治家。

「讖言、妖言、民謠、童謠，甚至誹謗等言辭信息，其功能有時也類似現代漢語中的謠言，但並非都是謠言。」（呂宗力：〈漢代的流言和訛言〉《歷史研究》2003年第2期，頁14。）

三、注釋的整理方式

　　注釋被看成是一種文化現象，源遠流長。中國古代對典籍的注釋有多種形式，可分爲注、解、傳、箋、疏、章句等。中國古代的注釋，是一門專門的學問，重在釋經。

　　《日知錄·人材》：

> 宋葉適言：「法令日繁，治具日密，禁防束縛至不可動，而人之智慮，自不能出於繩約之內。」故人材亦以不振。今與人稍談及度外之事，輒搖手而不敢爲。夫以漢之能盡人材，陳湯猶扼腕於文墨吏，而況於今日乎？宜乎豪傑之士無以自奮，而同歸於庸懦也。〔註11〕

將以上加實線框強調的顧炎武的文字比對下面葉適《葉適集》卷五〈紀綱二〉的文字，可見顧炎武撮寫得緊。陳垣先生很注意用字，比較可惜的是陳垣先生在這裏只標爲葉適集子，沒加注評論。

　　以下加虛線框的文字是顧炎武撮寫葉適《葉適集》卷五〈紀綱二〉的文字：

> 夫持虜之已和而苟天下之無事，割西方以封殖趙德明。至其治具則日密，法令則日煩，禁防束縛日不可動，爵祿恩意，豢養群臣，狃於區區文墨之中。於是僥倖之習勝，而志氣日消削，節義日隳敗矣。
>
> 論者或非之，其追言太祖之事，如姚內斌、董遵誨、郭進、馮繼業之流，皆守一郡，官卑兵少，然而豐財厚祿，久任責成，邊警無虞，而太祖能以力內平僭僞，蓋雄略如此，而竊歎後之不能。不知此固昔者爲國之本然，曩以懲創五季太甚之故，削損已多，隄防已嚴，此特其未能去者，而至其後則盡去之耳。
>
> 自景德以後，王旦、王欽若，以歌誦功德撰次符瑞爲職業。上下之意，以爲守邦之大猷當百世而不變，蓋古人之未至，而今日之獨得也，奚暇他議哉！紀綱之失猶其粗者耳，併與人才皆壞。人之知慮，不能自出於繩約之內，歷代載籍非不粲然明備，而皆未有能援昔以證今者，但於煩文細故加增之，使不可復脫而後已。此豈不爲大可歎哉！〔註12〕

〔註11〕陳垣：《日知錄校注》上冊，卷九，頁501。

〔註12〕葉適：《葉適集》卷五（北京：中華書局，1961年，第1版），頁814。
　　　　葉適：《水心集》卷五，輯於《欽定四庫全書》集部一〇三，第一一六四冊，（台北：臺灣商務印書館，1986年，第1版），頁114。查中華書局《葉適集》的

　　下文所錄，是顧炎武的引文，「*斜體*」文字，是得陳垣先生注釋的提示爲顧炎武《日知錄》所增；「**黑體**」文字，是我據《葉適集》的原文補上去的，以明白顧炎武剪裁材料的用心：

　　　　宋葉適言：「†治具則日密，法令則日**繁**，禁防束縛**至不可動**，‡**而人**之智慮，不能自出於繩約之內，††」

†號後有以下《葉適集》的文字：

　　　　夫持虜之已和而苟天下之無事，割西方以封殖趙德明。至其

‡號後有以下《葉適集》的文字：

　　　　爵祿恩意，豢養群臣，狃於區區文墨之中。於是傚倖之習勝，而志氣日消削，節義日隳敗矣。

　　　　論者或非之，其追言太祖之事，如姚內斌、董遵誨、郭進、馮繼業之流，皆守一郡，官卑兵少，然而豐財厚祿，久任責成，邊警無虞，而太祖能以力內平僭僞，蓋雄略如此，而竊歎後之不能。不知此固昔者爲國之本然，曩以懲創五季太甚之故，削損已多，隄防已嚴，此特其未能去者，而至其後則盡去之耳。

　　　　自景德以後，王旦、王欽若，以歌誦功德撰次符瑞爲職業。上下之意，以爲守邦之大猷當百世而不變，蓋古人之未至，而今日之獨得也，奚暇他議哉！紀綱之失猶其粗者耳，併與人才皆壞。

††號後有以下《葉適集》的文字：

　　　　歷代載籍非不粲然明備，而皆未有能援昔以證今者，但於煩文細故加增之，使不可復脫而後已。此豈不爲大可歎哉！

紀綱的作用是嚴明等級尊卑貴賤關係，顧炎武倡「以禮存心」的思想處理政教，而顧炎武撮寫的文字說明徒法不能治國。南宋哲學家葉適（公元 1150～1223 年）指出紀綱過專帶來的弊害首先是邊防虛弱，戰爭失利，爲此，葉適提出了適當分權。顧炎武認爲治亂之關，必在人心風俗，而所以轉移人心，整頓風俗，則教化紀綱爲不可缺。顧炎武與葉適在思想上的聯繫是對高度中央集權的君主專制體制的批評，以爲其根源在於以私心待天下之人，而不是以公心待天下之人。葉適對顧炎武經世致用思想的影響不小。顧炎武沒節取葉適於歷史上的陳述，只節取了法令治具繩約人思慮的情況，不加自己的文

文字跟《欽定四庫全書》《水心集》稍異。

字。副詞主要是用來修飾動詞、形容詞、副詞的字，顧炎武省去以上「治具則日密，法令則日繁」的兩個古漢語副詞，使文章的節奏緊密了。

《日知錄》卷十四〈兄弟不相爲後〉條記顧炎武引賀循語「殷世有二祖三宗」云云。《日知錄》的說法是：

> 華恒以爲兄弟可以相繼，藏主於室，不必別立廟，見《通典》四八。
> 賀循以爲兄弟不合繼位昭穆，應別立廟，見《通典》五一。《晉書》
> 十九《禮志》用《宋書》十六《禮志》文。此爲華恒之言，非賀循
> 之言也。全文見《通典》四八《禮》八，並《全晉文》六六。然《新
> 唐書·禮志》已誤爲賀循，見下文。賀循見《全晉文》八八。〔註13〕

陳垣先生曾檢出處，舉《通典》、《晉書》、《宋書》、《全晉文》、《新唐書》等書共六條，校改人名之訛。《通典》卷四八中說「兄弟可以相繼，藏主於室，不必別立廟」的確是華恒，而《通典》卷五一中說「兄弟不合繼位昭穆，應別立廟」別是賀循。〔註14〕

陳垣先生檢出處並不強求心中固有的答案，有甚麼疑惑就老實道來。《日知錄》卷三十二〈丁中〉條：

> 玄宗天寶三載十二月癸丑，詔曰：「……自今宜以十八已上爲中男，
> 二十三已上成丁。」

陳垣先生校注說：

> 《冊府元龜》八六〈赦宥〉。此二條舊、新《唐書》紀不載，亦非採
> 自二書《食貨志》，亦非採自《通典》。《唐大詔令》亦不載。亦非採
> 自《通考》。二條均見《會要》八五，但此非引自《會要》，「癸丑」
> 《會要》作「二十三日」。」〔註15〕

丁中，指戶役的年齡。《冊府元龜》部分見《文淵閣四庫全書》九〇三冊，《唐會要》部分見《唐會要》卷八五。〔註16〕陳垣先生溯流尋源，列舉參考的書，有不確定的則存疑。

〔註13〕陳垣：《日知錄校注》上冊，卷五，頁792。

〔註14〕杜佑：《通典》卷四八，五一（北京：中華書局，1988年，第1版），頁1349，1425。

〔註15〕陳垣：《日知錄校注》下冊，卷三十二，頁1850。

〔註16〕王欽若：《冊府元龜》卷八十六（台灣：臺灣商務印書館，1967年，第1版），頁571。

王溥：《唐會要》卷八五（北京：中華書局，1955年，第1版），頁1555。

1、對文字的矜慎

人或言秦降而漢，漢降而魏，魏降而六朝，六朝降而三唐，詩之格以代降也。《日知錄‧詩體代降》云：

> 《三百篇》之不能不降而《楚辭》，《楚辭》不能不降而漢魏，漢魏
> 之不能不降而六朝，六朝之不能不降而唐也，勢也。用一代之體，
> 則必似一代之文，而後爲合格。

惟陳垣先生於〈詩體代降〉標題下注曰：

> 只可謂代異，無所謂升降。〔註17〕

陳垣先生在《通鑑胡注表微‧評論篇第八》對一代文體有這樣的看法：

> 文體隨世運爲轉移，豈能拘於古式，故六朝之浮靡，非也；僞裝之
> 古奧，亦非也。孔子曰：「辭達而已矣。」故爲古奧，使人不能速曉，
> 其意何居。〔註18〕

我試著詮釋陳垣先生的說法，他認爲文體會轉移，但比之爲升降則不恰當。陳垣先生亦非常重視文字的運用。「懲惡」也好，「勸善」也好，歸結到一點，忠誠地、頑強地防守著社會的道德底線。

《日知錄‧除貪》云：

> 然貪人敗類，其子必無廉清，

陳智超案：

> 援庵在此句後打一問號。〔註19〕

陳垣先生大概覺得顧炎武流於武斷吧！

《日知錄‧禁錮姦臣子孫》云：

> 竊謂宜令按察司各擇其地之奸臣一二人，王法之所未加，或加而未
> 盡者，刻其名於獄門之石，以爲世戒。而禁其後人之入仕，九刑不
> 忘，百世難改，亦先王樹之風聲之意乎？

陳垣先生於句後注云：

> 懲惡何如勸善？〔註20〕

顧炎武主從嚴看待執法，陳垣先生卻擬從寬。本朝指「明」，近世指「清」

〔註17〕陳垣：《日知錄校注》中冊，卷二十一，頁1163。

〔註18〕陳垣：《通鑑胡注表微》（北京：科學出版社，1958年，第1版），頁147。

〔註19〕陳垣：《日知錄校注》中冊，卷十三，頁756。

〔註20〕同上，頁761。

自然不合顧炎武的心意。

《日知錄・鄉亭之職》云：

> 近世之老人，則聽役於官，而靡事不爲……。

陳垣先生於「近世」二字後注曰：

> 「近世」原作「本朝」，二字本指明，嫌其指清，故改。〔註21〕

上文的「明」指明朝；「清」則指清朝。

2、顯現民族意識

注釋還是要獨立思考，議論發古人所未發。陳垣先生愛胡三省的注釋，胡三省處在民族意識尖銳的南宋末年，極富愛國主義。陳垣先生同樣愛國，不希望成爲淪陷區的順民，由是陳垣先生有時採用不同寫法，注出具有鮮明個性的釋文。

靖康之變引發了民族之爭，顧炎武《日知錄・宋世風俗》首段云：

> 《宋史》言：「士大夫忠義之氣，至於五季，變化殆盡。宋之初興，范質、王溥猶有餘憾。藝祖首襃韓通，次表衛融，以示意嚮。眞、仁之世，田錫、王禹偁、范仲淹、歐陽修、唐介諸賢，以直言讜論倡於朝。於是中外薦紳，知以名節爲高，廉恥相尙，盡去五季之陋。故靖康之變，志士投袂，起而勤王，臨難不屈，所在有之。及宋之亡，忠節相望。」

> 嗚呼，觀哀、平之可以變而爲東京，五代之可以變而爲宋，則知天下無不可變之風俗也。〈剝〉上九之言碩果也，陽窮於上，則〈復〉生於下矣。

陳垣先生於文內「靖康之變」後注說：

> 民族之爭。〔註22〕

《日知錄》或本民族立場嚴夷夏之分，或引古證今，口誅筆伐。雖其身陷夷狄而心存漢室，撥亂反正。陳垣先生標上「民族之爭」四個字。昔日嚴防華夷之別，今天倡五族共和，分別在時代不同。〈復〉卦與〈剝〉卦，一剝一復，相互作用，卦形上下相反。〈剝〉卦陰盛陽衰，〈復〉卦陰極而陽復，反映自然界黑暗盡頭，出現晨曦。中華民族與其文化剝之將盡而至於一陽來復之幾，

〔註21〕陳垣：《日知錄校注》上冊，卷八，頁 458，459。
〔註22〕陳垣：《日知錄校注》中冊，卷十三，頁 724。

正在當下。縱然身處變局我們仍然要維持安定的心思。

　　繼《清初僧諍記》後，陳垣先生於公元 1941 年發表了《南宋初河北新道教考》，其民族主義史學的觀點，與《明季滇黔佛教考》、《清初僧諍記》是前後相續的；陳垣先生撰《南宋初河北新道教考》時，對日抗戰已進入第四年，華北地區爲日軍佔領，教授學者大抵四處流竄，惟有一部分人甘爲日本所役使，情況與北宋末靖康之亂頗多類似之處。北宋國勢衰弱，最大的災難是亡國時的靖康之恥，俘虜宋朝皇帝的女眞族。靖康之恥發生於北宋皇帝宋欽宗靖康年間（公元 1126～1127 年）。徽宗、欽宗二帝被俘成爲金國階下囚後，朝廷士大夫救護生命垂危者都來不及。獨吳开（生卒年不詳）、莫儔（公元 1089～1164 年）二人往來賊眾，洋洋自得；路人皆知吳开、莫儔投靠金國，爲之奔走效力。陳垣先生校注《日知錄》，始於二十世紀 30 年代初，至 50 年代末期還在修訂，當時值日寇侵華前後時期。女眞人基本形成民族形態的時期大約是在北宋時，是中國古代生活於東北地區的古老民族。陳垣先生堅持民族氣節，反對日本帝國主義，堅信文化才是一個民族的根。他拒任僞職，不當吳开、莫儔，拒掛日僞旗，利用歷史研究爲武器，與日僞進行抗爭。知保天下，然後知保國。亡國或亡天下？顧炎武的疑問引發一種重新省思和捍衛民族文化尊嚴。顧炎武《日知錄‧正始》云：

　　　有亡國，有亡天下。亡國與亡天下奚辨？曰：易姓改號，謂之亡國；
　　　仁義充塞，而至於率獸食人，人將相食，謂之亡天下。

　　陳垣先生於句後注曰：

　　　亭林以亡一姓爲亡國，亡禮教爲亡天下。〔註23〕

「亡天下」較「亡國」慘烈。亡國是封建王朝更替，亡天下是民族滅亡。

　　顧炎武希望自己「出謀獻的策」，能爲百姓解倒懸。《日知錄‧兩漢風俗》：

　　　漢自孝武表章《六經》之後，師儒雖盛，而大義未明，故新莽居攝，
　　　頌德獻符者，徧於天下。光武有鑑於此，故尊崇節義，敦屬名實，
　　　所舉用者，莫非經明行脩之人，而風俗爲之一變。至其末造，朝政
　　　昏濁，國事日非，而黨錮之流、獨行之輩，依仁蹈義，舍命不渝，
　　　風雨如晦，雞鳴不已。三代以下，風俗之美，無尚於東京者。故范
　　　曄之論，以爲「桓、靈之間，君道秕僻，朝綱日陵，國際屢啓，自
　　　中智以下，靡不審其崩離，而權強之臣，息其闚盜之謀，豪俊之夫，

〔註23〕陳垣：《日知錄校注》中冊，卷十三，頁 722、723。

屈於鄙生之議。」「所以傾而未頹，決而未潰，皆仁人君子心力之爲。」

可謂知言者矣。使後代之主，循而弗革，即流風至今，亦何不可。

陳垣先生評說：

此是迂論，焉有數千年不變之俗乎？〔註24〕

這裏陳垣先生感慨中國面對千年來未有的危局，祖宗之法不可不變。

四、古籍今注的方法

古人著書有特別的體例，今天注釋古書不應當囿於陳說，而要利用近代學術知識，並善於辨別不同的史料傳說。校讎方法大致包涵了：佚書蒐輯、眞僞辨別、底本互勘、群籍鉤稽、篇第審定和目錄論次等工作。

又顧炎武《日知錄·訛》云：

「訛」字，古作「譌」，「偽」字古亦音訛。《詩·小雅》：「民之訛言。」箋云：「偽也。小人好詐偽，偽爲交易之言。」《爾雅注》：「世以妖言爲訛。」《太平御覽》引武王之書銘曰：「昏謹守，深察訛。」泰昌元年八月，御史張潑言：「京師軒宄叢集，游手成群，有謂之把棍者，有謂之挐訛頭者。」

陳垣先生留心古詞今詞的比對，他在〈訛〉條注四下注曰：

「（挐訛頭）今謂之訛詐。」〔註25〕

又《日知錄·同年》云：

今人以同舉爲同年。……漢〈敦煌長史武班碑〉云：「金鄉長河間高陽史恢等，追惟昔日，同歲郎署孝廉。」〈柳敏碑〉云：「縣長同歲，犍爲屬國趙臺公。」《晉書·陶侃傳》：「侃與陳敏同郡，又同歲舉吏。」其云同歲，蓋即今之同年也。〔註26〕

而應劭《風俗通義校注》：

漢〈敦煌長史武班碑〉云：「金鄉長河間高陽史恢等，追惟昔日，同歲郎署考廉。」〈柳敏碑〉〔註27〕云：「縣長同歲犍爲屬國趙臺公。」……

〔註24〕陳垣：《日知錄校注》中冊，卷十三，頁718，719。

〔註25〕陳垣：《日知錄校注》下冊，卷三十二，頁1844。

〔註26〕陳垣：《日知錄校注》中冊，卷十七，966，頁967。

〔註27〕陳致易〈評上世紀九十年代兩種《日知錄》校注本〉說：卷之十七〈同年〉，嶽本 p.624：漢〈敦煌長吏（應爲「長史」）武班碑〉云：金鄉長河間，高陽史恢等追惟昔日同歲。」甘本 p.775：漢《敦煌長史武班碑》云：「金鄉長河間

《三國志‧魏書‧武帝傳》:「公與韓遂父同歲孝廉。」〔註28〕

同歲,謂同年被選舉之人。上文裏的《三國志‧魏書‧武帝傳》中「同歲孝廉」語法上可通,「同歲郎署孝廉」似可說得過去。以上的強調標記為比較「同歲」與「孝廉」的語法功用。

《隸釋》卷第六有一碑名〈敦煌長史武斑碑〉,是「斑」不是「班」。〔註29〕;《隸釋》卷第八有一碑名〈孝廉柳敏碑〉,是「孝廉柳敏碑」不是「柳敏碑」。〔註30〕陳致易抨擊的〈孝廉柳敏碑〉一名非主觀杜撰出來的。

又《日知錄‧漢書注》:

〈魏其傳〉:「上使御史簿責嬰,所言灌夫頗不讐。」

陳垣先生於「〈魏其傳〉:」詞後注說:

魏其是竇嬰,應為《漢書》五二〈灌夫傳〉。

《魏其武安侯列傳》是魏其侯竇嬰(公元?~前131年)、武安侯田蚡(?~前131年)和將軍灌夫(?~前130年)三人的合傳,敘寫田蚡和竇嬰、灌夫之間結下的怨仇,以至魏其侯和武安侯兩大貴族間的勾心鬥角和爭奪權力,同時揭露了統治集團內部的尖銳鬥爭矛盾。古籍今注時應該說明魏其是竇嬰的封號,只說「魏其是竇嬰」〔註31〕,注釋嫌過於精簡,理想是日後有人願作「鄭箋」。最好還是串講語意,即用淺顯的語言撮文章大意,對一句,甚至一篇進行串講。

又《日知錄‧漢書注》:

「衛律為單于謀,穿井築城,治樓以藏穀,與秦人守之。」師古曰:「秦時有人亡入匈奴者,今其子孫尚號秦人。」非也。彼時匈奴謂中國人為秦人,猶今言漢人耳。〈西域傳〉:「匈奴縛馬前後足,置城

高陽史恢等,追惟昔日同歲郎署。」兩本標點皆誤。查《金石萃編》八,原文為:「金鄉長河間高陽史恢等,追惟昔日同歲郎署孝廉。」下文之〈柳敏碑〉見《隸釋》八。因不知科舉名制而誤斷,又未能對引文出處,憑主觀杜撰出一個〈郎署孝廉柳敏碑〉或〈孝廉柳敏碑〉。(陳致易:〈評上世紀九十年代兩種《日知錄》校注本〉,《安徽大學學報》(哲學社會科學版)第31卷第1期(2007年1月),頁80。

〔註28〕 應劭:《風俗通義校注》,王利器校注「佚文」(北京:中華書局,1981年,第1版),頁193。

〔註29〕 洪适:《隸釋‧隸續》卷第六(北京:中華書局,1985年,第1版),頁73。
王昶:《金石萃編》卷八,石印本(上海:寶善堂,1918年,第1版),頁73。

〔註30〕 洪适:《隸釋‧隸續》卷第八(北京:中華書局,1985年,第1版),頁93。

〔註31〕 陳垣:《日知錄校注》下冊,卷二十七,頁1558。

下，馳言秦人，我匂若馬。」師古曰：「謂中國人爲秦人，習故言也。」
是矣。〔註32〕

陳垣先生於「彼時匈奴謂中國人爲秦人，猶今言漢人耳。」句下注說：

此段極精。〔註33〕

我敬服陳垣先生的學問，只是《日知錄》卷二十七〈漢書注〉爲關於「秦人」
名稱給了「此段極精」的案語，有些莫測高深。

再者，關於「漢」，陳垣先生《通鑑胡注表微》引《資治通鑑》云：

漢武帝征和四年，匈奴馳言：「秦人，我匂若馬。」

而陳垣先生引述胡三省的注曰：

據漢時匈奴謂中國人爲秦人，至唐及國朝，則謂中國爲漢，如漢人
漢兒之類，皆習故而言。

陳垣先生自己說：

全注稱宋爲「國朝」者絕少，必謂身之爲元人，此「國朝」本可指
元，因元時亦稱中國爲漢也〔註34〕

我想陳垣先生是說匈奴民族在秦時期稱中原人爲「秦人」，如唐宋時期稱中原
人爲「漢人」，都是對中國人的統稱。〔註35〕陳垣先生早年寫成《通鑑胡注表
微》，他當然熟知《資治通鑑》考證族源的資料。陳垣先生《日知錄校注》爲
備課用，《陳垣史源學雜文》結合自己陳垣先生從事史學研究的經驗，創設的
史源學實習課的範文。書中舉例考訂《廿二史劄記》、《鮚埼亭集》、《日知錄》
等史學名著，用以指導學生讀書。

第二節　通過辨明假借字來訓詁釋義

《日知錄·勞山》云：

勞山之名，《齊乘》以爲登之者勞，又云一作「牢」，丘長春又改爲
「鼇」，皆鄙淺可笑。按《南史》：「明僧紹隱于長廣郡之嶗山。」《本

〔註32〕陳垣：《日知錄校注》下冊，卷二十七，頁1565。
〔註33〕同上，頁1566。
〔註34〕陳垣：《通鑑胡注表微》（北京：科學出版社，1958年，第1版），頁2。
〔註35〕中華書局版的《資治通鑑》與《通鑑胡注表微》的標點略有不同。中華書局
版的《資治通鑑》作：據漢時匈奴謂中國人爲秦人，至唐及國朝則謂中國爲
漢，如漢人、漢兒之類，皆習故而言。（司馬光：《資治通鑑》第二冊，卷二
十二（北京：中華書局，1954年，第1版），頁739。）

草》：「天麻生太山、嶗山諸山。」則字本作「嶗」，若《魏書‧地形志》、《唐書‧姜撫傳》、《宋史‧甄棲眞傳》竝作「牢」，乃傳寫之誤。

《詩》：「山川悠遠，維其勞矣。」箋云：「勞勞，廣闊。」則此山或取其廣闊而名之。鄭康成，齊人；勞勞，齊語也。

……

《寰宇記》：「秦始皇登勞盛山，望蓬萊。」後人因謂此山一名勞盛山，誤。勞、盛，二山名，勞即勞山，盛即成山。《史記‧封禪書》：七曰日主，祠成山，成山斗入海。《漢書》作盛山，古字通用。齊之東偏，環以大海，海岸之山，莫大於勞、成二山，故始皇登之。《史記‧秦始皇紀》：「令入海者齎捕巨魚具，而自以連弩候大魚至，射之。自琅邪北至榮成山，弗見。至之罘，見巨魚，射殺一魚。正義曰：「榮成山，即成山也。按史書及前代地理書，竝無榮成山，予向疑之，以爲其文在琅邪之下，成山之上，必「勞」字之誤。後見王充《論衡》引此，正作勞成山。乃知昔人傳寫之誤，唐時諸君亦未之詳考也，遂使勞山併「盛」之名，成山冒「榮」之號，今特著之，以正史書二千年之誤。

陳垣先生注曰：

此段極精。〔註36〕

成山頭位於膠東半島，榮成山山脈的最東端，故而得名「成山頭」。古時人們把「盛山」寫作「成山」，把山脈入海的部分叫作「成山頭」，並把這一山脈統稱「成山」。這個名稱在秦朝以前便有了。陳垣先生同意顧炎武的引《漢書》「盛山」，「成山」作「盛山」。爲的是「盛」古通「成」。又引《史記》「成山斗入海」，《漢書》作「盛山」，從而說明「成」、「盛」二字通用。可見，陳垣先生辨明假借字來解釋字義，時有創獲。不過《日知錄校注》的校注原來爲眉批形式，難作長篇大論。

高亨著《古字通假會典》舉了兩對「成山」、「盛山」的例子：

〔註36〕陳垣：《日知錄校注》下冊，卷三十一，頁1814～1816。
《新編論衡》：「當二【三】十七年，游天下，到會稽，至琅邪，北至勞盛山【注】：勞山和榮成山。『盛』通『成』。兩山皆在山東省境。《史記‧秦始皇本紀》作『榮成山』。榮成山亦稱成山。」（王充撰，蕭登福校注：《新編論衡》（台灣：國立編譯館，2000年，第1版），頁458，460。）

《史記‧封禪書》：「祠成山。」《漢書‧郊祀志》成作盛。……　　○

《漢書‧武帝紀》：「禮日成山。」

顏注：

《郊祀志》成山作盛山。〔註37〕

另馮其庸、鄧安生氏著《通假字彙釋》說：

「成」通「盛」（（shèng　勁禪去　耕禪）……　　○按：「盛」從「成」

得聲，故得通借，……。〔註38〕

陳垣先生很重視考證史料，不過信古注，但亦不輕視。

試看《日知錄》另一例，卷二十七〈爾雅注〉條：

《家語》：「芾之麛裘，投之無郵。」

陳垣先生在「芾之麛裘，投之無郵。」後注說：

「芾」一作「韠」。〔註39〕

芾、褘、韠、韍是同物而異名，即古代一種遮蔽在身前的皮制服飾。高亨著
《古字通假會典》〔註40〕舉例：

【韠與芾】《呂氏春秋‧樂成》：「麛裘而韠。」《孔叢子‧陳士義》

韠作芾。〔註41〕

而「韠、韠」屬異體字。

第三節　注重考釋名物的起源

「名物」指事物的名稱、特徵等。

史料的史源探究不只分辨簡單的對錯。一條史料的史源，有時可以帶出
重大的歷史問題。

研究的論題包括文體、賦稅以至版本等。陳垣先生認為研究應秉持的態
度：讀書要統觀首尾，不可妄下批評。

顧炎武認同「詩體代降」（〈詩體代降〉），陳垣先生強調只可謂代異，無

〔註37〕高亨：《古字通假會典》（濟南：齊魯書社，1989年，第1版），頁57。

〔註38〕馮其庸、鄧安生：《通假字彙釋》（北京：北京大學出版社，2006年，第1版），
頁389。

〔註39〕陳垣：《日知錄校注》下冊，卷三十一，頁1502，1503。

〔註40〕高亨：《古字通假會典》（濟南：齊魯書社，1989年，第1版），頁506。

〔註41〕陳奇猷：《呂氏春秋新校釋》（上海：上海古籍出版社，2002年，第1版），頁
1003。

所謂升降。〔註42〕「詩體代降」要說的是每個朝代都有其可作代表的文學流派出現，主導當時的文體風格。陳垣先生說的可能是一代有一代的文學，詩經、楚辭、唐詩、宋詞的演進，既有創新也有承襲，卻沒有高低。

「豫借」，預先借貸。《日知錄·豫借》：

> 至（唐）代宗廣德二年七月庚子，稅天下地畝青苗錢，以給百官俸。……所謂青苗錢者，以國用急，不及待秋，方苗青而徵之，故號青苗錢。主其任者爲青苗使。

陳垣先生注曰：

> 「青苗」名同意異。〔註43〕

王安石的新法，不免要爲推行不得其人而全失立法的本意。其時最受反對的如青苗，反對派的理論多就實際人事言，而王安石則就立法本意言，這是當時兩派相爭一要端。「青苗錢」於唐代是賦稅名稱，於宋代是在青黃未接時發放的農業借貸錢。如青苗官放錢而取息二分，在王安石之意，爲一面抑富民的兼併，一面圖增國家的收入。王安石對財政的意見，似乎偏重開源；而其他官員的意見，則注重先爲節流。王安石推行新政，更添不少冗官。

顧炎武倡由佃戶租耕，民田則按等課糧。治地行井田之法，一般相信長久能得利，是無望其速成的過程。地畝大小，丈量土地，上報冊籍的情況複雜，地方官隱瞞冒僞的爲數不在少。北宋徽宗時有貪官胥吏搜刮良田，轉化私人田產，納爲公家財產。

天下州縣賦稅定必準確量度土地肥瘠而徵稅，及至亭林所處之世徵科懸絕，肇因當初規劃草草，致後來富州窮州不能公正地賦稅。令人怏怏的是官賦無定數，私價亦無定估。〔註44〕

明代蘇松二府田賦之重很受學者重視。明清江浙地區佃戶私租太重，已成爲論文研究的熱門題目，論述參梁方仲〈近代田賦史中的一種奇異制度及其原因〉等。〔註45〕「佃戶」指向地主或官府租種田土的農民。梁方仲認爲「東南田賦之重」極不合理。「東南」涵蓋蘇州、松江、常州、嘉興、湖州五府，而以蘇松二府田賦最重。以下簡述梁方仲所論明代蘇松賦重理由的大概，

〔註42〕 陳垣：《日知錄校注》中冊，卷二十一，頁1163。
〔註43〕 同上，卷十，頁592，593。
〔註44〕 陳垣：《日知錄校注》上冊，卷八，頁443。
〔註45〕 梁方仲：〈近代田賦史中的一種奇異制度及其原因〉，載黃啓臣主編：《梁方仲經濟史論文集》（北京：中華書局，1989年，第1版），頁10～18。

他以爲明太祖時兵燹頻仍，遺下田地多無主，再者籍沒盛行，人民給登記所有財產，再予沒收。他們得耕種官田，賦稅比民田爲高。東南官田之多，由來已久。蘇松諸郡的經濟狀況優越，人民較富裕，故田賦亦重。蘇松田賦的重擔事實上還由少數佃農負擔。〔註46〕地主勾結官府，欺隱土地，貪官逃避賦稅，營私舞弊，把田地賦稅化整爲零，分攤到其他農戶的土地上。

林金樹也認同蘇松歷來官田多，官田之賦苛重。〔註47〕

又顧炎武《日知錄・鴻漸於陸》云：

「上九，鴻漸于陸，其羽可用爲儀，吉。」安定胡氏改「陸」爲「逵」。

朱子從之，謂合韻，非也。《詩》「儀」字凡十見，皆音牛何反，不得與「逵」爲叶。

陳垣先生於「不得與『逵』爲叶」句後注云：

此清儒韻學進步之證。〔註48〕

朱子（即朱熹，公元1130～1200年）在《詩集傳》中對他感覺不諧的韻腳字採用了「叶音」法。

第四節　注意標舉出處

一、引用注釋需要注意的問題

注釋要翻原典，是基本的動作。

《日知錄・漢書注》云：

〔註46〕黃啓臣主編：《梁方仲經濟史論文集》，頁10～18。

〔註47〕林金樹：〈試論明代蘇松二府的重賦問題〉，載中國社會科學院歷史研究所明史研究室主編：《明史研究論叢》（南京：江蘇人民出版社，1982年，第1版），頁118。

〔註48〕陳垣：《日知錄校注》上冊，頁30，31。

現代著名語言學家王力先生（1900～1986）在其《朱熹反切考》中明確指出：「由於朱熹不懂古音，不知道古音與今音不同。」（王力：〈朱熹反切考〉，載吳文祺主編：《語言文字研究專輯》（上）（上海：上海古籍出版社，1982年，第1版），頁151。）

《王力語言學詞典》補充説：「叶音，也叫『叶句』、『叶韻』。『叶』也作『協』。後人讀上古韻文，拘於當時的讀音而臨時改讀，以求押韻，就是叶音。……」（馮春田等：《王力語言學詞典》（濟南：山東教育出版社，1995年，第1版），頁598。）

〈霍光傳〉:「張章等言,霍氏皆讐有功。」晉灼曰:「讐,等也。」
非也。此如《詩》「無言不讐」之讐解。《左傳》僖五年:「無喪而慼,
憂必讐焉。」注:「讐猶對也。」〈律曆志〉:「廣延宣問以理星度,
未能讐也。」鄭德曰:「相應爲讐也。」〈郊祀志〉:「其方盡多不讐。」
〈伍被傳〉贊:「忠不終而詐讐。」〈魏其傳〉:「上使御史簿責嬰,
所言灌夫頗不讐。」

陳垣先生在此條下注說:

魏其是竇嬰,應爲《漢書》五二〈灌夫傳〉。〔註49〕

竇嬰(?～公元前 131 年),字王孫,西漢觀津人。文帝竇后之姪。武帝時
爲丞相,尊崇儒術。七國之亂,被景帝封爲大將軍,亂平,以功封魏其侯,
後爲營救灌夫,觸怒景帝后,棄市而死。人名與封號容易錯配,須小心求證。

又《日知錄·正始》條:

魏明帝殂,少帝即位,改元正始,凡九年。其十年則太傅司馬懿殺大
將軍曹爽,而魏之大權移矣。三國鼎立,至此垂三十年,一時名士風
流盛於雒下。乃其棄經典而尚老、莊,蔑禮法而崇放達,視其主之顛
危若路人然,即此諸賢爲之倡也。自此以後,競相祖述。如《晉書》
言:王敦見衛玠,謂長史謝鯤曰:「不意永嘉之末,復聞正始之音。」
沙門支遁,以清談著名於時,莫不崇敬,以爲造微之功,足參諸正始。

陳垣先生《日知錄校注》說:

《世說》卷中之下〈賞譽篇〉,王長史歎林公尋微之功,不減輔嗣。
注引〈支遁別傳〉亦云:「王仲祖稱其造微之功不異王弼。」《高僧
傳》四〈支遁傳〉亦云:太原王濛甚重之,曰:「造微之功不減輔嗣。」
此云「參諸正始」,亭林誤記也。〔註50〕

尋,探求。微,精妙玄理。「尋微」、「造微」是晉人努力追求的清談勝境。《世
說新語彙校集注》〈賞譽第八〉說:

〈支遁別傳〉曰:「……王仲祖稱其造微之功不異王弼。」〔註51〕

陳垣先生檢出處,舉二書糾正顧炎武的錯誤。

〔註49〕陳垣:《日知錄校注》下冊,卷二十七,頁 1557,1558。
〔註50〕陳垣:《日知錄校注》中冊,卷十三,頁 721,722。
〔註51〕朱鑄禹:《世說新語彙校集注》(上海:上海古籍出版社,2002 年,第 1 版),
頁 406。

二、注釋的難易

　　古今注釋之家，各有獨到。直接注釋古書意義的，稱爲注。顧炎武自己的注釋內容非常廣泛，舉凡地理、職官、史事背景均在注中，而《日知錄校注》要解決的第二個問題，就是區分顧炎武所引書的注文與顧炎武的自注。陳垣先生少回應《日知錄》注家及評論者的言論，回應多的只是關於版本而非文字的問題。

　　《日知錄‧非三公不得稱公》云：

> 有失其名而公之者。《史記‧秦始皇紀》侯公，〈項羽紀〉樅公、侯公，〈高祖紀〉單父人呂公、新城三老董公，〈孝文紀〉太倉令淳于公，〈天官書〉甘公，〈封禪書〉申公、齊人丁公，〈曹相國世家〉膠西蓋公，〈留侯世家〉東園公，夏黃公，〈穰侯傳〉其客宋公，〈信陵君傳〉毛公、薛公，〈賈生傳〉河南守吳公，〈張敖傳〉中大夫泄公，〈黥布傳〉故楚令尹薛公，〈季布傳〉母弟丁公，〈鼂錯傳〉謁者僕射鄧公，〈鄭當時傳〉下邽翟公，〈酷吏傳〉河東守勝屠公，〈貨殖傳〉朱公、任公，《漢書‧高帝紀》終公，〈藝文志〉蔡公、毛公、樂人竇公、黃公、毛公、皇公，〈張耳陳餘傳〉范陽令徐公、甘公，〈劉歆傳〉魯國桓公、趙國貫公，〈周昌傳〉趙人方與公，〈武五子傳〉瑕丘江公，〈王襃傳〉九江被公，〈于定國傳〉其父于公，〈翟方進傳〉方進父翟公，〈儒林傳〉免中徐公、博士江公、食子公，淄州任公、皓星公，〈游俠傳〉故人呂公，茂陵守令尹公，皆失其名而公之，若鄭君、盧生之比。本朝《實錄》於孝慈高皇后之父，亦不知其名，謂之馬公。是史之闕文，非正書也。

一般說正書舊時指「經」、「史」一類的書。別於小說、戲曲一類的閒書。顧炎武說的正書指以正常表達方法而爲，非正書則指非正式歷史記載。史書人物沒記載本姓的原來很多，我們知道漢高祖父曰太公，母爲媼，僅此而已。陳垣先生注說：

> 記載之重要如此。一時失記，則後人永不能知，如漢高母劉媼且不知其本姓也。〔註52〕

史載漢楚元王劉交，字游，高祖同父少弟，則高祖母不止劉媼，尚有庶母。

另《日知錄·短陌》云：

> 《隋書·食貨志》曰：「梁大同後，自破嶺以東，錢以八十爲百，名
> 曰『東錢』。江郢以上，七十爲百，名曰『西錢』。京師以九十爲百，
> 名曰『長錢』。中大同元年，乃詔通用足陌。……」

陳垣先生於「錢以八十爲百，名曰『東錢』。」下注說：

> 觀下文「江郢」、「京師」二句，則「自」字無著，「自破」二字應屬
> 上爲句。王鳴盛説是也。見《十七史商榷》九六。〔註53〕

陳垣先生《日知錄校注》引王鳴盛說，同意王鳴盛的意見。

除了有關版本的問題，通常陳垣先生少對顧炎武的自注和黃汝成的案語
點名直接作出回應或論證，但有例外。

《日知錄·晉書》有這麼一段：

> 《天文志》：「虛二星，冢宰之宮也。主北方邑居廟堂祭祀祝禱事，
> 又主死喪哭泣。」按此「冢宰」當作「冢人」。

顧炎武加了一條原注，曰：

> 或以《公羊傳》「宰上之木拱矣」，則墓亦可稱爲宰。

不過陳垣先生在「則墓亦可稱爲宰。」句後注說：

> 「宰」爲「冢」之譌。〔註54〕

陳垣先生的意思是「墓亦可稱爲冢。」才是正確的。

宰木，墳墓上的樹木。語出《春秋公羊傳》。《春秋公羊傳·僖公三十三
年》：

> 秦伯怒曰：「若爾之年者，宰上之木拱矣。」何休注：「宰，冢也。
> 拱，可以手對抱。」〔註55〕

《小爾雅·廣名》：

> 宰，塚也。〔註56〕

王念孫於《廣雅疏證》卷九下「墳、堬、堔、墦、埌……邱、陵、墓、
封，冢也」句下注云：

> 「僖公三十三年公羊傳，宰上之木拱矣。」何休注云：「宰，冢也。」

〔註53〕同上，卷十一，頁659。

〔註54〕陳垣：《日知錄校注》下冊，卷二十六，頁1454。

〔註55〕十三經注疏整理委員會：《春秋公羊傳注疏》（北京：北京大學出版社，2000
年，第1版），頁315。

〔註56〕楊琳：《小爾雅今注》（上海：漢語大詞典出版社，2002年，第1版），頁182。

宰與埰聲近，故冢謂之埰，亦謂之宰。〔註57〕

冢解作墓可以確定，但宰作墓解不是沒有訓詁上相通的道理，或有以爲本字應爲埰，陳垣先生可能因而覺得「宰」應作「冢」。

又《日知錄·銅》曰：

乏銅之患，前代已言之。江淹謂古劍多用銅，如昆吾、歐冶之類皆銅也。「楚子賜鄭伯金，盟曰，無以鑄兵，故以鑄三鐘。【原注】杜氏注：「古者以銅爲兵。」《漢書·食貨志》，賈誼言：「收銅勿令布以作兵器。」〈韓延壽傳〉，爲東郡太守，取官銅物，候月蝕，鑄作刀劍鉤鐔，放效尚方事。古金三品：黑金是鐵，赤金是銅，黃金是金。夏后之時，九牧貢金，乃鑄鼎於荊山之下。董安于之治晉陽，公宮令舍之堂，皆以煉銅爲柱質。荊軻之擊秦王中銅柱，而始皇收天下之兵，鑄金人十二，即銅人也。

【原注】《三輔舊事》曰：聚天下兵器，鑄銅人十二，各重二十四萬斤。漢世在長樂宮門。《魏志》云：「董卓壞以鑄小錢。」吳門闔閭冢，銅椁三重，秦始皇冢，亦以銅爲椁。戰國至秦，攻爭紛亂，銅不充用，故以鐵足之。鑄銅既難，求鐵甚易，是故銅兵轉少，鐵兵轉多。年甚一年，歲甚一歲，漸染流遷，遂成風俗。所以鐵工比肩，而銅工稍絕。二漢之世，愈見其微。建安二十四年，魏太子鑄三寶刀，二七首。天下百鍊之精利，而悉是鑄鐵，不能復鑄銅矣。考之於史，自漢以後，銅器絕少，惟魏明帝鑄銅人二，號曰翁仲。又鑄黃龍、鳳凰各一。而武后鑄銅爲九州鼎，用銅五十六萬七百一十二斤。【原注】唐韓滉爲鎮海軍節度，以佛寺銅鐘鑄弩牙兵器。自此之外，寂爾無聞，止有銅馬、銅駝、銅甌之屬。昭烈入蜀，僅鑄鐵錢。而見存於今者，如眞定之佛，蒲州之牛，滄州之獅，無非黑金者矣。

陳垣先生於《日知錄校注》罕有地對《日知錄》楊氏的注釋作了回應，以爲「吳王闔閭」也可作「吳門闔閭」，說：

吳門亦通。〔註58〕

陳智超按：

〔註57〕王念孫：《廣雅疏證》（北京：中華書局，1983年，第1版），頁299。

〔註58〕陳垣：《日知錄校注》中冊，卷十一，頁651，652。
　　　　顧炎武：《日知錄集釋》中冊，卷十一（上海：上海古籍出版社，2006年，第1版），頁670，671。

集釋此處引「楊氏曰」:「『門』當爲『王』之誤。」

銅大量爲人所用,春秋時吳王闔閭塚、秦始王塚都使用銅。銅可以用之鑄錢,西漢承襲先秦以來以銅鑄錢的傳統,建立銅幣鑄幣模式,一直延續至晚清。

再者,《日知錄・魁》云:

今人所奉魁星,不知始自何年,以奎爲文章之府,故立廟祀之。

陳垣先生於《日知錄》〈魁〉條首四句「今人所奉魁星,不知始自何年,以奎爲文章之府,故立廟祀之。」後案說《日知錄集釋》據錢大昕所引《新定續志》書。陳垣先生回應了錢大昕的引語。《日知錄》〈魁〉條引錢大昕《養新錄》據《新定續志》說「魁星」的來歷。陳垣先生在《日知錄校注》著重說《新定續志》的源流,而陳智超案:

集釋此下引錢大昕語,據《新定續志》,知南宋時學校已祀魁星。

陳垣先生的批語云:

《新定續志》者,宋景定間《新定嚴州續志》也。原附紹興重修《嚴州圖經》之後,故曰《新定續志》,不著地名也。《四庫提要》〈地理〉一。錢語見《養新錄》十四。〔註59〕

陳垣先生曾稱讚錢大昕的學問淵博。或許因批語文字須精簡,陳垣先生引述他人的著作並評說的地方不是很多。

第五節　注重論說的原始出處

歷史記載宋神宗熙寧元年(公元 1068 年)至九年(1076 年)多處發生旱災,十年(1068 年)春各地普遍旱情嚴重。〔註60〕

十年春中國仍遍地乾旱,七月黃河泛濫,可以想像人們生活難過極了。《日知錄・河渠》記載云:

《宋史》:「熙寧八年七月乙丑,河大決于澶州曹村,北流斷絕,河道南徙,東匯于梁山張澤濼。分爲二派。一合南清河入于淮,一合北清河入于海。」

陳垣先生於「一合北清河入于海。」」〔註61〕句後注說:

〔註59〕陳垣:《日知錄校注》下冊,卷三十二,頁 1872,1873。
〔註60〕劉昭民:《中國歷史上氣候之變遷》,(台北:臺灣商務印書館,1994 年,修訂版),附錄一,中國歷史上之旱災紀錄。頁 221。
〔註61〕陳致易〈評上世紀九十年代兩種《日知錄》校注本〉說:卷之十二《河渠》,

卷九一〈河渠志〉。「八年」應爲「十年」。〔註62〕

真是熙寧十年七月乙丑河大決於澶州曹村嗎？按北京中華書局點校本《宋史》卷九二是熙寧十年七月己丑河大決於澶州曹村。〔註63〕

陳致易〈評上世紀九十年代兩種《日知錄》校注本〉所疑「熙寧十年七月乙丑河大決於澶州曹村」，意見已加注於《日知錄校注》內，正文仍是「熙寧八年」。

1979 年，中華書局開始分冊出版《續資治通鑑長編》點校本，是以流行的清光緒浙江書局刻本爲底本，用遼寧圖書館、北京圖書館藏本和文津閣本對校，改正了不少錯訛。中華書局《續資治通鑑長編》對補校史事有一定作用，於熙寧十年大水事有記載，曰：

> 熙寧十年，乙丑，河大決於澶州曹村下埽。〔註64〕

下埽是一種水利工程，水利工程擋不住洪水，後果自然堪虞。而綜上而論，比較可信的說法是「熙寧十年，乙丑，河大決於澶州曹村。」

又《日知錄·己日》云：

> 「革，巳日乃孚。」「六二，巳日乃革之」。朱子發讀爲戊己之「己」。……
> 《儀禮·少牢饋食禮》「日用丁己」，注：「內事用柔日，必丁己者，取其令名，自丁寧，自變改，皆爲謹敬。」而《漢書·律曆志》亦謂：「理紀於己，斂更於庚。」是也。王弼謂：「即日不孚，巳日乃孚。」以「己」爲「巳事遄往」之「巳」，恐未然。

陳垣先生於「自變改，皆爲謹敬」句後，注三中說：

> 《儀禮》十六篇〈少牢饋食禮〉鄭玄注。朱震作自己讀，王弼作巳往讀。

嶽本 p.45，甘本 p.528：《宋史》：「熙寧八（應爲『十』）年七月乙丑，河大決於澶州曹村……入於海河。」查《宋史》九二《河渠志》，最後一句應爲：「入於海」，「河」屬下句，不是「入於海河」。且嶽本起引號用反了。(陳致易：〈評上世紀九十年代兩種《日知錄》校注本〉，《安徽大學學報》(哲學社會科學版) 第 31 卷第 1 期 (2007 年 1 月)，頁 80。)

〔註62〕陳垣：《日知錄校注》下冊，卷三十二，頁 707，708。

〔註63〕脫脫：《宋史》，第七冊，卷九十二 (北京：中華書局點校本，1986 年，第 1 版)，頁 2284。

〔註64〕李燾：《續資治通鑑長編》，第二十冊，卷二百八十三 (北京：中華書局，1986 年，第 1 版)，頁 6937。

陳垣：《日知錄校注》中冊，卷十二，頁 708。

「已日」取自《易經》「革」卦，陳垣先生的注實針對《周易・革》卦「己日」的考釋而言，而「朱震作自己讀，王弼作已往讀。」此二句緊貼於「《儀禮》十六篇〈少牢饋食禮〉鄭玄注。」〔註65〕下，容易令人誤會跟《儀禮》有關，今注時應該再加說明。

第六節　注意聯繫現實，體現致用的特點

一、注重歷史與現實的結合，體現了歷史的時代功能

《日知錄・石門》曰：

> 《後漢書・公孫瓚傳》：「中平中，張純與烏桓丘力居等入寇，瓚追擊，戰於屬國石門，大敗之。」注：「石門山在今營州柳城縣西南。」而《水經注》云：「濡水又東南逕石門峽，山高巉絕，壁立洞開，俗謂之石門口。漢中平五年，公孫瓚討張純，戰于石門，大破之。」今薊州東北六十里石門驛，即《水經注》之石門是也。按史本紀但言石門，而傳言屬國石門，明有兩石門。【原注】《北齊書》：「皮慶賓，正光中，因使懷朔，遇世亂，遂家廣寧之石門縣。」《水經注》所指，乃漁陽之石門，非遼東屬國之石門。當以柳城爲是。《通典》：柳城有石門山。

陳垣先生於「非遼東屬國之石門，」句後注曰：

> 「石門」之名常見於各地。〔註66〕

天津薊縣秦代置爲無終縣，北魏時屬漁陽郡，隋改漁陽縣，唐屬薊州。遼東屬國的石門今位處遼寧朝陽市西南。

又《日知錄》八〈停年格〉條原文並注：

> 今之言停年格者，皆言起於後魏崔亮。今讀亮本傳，而知其亦有不得已也。傳曰：「遷吏部尚書。時羽林新害張彝之後，靈太后令武官得依資入選。官員既少，應選者多，前尚書李韶循常擢人，眾情嗟怨。亮乃奏爲格制，不問賢愚，專以停解日月爲斷。雖復官須此人，停日後者終於不得，庸才下品，年月久者則先擢用，沈滯者皆稱其能。亮外甥司空諮議劉景安以書規亮曰：『殷周以鄉塾貢士，兩漢由

〔註65〕陳垣：《日知錄校注》上冊，卷一，頁26。
〔註66〕陳垣：《日知錄校注》下冊，卷三十一，頁1769。

州郡薦才，魏晉因循，又置中正。諦觀在昔，莫不審舉，雖未盡美足，應十收六七。而朝廷貢秀才止求其文，不取其理；察孝廉惟論章句，不及治道；立中正惟辨氏族，不考人才。至於取士之途不博，沙汰之理未精。而舅屬當銓衡，宜改張易調，如之何反爲停年格以限之。天下之士，誰復修屬名行哉？』亮答書曰：『汝所言乃有深致。吾乘時徼幸，得爲吏部尚書。常思同升舉直，以報明主之恩，乃其本願。昨爲此格，有由而然。今已爲汝所怪，千載之後，誰知我哉？古今不同，時宜須異。何者？……仲尼有言，知我者《春秋》，罪我者亦《春秋》。吾之此指，其猶是也，但令將來君子知吾意焉。』後甄琛、元修義、城陽王徽相繼爲吏部尚書，利其便己，踵而行之。自是賢愚同貫，涇渭無別，魏之失才，自亮始也。」【原注】辛琡爲吏部尚書，上言：「黎元之命，繫於長吏。若使惟取年勞，不簡賢否，義均行雁，次若貫魚，執簿呼名，一吏足矣，數人而用，何謂銓衡。」書奏不報。

　　顧炎武注「辛琡爲吏部尚書，上言」云云。陳垣先生於「書奏不報。」句後注說：

　　　　「辛琡」當作「薛琡」，《北齊書》廿六，《北史》廿五，此用《北齊書》。亦見《通典》十六《選舉典》。潘本已誤「辛」，《通典》又誤「琡」，並作「時爲吏部郎中」，蓋引《北史》也。《通考》卅六《選舉考》則循《通典》之誤。〔註67〕

《通典》卷十六〈選舉典〉引《北史》，卻引錯爲「薛淑」，而《通志》、《文獻通考》悉沿其誤。何以爲琡而不爲淑，陳垣先生還有另一證據：

　　　　然《通典》十六〈選舉典〉引《北史》，乃作「薛淑」，淑字曇珍，文應从玉，參諸《魏書》四四〈薛野䐗傳〉亦然，今从水誤也。〔註68〕

即薛琡字「曇珍」(《北齊書》本傳) 古人名與字之間是相關的，琡、珍均爲玉器，可旁證薛琡無誤。

　　又明代有哲學家羅欽順(公元 1465～1547 年)，著名學者羅洪先(公元 1504～1564 年)，因爲兩人生處同時，姓氏、謚號一樣，容易錯認，應該加注辨明。羅欽順是明代重要的思想家、古代「氣學」的代表人物之一；羅洪先是地理學家、理學家、文學家。顧炎武於其《日知錄》中〈朱子晚年定論〉條曰：

〔註67〕陳垣：《日知錄校注》上冊，頁 485，486。
〔註68〕陳垣：《日知錄校注》下冊，附錄，頁 1890，1891。

－43－

王文成（守仁）所輯《朱子晚年定論》，今之學者多信之，不知當時
羅文莊（欽順）已嘗與之書而辯之矣。

陳垣先生在「不知當時羅文莊（欽順）已嘗與之書而辯之矣。」句後注曰：

《明儒學案》十八云：「羅洪先，謚文恭。」誤，羅洪先亦謚文莊，
非注不可。……蓋誤以洪先爲欽順也。〔註69〕

人們是受謚號所惑，把「洪先」錯認「欽順」。

仔細分析陳垣先生在《日知錄》校注中所說：

原書見《困知記》附錄〈與王陽明書〉。《四庫提要·儒家存目三孫
承澤》〈考正晚年定論〉，《提要》謂：「〈晚年定論〉初出之時，羅洪
先致書守仁，辨何叔京、黃直卿二書，已極明斷」云云。《提要》蓋
誤以洪先爲欽順也。欽順弘治六年進士，《明史》二八二。洪先嘉靖
八年進士，《明史》二八三，後三十六年。陽明嘉靖七年卒，年五十
七。〔註70〕

據《提要》提供的資料：

欽順弘治六年進士　　　弘治六年是爲公元 1493 年，

洪先嘉靖八年進士　　　嘉靖八年是爲公元 1529 年，

陽明嘉靖七年卒，年五十七　　　嘉靖七年是爲公元 1528 年。

人除了本名以外還會有別的名稱，「文莊」代表羅洪先、羅欽順，也代表很多其
他人。羅洪先中進士前一年王陽明就去世了，按常理羅洪先致信王陽明的機會
不大。見《四庫提要》卷九十七·子部七·儒家類存目三，〈考正晚年定論〉：

【考正晚年定論二卷】江蘇巡撫採進本國朝孫承澤撰。是書以王守
仁所作《朱子晚年定論》不言晚年始於何年，但取偶然謙抑之詞，
或隨問而答之語，及早年與人之筆錄之，特欲借朱子之言以攻朱子，
不足爲據。乃取《朱子年譜》、《行狀》、《文集》、《語類》等書，詳
爲考正。以宋孝宗淳熙甲午爲始，朱子是時年四十有五。其後乃始

〔註69〕陳垣：《日知錄校注》中冊，卷十八，頁 1026，1030。顧炎武《日知錄·游魂
爲變》條認爲氣是萬事萬物的本源，他對於張載的氣論思想是相當認同的。
見田富美：〈清代荀子學研究〉，台灣國立政治大學博士論文。2006 年，頁 143
～150。明中葉羅欽順提出「理氣爲一物」、「理爲氣之理」以解決朱子理先氣
後說留下的問題。參鄧克銘：〈羅欽順「理氣爲一物」說之理論效果〉，《漢學
研究》第 19 卷第 2 期（2001 年 12 月），頁 33～57。

〔註70〕同上，頁 1030。

與陸九淵兄弟相會。以次逐年編輯，實無一言合於陸氏，亦無一字
涉於自悔。因逐條辨駁，輯爲是編。考《晚年定論》初出之時，羅
洪先致書守仁，所辨何叔京、黃直卿二書，已極爲明晰。是書特申
而明之，大旨固不出羅書之外。至謂守仁立身居家，並無實學，惟
事智術籠罩，乃吾道之蟊螣。又取明世宗時〈請奪守仁封爵會勘疏〉
及不准卹典之詔，以爲口實，則摭拾他事，以快報復之私，尤門戶
之見矣。〔註71〕

王陽明雖是文官，卻因爲平定寧王之亂立有軍功，所以能夠封爵。

　　北京中華書局版本《四庫全書總目》的文字跟《日知錄校注》所引的略
有出入，大概無關緊要。

　　陳垣先生說書見《困知記》附錄〈與王陽明書〉。查《困知記》附錄當中
論學書信有多通，〈與王陽明書〉是第一通。〔註72〕

　　又陳垣先生很留意地名，他的說法時跟顧炎武不一致。《日知錄‧吳會》
云：

宋施宿《會稽志》曰：「按《三國志》，吳郡、會稽爲吳、會二郡。
張紘謂：『收兵吳、會，則荊、揚可一。』〈孫賁傳〉云：『策已平吳、
會二郡。』〈朱桓傳〉云：『使部伍吳、會二郡。〈全琮傳〉云：『分
丹陽、吳、會三郡險地爲東安郡。』是也。前輩讀爲都會之會，殆
未是。」錢康功曰：「今平江府署之南，名吳會坊。《漢書‧吳王濞
傳》：『上患吳會輕悍。』按今本《史記》、《漢書》並作「上患吳會
稽」，不知順帝時，始分二郡，……漢初安得言「吳會稽」？當是錢
所見本未誤，後人妄增之。【原注】本傳：「吳有章郡銅山」，亦爲後人於「章」
上妄增一「豫」字，正與此同。魏文帝詩：「吹我東南行，行行至吳會。」
陳思王〈求自試表〉曰：撫劍東顧，而心已馳於吳會矣。」晉文王
與孫皓書曰：「惠矜吳會，施及中土。」魏元帝加晉文王九錫文曰：
「埽平區宇，信威吳會。」阮籍爲鄭沖勸晉王箋曰：「朝服濟江，埽
除吳會。」陳壽〈上諸葛亮集〉曰：「身使孫權，求援吳會。」羊祜
上疏曰：「西平巴蜀，南和吳會。」荀勗〈食舉樂東西廂歌〉曰：「既

〔註71〕紀昀：《四庫全書總目》卷九十七（北京：中華書局，1965年，第1版），頁821。
　　　　陳德芸：《古今人物別名索引》（上海：上海書店，1982年，第1版），頁285。
〔註72〕羅欽順：《困知記》附錄（北京：中華書局，1990年，第1版），頁108。

禽庸蜀，吳會是賓。」左思〈魏都賦〉曰：「覽麥秀與黍離，可作謠
於吳會。」武帝問劉毅曰：「吾平吳會，一同天下。」石崇奏惠帝曰：
「吳會僭逆，幾於百年。」石勒表王浚曰：「晉祚淪夷，遠播吳會。」
慕容廆謂高瞻曰：「鯨鯢豕於二京，迎天子于吳會。」丁琪諫張祚曰：
「先公累執忠節，遠宗吳會。」此不得以爲會稽之「會」也。蓋漢
初元有此名，如日吳都云爾。【原注】胡三省《通鑑辨誤》：「太史公謂吳爲
江南一都會，故後人謂吳爲吳會。」若〈孫賁〉、〈朱桓傳〉，則後人之文，
偶合此二字，不可以證〈吳王濞傳〉也。

陳垣先生於以上一段後注說：

集釋此段亦引錢大昕說。援庵批：「顧主 吳會 是一地，錢主 吳|會 是
二地。顧主〈濞傳〉無『稽』字。」〔註73〕

我以「吳會」加框來表示吳會爲一地，「吳|會」表示吳會爲二地。顧炎武主「吳
會」一地，惟陳垣先生引錢大昕主「吳|會」爲二地。顧錢的分別是一地『吳
會』抑二地『吳|會』。《日知錄》解《文選》卷二十九曹丕〈雜詩〉「吹我東南
行，行行至 吳會」，卷三十七曹植〈求自試表〉「撫劍東顧，而心已馳於 吳會
矣。」，卷六左思〈魏都賦〉「覽麥秀與黍離，可作謠於 吳會」等。吳是吳郡，
而會是會稽。顧炎武認爲各句中的「吳會」皆當指吳和會稽二郡所轄的一片
廣域，二郡合稱「吳會」。並續說：「此不得以爲會稽之會也」，即不應只理解
爲會稽郡的治所（指今紹興市）。黃汝成顯然是覺得錢大昕的話可以與顧氏語
相參證，所以引之爲注。陳垣先生有批語，並列顧錢的說法讓讀者選擇。

二、會通歷史材料

自《史諱舉例》出版，避諱學才眞正成爲一門新的專門學問。在《史諱
舉例》卷八「第八十一」中，陳垣先生製簡表，列舉了明代皇帝的諱例，說
明避皇帝諱的情況，明萬曆（公元 1573～1620 年）而後，避諱的方法稍稍嚴
密。避諱學是史學中一輔助科學，是陳垣先生的本色當行，不過非本文重點
討論範圍，在這裏不作詳細分析，只作陳述。

〔註73〕陳垣：《日知錄校注》下冊，卷三十一，頁 1743，1744。
范曉民：〈《日知錄》對《昭明文選》作品的闡釋與訂誤〉《鄭州大學學報》第
4 期（2002 年 7 月），頁 92。
馮惠民等編：《通鑑地理注詞典》（濟南：齊魯書社，1986 年，第 1 版），頁
208。

各朝所諱不同，避諱方法也不一致，因此史書上常有因避諱而改易文字的地方。如陳垣先生的《釋氏疑年錄》說：

> 郢州大陽山警延。江夏張氏。本名警玄，避諱改。九四三生。〔註74〕

大陽山警玄禪師，為避國諱，易名警延。

陳垣先生在《史諱舉例》共八卷中分析歷朝諱例分秦漢諱例、三國諱例、晉諱例、南北朝諱例、唐諱例、五代諱例、宋諱例、遼金諱例、元諱例、明諱例及清諱例。至於避諱所用的方法主要有三種：避諱改字法，避諱空字法和避諱缺筆法。陳垣先生校注《日知錄》沒像《史諱舉例》般探討 82 個例，它於歷朝諱例也不是每一朝都有給出諱例。《日知錄校注》是這樣記錄歷朝諱例的：

秦漢諱例：【缺】

三國諱例：【缺】

晉諱例：

《日知錄‧通譜》曰：

> 北人重同姓，多通譜系，南人則有比鄰而各自為族者。《宋書‧王仲德傳》：「北土重同姓，謂之骨肉。有遠來相投者，莫不竭力營贍。仲德聞王愉在江南，是太原人，乃往依之，愉禮之甚薄。」

陳垣先生在「《宋書‧王仲德傳》：」句後注說：

> 《宋書》四六。王懿，字仲德，避司馬懿諱，以字稱，而《宋書》、《南史》卷二五傳目仍名懿。〔註75〕

《宋書》，二十四史之一，由南朝梁沈約（公元 441～513 年）等人所著。沈約《宋書》各志中的敘述，經常溯及到魏晉時期，可以彌補《三國志》等書的缺陷。

南北朝諱例：

《日知錄‧史家誤承舊文》曰：

> 《三國志‧魏后妃傳》注：「甄后曰：諱等自隨夫人。」此「諱」字明帝名，當時史家之文也。《宋書‧武帝紀》：「劉諱龍行虎步。」《後周書‧柳慶傳》：「宇文諱忠誠奮發。」《北史‧魏彭城王勰傳》：

〔註74〕陳垣：《釋氏疑年錄》卷六（揚州：廣陵書社，2008 年，第 1 版），頁 95。

〔註75〕陳垣：《日知錄校注》下冊，卷二十三，頁 1266。
　　　　陳垣：《史諱舉例》（上海：上海書店出版社，1997 年，第 1 版），頁 101。

「帝謂飆曰：諱是何人，而敢久違先敕。」並合稱名，史臣不敢斥
之爾。然《宋紀》中亦有稱「劉裕」者，一卷之中往往雜見。【原
注】《冊府元龜》：後唐莊宗同光二年二月戊寅，「幸李諱宅」。「諱」字下小注曰：
「明宗也。」

陳垣先生在「『帝謂飆曰，諱是何人，而敢久違先敕。』」句後注說：

《北史》十九。殿本「諱」作「恪」。「恪」是魏宣帝諱。〔註76〕

唐諱例：

唐代避諱的法令寬鬆，而避諱的習俗則蔚爲風尚。由於避諱習俗的影
響，給中國的文獻留下了點點瑕疵，對人們正確理解這些文獻資料帶來不少
的麻煩。法令寬鬆，人們卻趨慕這些禁忌習俗，眞有點奇怪。《史諱舉例》
卷八，第七十六「唐諱例」及《日知錄·嫌名》等篇都收錄一些例子。如：

《日知錄·已祧不諱》條：

韓退之〈辯諱〉本爲二名嫌名立論，而其中治天下之「治」，卻犯正
諱。蓋元和之元，高宗已祧，故其〈潮州上表〉曰「朝廷治平日久，」，
曰「政治少懈」，曰「巍巍治功」，曰「君臣相戒，以致至治」。〈舉
張行素〉曰：「文學治行，眾所推。」〈平淮西碑〉曰：「大開明堂，
坐以治之。」〈韓弘神道碑銘〉曰：「無有外事，朝廷之治。」惟諱
辯篇中，似不當用。

陳垣先生於以上一段末注說：

安知其不已缺筆乎？〔註77〕

韓愈（公元 768～824 年），是中唐時代的著名文學家。所謂「避嫌名」，是
指與名諱讀音相近的字，也需迴避。「二名不偏諱」指名有二字者，不必一
一避諱，只避其中一字即可。唐代有關法制規定，不避諱與君主及所尊者名
字的同音字；如果君王與所尊者是雙名時，只提及其中的一個字，也不避諱。
避諱缺筆是從唐代開始的一种避諱方法，即在書寫或鐫刻本朝皇帝或尊長的
名字時省略末筆。避諱改字爲古籍研究帶了不少困惑，避諱有時以缺筆等的
方法解決，缺筆帶來的影響總算輕微。在君尊民卑的年代，縱然皇上叫百姓
不用爲本朝皇帝或尊長避諱，人們不敢踩線犯行之已久的禁忌。清代雍正帝
就曾明令叫屬下書寫時把避諱禁忌的結鬆綁，試問有誰斗膽肯走第一步呢？

〔註76〕陳垣：《日知錄校注》下冊，頁 1452，1453。
〔註77〕同上，頁 1286，1287。

《日知錄‧嫌名》：

> 憲宗諱純，凡姓淳於者改姓於，唯監察御史韋淳不改。既而有詔以
> 陸淳爲給事中，改名質，淳不得已，改名處厚。

陳垣先生於「淳不得已，改名處厚。」句後注曰：

> 韋貫之本名純，以字稱。見《舊唐書》一五八，《新唐書》一六九。
> 韋處厚本名淳，改名見《舊唐書》一五九，《新唐書》一四二。改名
> 處厚者非監察御史，監察御史乃韋純，改名貫之，見《唐會要》廿
> 三。是貫之事，非處厚事，但二人同時。〔註78〕

韋貫之（純）改名的不幸運際遇叫人同情，改了又改不停。當唐憲宗李純（陳
垣：《史諱舉例》（北京：科學出版社，1958 年，第 1 版），頁 109。）（公元
778～820 年）爲太子時，韋純爲監察御史，沒有改名。陸淳官職爲給事中，
因爲淳、純音近，改名質。迫不得已，韋純只好上疏改名貫之。故而可以證
明《日知錄》以爲事關韋淳，並非如此，韋淳做的不是監察御史的官。

由以上《舊唐書》、《新唐書》的記錄，「貫之」（韋純）、「處厚」（韋淳）
是同處當世的兩個人，彼此相交甚深，歷史對他們的評價很正面。因爲「貫
之」、「處厚」的姓名以至處事態度都有相近之處，難怪會被混倒在一起。法
令是明明白白，習尚又是另一回事，不然《日知錄》未必會出錯。

又《日知錄‧竊書》云：

> 《舊唐書》：「姚班嘗以其曾祖察所撰《漢書訓纂》，多爲後之注《漢
> 書》者隱沒名字，將爲己說，班乃撰《漢書紹訓》四十卷，以發明
> 舊義，行於代。」

陳垣先生於「班乃撰《漢書紹訓》四十卷，以發明舊義，行於代。」句後注說：

> 「班」應作「玼」，宋諱缺末筆。《舊唐書》八九。〔註79〕

據范志新《避諱學》說：

> 宋太祖趙匡胤有祖上「正呼『玼』」，諱例「《兩唐書‧姚玼傳》，缺
> 筆誤作姚班。」〔註80〕

想像「玼」缺末筆後成玼，形近「班」字。

《兩唐書辭典》：

〔註78〕陳垣：《日知錄校注》下冊，頁 1295。
〔註79〕陳垣：《日知錄校注》中冊，卷十八，頁 1037。
〔註80〕范志新：《避諱學》（台北：學生書店。2006 年，初版），頁 450。

姚珽唐朝官吏，宰相姚璹之弟。〔註81〕

姚珽（公元 641～714 年）爲姚璹（公元 632～705 年）的弟弟，都是武則天時人。

偏諱，凡名字有兩個字的，偏舉其中的一個字。二名不偏諱，謂二名不一一諱也。我們可以《史諱舉例》、《通鑑胡注表微》覆核《日知錄》的版本內容，從而更清楚偏諱是甚麼。

《史諱舉例》卷五〈二名偏諱例〉：

> 日知錄廿三謂「高宗永徽初，已改民部爲戶部，李世勣已去世字單稱勣。閻若璩謂太原晉祠有唐太宗御製碑，碑陰載當時行諸臣姓名，內有李勣，已去世字。是唐太宗時已如此，不待永徽初也。」〔註82〕

《日知錄・二名不偏廢》條：

> 《通典》又言：「太宗時，二名不相連者，竝不諱，至玄宗始諱之。」
> 然永徽初，已改民部爲戶部，而李世勣已去「世」字，單稱勣矣。

陳垣先生加注曰：

> 是修書時改，抑後人抄書時改？〔註83〕

顧炎武（公元 1613～1682 年）、閻若璩（公元 1638～1704 年）均是清朝經學復盛時代的代表人物。及錢大昕（公元 1728～1804 年）而張大其說。

《通典》卷二三「職官五」篇：

> 大唐永徽初復改民部爲戶部，廟諱故也。

下有小注曰：

> 太宗在位，詔官號人名及公私文籍有「世」「民」兩字不相連者，並不諱。至高宗始諱之。〔註84〕

閻若璩《潛邱箚記》卷五補正《日知錄》說云：

> 按通典載高宗亦有詔不諱，其名治亦當引及，又註云通典又言太宗時二名不相連者並不諱，至玄宗始諱之。然永徽初已改民部爲戶部，而李世勣已去「世」字單稱勣矣。按吾邑晉祠有唐太初貞觀二十年御製碑，碑陰載當日從行諸臣姓名，內有李勣，已去卻世字，單稱

〔註81〕趙文潤、趙吉惠：《兩唐書辭典》（濟南：山東教育出版社。2004 年，第 1 版），頁 775。

〔註82〕陳垣：《史諱舉例》（北京：科學出版社，1958 年，第 1 版），頁 75。

〔註83〕陳垣：《日知錄校注》下冊，頁 1293。

〔註84〕杜佑：《通典》（北京：中華書局，1998 年，第 1 版），頁 636。

勣，是唐太宗時已如此，不待永徽初也。〔註85〕

「永徽」爲唐高宗（公元 650～683 年）年號，跟唐太宗（公元 599～649
年）以至唐玄宗（公元 712～756 年）在位之時有間距。杜佑（公元 735～812
年），唐萬年人，撰《通典》二〇〇卷。按李世勣生卒年爲公元 594～669 年。
《日知錄》、《潛邱箚記》中所引之「玄宗」與《通典》所書「高宗」不同，
許是版本各異故也。

試看陳垣先生《史諱舉例》卷一第 3 的「避諱缺筆例」表：

避諱缺筆例

避諱缺筆之例始於唐。唐以前刻石，字多別體，不能定何者爲避諱。北
齊顏之推家訓風操篇，言當時避諱之俗甚詳，亦祇云「凡避諱者皆須得其同
訓以代換之」，可見當時尚無缺筆之例。今將唐碑中之與避諱有關者列下：

貞觀三年等慈寺塔記，稱王世充爲王充。

貞觀四年奔豳州昭仁寺碑，用世字凡五處。

貞觀五年房彥謙碑，有世字民字，惟書虎賁爲武賁。

貞觀十四年姜行本碑「懲彼蒼生」，避太宗諱，借懲爲愍。

貞觀十六年段志玄碑，文內王世充不避世字。

貞觀十八年蓋文達碑，有「世子」字。

永徽二年馬周碑「持書侍御史」，改治爲持。

顯慶四年大唐紀功頌，王世充俱作王充。

乾封元年贈泰師孔宣公碑，兩引「生民以來」，俱作生人。「愚智齊
泯」，泯作泯。此爲唐碑避諱缺筆始見，以後缺筆之字漸多。

乾封元年于志寧碑，「世武」世字作卅。

儀鳳二年李勣碑，本名世勣，因避諱但名勣。而王世充世字特缺中
一筆，未去世字。

萬歲登封元年封祀壇碑，虎字不避，葉作茟。〔註86〕

從上陳垣先生《史諱舉例》卷一，第 3 的「避諱缺筆例」表中知唐碑避

〔註85〕閻若璩：《潛邱箚記》，載沈自南：《藝林彙考》，集於《欽定四庫全書》第八
　　　　五九冊。（上海：上海古籍出版社，1987 年，第 1 版），頁 501。
〔註86〕陳垣：《史諱舉例》（上海：上海書店出版社，1997 年，第 1 版），頁 4，5。

諱缺筆始見於唐高宗乾封元年,「世」字避諱缺筆與避諱去其名一字,兩例同見於唐高宗儀鳳二年,用例的年份是早了些。乾封(公元666年正月～668年二月)是唐高宗李治的年號;儀鳳(公元676年十一月～679年六月)是唐高宗李治的年號。

永徽跟乾封、儀鳳同是唐高宗的年號,顧炎武《日知錄》所說「世」字避諱去其名一字的年代稍稍比陳垣先生《史諱舉例》認定的早了幾年,理由則連陳垣先生也不大肯定,只於《日知錄》注中懷疑是不是在修書時改,或後人抄書時改。

王彥坤於其《古籍異文研究》中,〈避諱改省〉一節說:

> 《詩·邶風·雄雉》:「雄雉於飛,泄泄其羽。」《魏風·十畝之間》:「十畝之外兮,桑者泄泄兮。」《大雅·民勞》:「惠此中國,俾民憂泄。」《大雅·板》:「天之方蹶,無然泄泄。」唐石經諸「泄」字並作「洩」。又,《毛詩·衛風·氓》:「氓之蚩蚩」,前序,「《氓》,刺時也」,後跋:「《氓》六章」。唐石經諸「氓」字並作「甿」。今按:石經之改文,避唐太宗李世民諱故也。「泄」之作「洩」,避「世」旁也;「氓」之作「甿」,避「民」旁也。

王彥坤自注云:

> 說見陳垣《史諱舉例》卷二。[註87]

另王彥坤《歷代避諱字彙典》按說:

> 《說文·民部》:「氓,民也。從民,亡聲。」《田部》:「甿,田民也。從田,亡聲。」又,《廣韻》「氓」、「甿」並音莫耕切。是兩字義既相近,音又相同,故唐人避國諱遂以「甿」代「氓」。[註88]

民間單字「甿」的見避李世民諱,有一定的聲韻理論基礎,也不是胡亂地改寫呢。

五代諱例:【缺】

宋諱例:

[註87] 王彥坤:《古籍異文研究》(廣東:廣東高等教育出版社,1993年,第1版),頁32,33。

顧炎武在《金石文字記》中,考訂出唐石經很多的誤字。見李蘇和:〈唐玄度《九經字樣》研究〉,台灣國立政治大學碩士論文。2008年,頁32。

[註88] 王彥坤:《歷代避諱字彙典》(鄭州:中州古籍出版社,1997年,第1版),頁324。

《日知錄‧錫土姓》曰：

> 今日之天下，人人無土，人人有姓。蓋自「錫土」之法廢，而唐、
> 宋以下，帝王之裔僑於庶人，無世守之固。「錫姓」之法廢，而魏、
> 齊以下，朔漠之姓雜於諸夏，失氏族之源。

陳垣先生於「帝王之裔」四字後注云：

> 「裔」原作「胤」缺末筆。〔註89〕

《史諱舉例》卷一第三〈避諱缺筆例〉不見有說「胤」缺末筆的。〔註90〕清
代「胤」避諱作「允」。

又《日知錄》卷九〈守令〉條：

> 宋理宗淳祐八年，監察御史兼崇政殿說書陳求魯奏：「今日救弊之
> 策，大端有四：宜採夏侯太初併省州郡之議，俾縣令得以直達於朝
> 廷；用宋元嘉六年爲斷之法，俾縣令得以究心於撫字，法藝祖出朝
> 紳爲令之典，以重其權，遵光武擢卓茂爲三公之意，以激其氣。然
> 後爲之正其經界，明其版籍，約其妄費，裁其橫斂。」此數言者，
> 在今日亦可采而行之。

陳垣先生於「宜採夏侯太初」詞後注說：

> 《三國志‧魏志‧九》，夏侯玄，字太初。宋避「玄」字。〔註91〕

《史諱舉例》卷八〈歷朝諱例〉：

> 宋始祖名諱玄朗，例改玄爲元，朗改爲明。〔註92〕

宋人避諱之例最嚴，如爲避太祖始祖趙玄朗（生卒不詳）諱，不用玄、懸、
縣、昀等字。〔註93〕

又《日知錄‧前代諱》條：

> 孟蜀所刻石經，於唐高祖、太宗諱，皆缺書。石晉〈相里金神道碑〉，
> 「民」、「珉」二字皆缺末筆。南漢劉巖尊其父謙爲代祖聖武皇帝，
> 猶以「代」字易「世」。至宋，益遠矣，而乾德三年卜諲〈伏羲女媧
> 廟碑〉，「民」、「珉」二字，咸平六年孫沖序〈絳守居園池記碑〉「民」、
> 「珉」二字，皆缺末筆。其於舊君之禮，何其厚與！【原注】予至西

〔註89〕陳垣：《日知錄校注》上冊，頁70，71。
〔註90〕陳垣：《史諱舉例》（上海：上海書店出版社，1997年，第1版），頁4。
〔註91〕陳垣：《日知錄校注》上冊，頁528。
〔註92〕陳垣：《史諱舉例》（北京：科學出版社，1958年，第1版），頁153，154。
〔註93〕同上，頁114。

安，見宋咸平二年夢英自書〈篆書目錄偏旁字源序〉，立于文宣王廟者，稱長安為
故都，而「唐」字跳行，益歎昔人之厚，其時唐之亡己九十三年矣。

陳垣先生於「其於舊君之禮，何其厚與！」句後注云：

非厚舊君也，數百年積習相沿，不復知為避諱也。〔註94〕

避諱缺筆，當起於唐高宗（李治，公元 628～683 年。）之世。〔註95〕乾德
（公元 963～968 年）是北宋太祖匡胤的年號，宋代似不用避諱「民」字。
顧炎武以為「其於舊君之禮，何其厚與！」實因年代湮遠，不知其為避諱而
諱。查陳垣先生的《史諱舉例》卷八第 78〈宋諱例〉條亦找不到須避「民」
字的證據。再者，北宋真宗趙恒（公元 968～1022 年）比南宋寧宗趙擴（公
元 1168～1224 年）早九世，所以顧炎武云「蓋當寧宗之世，真宗已祧。」
見《日知錄‧已祧不諱》：

謝肇淛曰：「宋真宗名恒，而朱子於書中『恒』字獨不諱。」蓋當寧
宗之世，真宗已祧。

陳垣先生在「蓋當寧宗之世，真宗已祧。」句後注曰：

（朱子書中「恒」字）或已缺筆。〔註96〕

陳垣先生以為避諱缺筆之例始於唐。〔註97〕唐代有，宋代想也有避諱缺筆了。
朱子（熹）（公元 1130～1200 年）生當宋寧宗之時，按理當守寧宗時的諱法。

遼金諱例：【缺】

元諱例：【缺】

明諱例：

缺筆避諱是對於要避諱的字少寫一或兩筆。

《日知錄‧州縣賦稅》曰：

《太祖實錄》：「洪武八年三月，平陽府言，所屬蒲、解二州，距府
闊遠，乞以直隸山西行省為便。未許」。至天啟四年，巡按山西李日
宣請以二州十縣分立河中府，治運城，以運使兼知府事，運同兼清
軍，運副兼管糧，運判兼理刑。事下戶部，戶部下山西，山西下河
東，河東下平陽府議之，竟寢不行。【原注】按：漢河東郡二十四縣，後漢

〔註94〕陳垣：《日知錄校注》下冊，頁 1299，1300。

〔註95〕陳垣：《史諱舉例》卷一第 3（上海：上海書店出版社，1997 年，第 1 版），頁 5。

〔註96〕陳垣：《日知錄校注》下冊，頁 1289。

〔註97〕陳垣：《史諱舉例》卷一第 3（上海：上海書店出版社，1997 年，第 1 版），頁 4。

二十城。魏正始八年，分河東之汾北十縣爲平陽郡。此所謂欲製千金之裘而
與狐謀其皮也。且商、雒之於關內，陳、許之於大梁，德、棣之於
濟南，潁、亳之於鳳陽，自古不相統屬。

陳垣先生於「陳、許之於大梁，德、棣……」後注曰：

「棣」，稿本作「逮」，初刻「棣」缺末筆。

缺末筆棣 → 棣〔註98〕

《日知錄・權量》云：

今考之傳記，如《孟子》以舉百鈞爲有力人。

陳垣先生在「今考之傳記，如《孟子》以舉百鈞」句後注曰：

「鈞」原避諱闕末筆。〔註99〕

明神宗（公元 1563～1620 年）正呼「翊鈞」，顧炎武避明朝帝諱。

又《日知錄・生員額數》曰：

正統元年五月壬辰，始設提調學校官。

陳垣先生於「正統元年五月壬辰，始設提調學校」句後注曰：

「校」原避諱作「效」。〔註100〕

「校」作「效」不見於《史諱舉例》卷八第81。〔註101〕陳垣先生在《史
諱舉例》卷八第81中並說：

明季刻本書籍，校多作較，由字亦有缺末筆者。〔註102〕

王彥坤《歷代避諱字彙典》補充說：

明熹宗朱氏名由校。〔註103〕

《日知錄・宋世風俗》：「『較』，避『由校』，明熹宗天啓諱。」

「校」還可避諱作「較」。這個屬於《史諱舉例》歷朝諱例分中的明諱例
〔註104〕。

《日知錄・宋世風俗》：

「較」，避「由校」，明熹宗天啓諱。〔註105〕

〔註98〕陳垣：《日知錄校注》上冊，卷八，頁447。

〔註99〕陳垣：《日知錄校注》中冊，卷十一，頁607，609。

〔註100〕同上，卷十七，頁927。

〔註101〕陳垣：《史諱舉例》（上海：上海書店出版社，1997年，第1版），頁122。

〔註102〕同上，頁121。

〔註103〕王彥坤《歷代避諱字彙典》頁302，北京中華書局。2009年，第1版。

〔註104〕陳垣：《史諱舉例》（上海：上海書店出版社，1997年，第1版），頁120。

〔註105〕陳垣：《日知錄校注》中冊，卷十三，頁727，728。

明熹宗（公元 1605～1627 年），正呼『由校』，諱例「由改繇，校改較。」
〔註106〕明思宗朱由檢（公元 1611～1644 年），顧炎武避思宗諱。

　　《日知錄・進士得人》：

　　崇禎中，天子忽用推知考授編檢，而眾口交謹，有「適從何來，遽
　　集於此」之誚。

　　陳垣先生於「天子忽用推知考授編檢」句後注說：

　　「編檢」原諱作「編簡」。〔註107〕

　　綜上知「檢」避諱作「簡」，「校」避諱作「較」、「效」。

清諱例：

　　清代避世宗胤禛（公元 1678～1735 年）諱，「胤」避諱作「允」。陳垣《史
諱舉例》卷八第 82：

　　　胤以允字代。〔註108〕

　　《日知錄・名教》：

　　優孟陳言，始錄負薪之允。

　　陳垣先生注說：

　　《史記》一二六〈滑稽列傳〉。「允」原作「胤」。〔註109〕

　　《史記・滑稽列傳》：

　　太史公曰：優孟搖頭而歌，負薪者以封。〔註110〕

優孟，春秋楚國的藝人，善以談笑諷諫。

　　在抗日戰爭期間，陳垣先生撰寫《通鑑胡注表微》，開始對胡三省（公元
1230～1302 年）的生平及其考證功夫進行系統研究。陳垣先生的治史，是由
錢大昕考證的精密，而顧炎武的經世致用，到胡三省、全祖望的民族氣節和
愛國思想。

　　胡三省爲《資治通鑑》作注的方式，是探討宋朝滅亡的原因，斥責那些
賣國投敵的敗類，控訴元朝的橫暴統治。陳垣先生研究《通鑑胡注表微》，用
意爲斥責那些賣國投日僞的敗類，控訴日本人的橫暴。爲甚麼胡三省、陳垣

〔註106〕范志新：《避諱學》（台北：學生書局，2006 年，初版），頁 457。
〔註107〕陳垣：《日知錄校注》中冊，卷十七，頁 945。
〔註108〕陳垣：《史諱舉例》（上海：上海書店出版社，1997 年，第 1 版），頁 123。
〔註109〕陳垣：《日知錄校注》中冊，卷十三，頁 736，737。
〔註110〕司馬遷：《史記》第十冊，卷一二六（北京：中華書局，1959 年，第 1 版），
　　　　頁 3203。

先生著重對宋朝的稱呼？顧炎武會不會也同樣著重對明朝的稱呼？這般嘗試推敲是有意義的。

陳垣先生在《通鑑胡注表微・本朝篇》中的小序說：

> 本朝謂父母國。人莫不有父母國，觀其對本朝之稱呼，即知其對父母國之厚薄。胡身之今本《通鑑注》，撰於宋亡以後，故《四庫提要》稱之爲元人。然觀其對宋朝之稱呼，實未嘗一日忘宋也。大抵全書自四十卷至二百三十二卷之間，恒稱宋爲「我朝」或「我宋」，而前後則率稱「宋」或「宋朝」，吾頗疑爲元末鏤版時所改，其作内詞者，身之原文也。〔註111〕

胡三省（身之）、顧炎武和陳垣先生均對自己的父母國感情深厚。從胡三省對宋朝的稱呼，實未嘗一日忘宋。陳垣先生說他愛的祖國就是自己的父母國，也就是祖先世代居住的國土。

稱宋爲「宋」或「宋朝」，給人感覺對父母國冷淡；稱宋爲「我朝」或「我宋」則感覺溫暖。因爲稱宋爲「宋」、「宋朝」、「我朝」及「我宋」的實例俱存，陳垣先生在《資治通鑑》中找到胡三省注所引述的材料，從胡三省既以宋人自居，加上稱宋太祖爲「我太祖」，證明胡三省忠於宋朝。語氣的感情深厚，猶如稱父母國爲「我朝」、「我宋」般。

古以朝廷爲國之本，故稱本朝。《資治通鑑》胡三省注稱宋曰「本朝」、「我朝」與「我宋」次數寥寥。稱「我朝」、「我宋」有時是一種習慣，不完全是避諱。陳垣先生在《通鑑胡注表微》一書中有專章研究，針對胡三省在注中指出《資治通鑑》裏的一些避諱現象。

陳垣先生在《通鑑胡注表微・生死篇》中談到自己的生死觀：

> 人生須有意義，死須有價值，平世猶不甚覺之，亂世不可不措意也……。「齊景公有馬千駟，死之日民無德而稱焉」，此生之無意義者也。「伯夷、叔齊餓死首陽之下，民到于今稱之」，此死之有價值者也。至於死之無價值者，「匹夫匹婦，自經溝瀆」是也。生之有意義者，「管仲相桓公，霸諸侯，一匡天下」是也。夫管仲之生，子路、子貢皆疑之，夫子獨仁之，何哉？桓公、子糾，兄弟爭國，内亂也；蠻夷猾夏，外患也，「微管仲吾其被髮左衽矣」！内外輕重生死之宜，剖析何等透澈，豈偷生者所能藉口哉！胡身之生亂世，頗措意於生死

〔註111〕陳垣：《通鑑胡注表微》（北京：科學出版社，1958 年，第 1 版），頁 1。

之際，故注中恒惜人不早死，以其生無意義也；又恒識人不得其死，
以其死無價值也。

繼而指出：

「家國兩亡，獨生何益」？「爲社稷死，爲國家死……死有重於泰山
者也」。〔註112〕

在陳垣先生的眼中，沒甚麼比人爲國犧牲更有意義。

另陳垣先生《通鑑胡注表微・本朝篇第一》引《資治通鑑》云：

唐高祖武德二年，先是上遣右武侯將軍高靜奉幣使於突厥，至豐州。

胡三省注曰：

豐州，漢朔方臨戎縣地；隋開皇五年置豐州；大業廢州爲五原郡；
唐復爲州；大元以豐州置天德軍節度，屬大同府路。

《通鑑胡注表微》則注曰：

蓋全注稱「本朝」及「我宋」者不過數條，餘皆稱「我朝」、「宋朝」，
或單稱「宋」。其稱「大元」，亦不自一百九十七卷始也。〔註113〕

陳垣先生曾統計胡三省注《資治通鑑》全部稱「本朝」的次數。

又陳垣先生《通鑑胡注表微・避諱篇第五》引《資治通鑑》云：

齊東昏侯永元二年，前建安戍主安定席法友等。

胡三省注曰：

北史曰：魏正光中，群蠻出山居邊城、建安者八九千户。邊城郡治
期思，則建安戍亦當相近。隋改期思縣爲殷城縣。我宋建隆元年，
改殷城爲商城，避宣祖諱也；後省爲鎮，入光州固始縣。一四三

《通鑑胡注表微》則注曰：

此二條之「我朝」、「我宋」，可與本朝篇參照。〔註114〕

宋建隆元年（公元960年）改殷城爲商城，爲避宣祖諱。

再者，陳垣先生《通鑑胡注表微・本朝篇第一》引《資治通鑑》云：

唐中宗景龍三年，崔湜、鄭愔，俱掌銓衡，傾附勢要，贓賄狼藉。
數外留人，授擬不足，逆用三年闕。

〔註112〕陳垣：《通鑑胡注表微》（北京：科學出版社，1958年，第1版），頁1，378，
379。

〔註113〕同上，頁11。

〔註114〕同上，頁86。

胡三省注曰：

> 選法之壞，至於我宋極矣。吏部注擬，率一官而三人共之，居之者
> 者一人，未至一人，伺之者又一人。稍有美闕，伺之者又不特一人
> 也，豈止逆用三年闕哉！二〇九

《通鑑胡注表微》則注曰：

> 全注稱「我宋」者至此而止，以後各卷不復見有此稱。然則亭林所
> 謂皆稱「我宋」者，未嘗統計之也。〔註115〕

另試看《日知錄·本朝》所述：

> 宋胡三省注《資治通鑑》，書成於元至元時，注中凡稱宋，皆曰「本
> 朝」、曰「我宋」，其釋地理皆用宋州縣名。惟一百九十七卷，蓋牟
> 城下，注曰「大元遼陽府路」；遼東城下，注曰「今大元遼陽府」。
> 二百六十八卷，順州下曰：「大元順州，領懷柔、密雲二縣。」二百
> 八十六卷，錦州下曰：「陳元靚曰：『大元於錦州置臨海節度，領永
> 樂、安昌、興城、神水四縣，屬大定府路。』」二百八十八卷，建州
> 下曰：「陳元靚曰：『大元建州領建平、永霸二縣，屬大定府路。』」
> 以宋無此地，不得已而書之也。

陳垣先生於「書成於元至元時，注中凡稱宋，皆曰『本朝』、」後注曰：

> 胡注全部稱「本朝」者二次：一九一、二〇一。〔註116〕

陳垣先生的論證見於《通鑑胡注表微》、《日知錄校注》二書可以互相補足。

　　同樣地，我如果能夠證明顧炎武著的《日知錄》大多數情況稱明爲「我朝」、「我明」，從顧炎武平素以明人自居，加上稱明太祖爲「我太祖」，以上種種證據加起來，相信就能證明顧炎武忠於明朝。

　　陳垣先生的《日知錄校注》努力復原《日知錄》的本來面貌，《通鑑》胡注的印行情況跟《日知錄》相近，都遭受鏤版改動。在校注《日知錄》時，陳垣先生於注釋中提到顧炎武自己說「我朝」一詞沒出現過，也沒見把「我明」一詞改作「明」的。幸好《日知錄》稱明太祖爲「我太祖」的有 4 次，足夠證明顧炎武心繫父母國。

　　《日知錄·職官受杖》云：

> 《黃氏日鈔》：「讀韓文公〈贈張公曹〉詩云：『判司卑官不堪說，未

〔註115〕同上，頁 11，12。
〔註116〕陳垣：《日知錄校注》中冊，卷十三，頁 789。

免捶楚塵埃間。」【原注】《通鑑》注：「唐謂州曹諸司參軍爲判司。」然則唐之判司、簿尉類然與？然唐人之待卑官雖嚴，而卑官猶得以自申其法。如劉仁軌爲陳倉尉，擅殺折衝都尉魯寧是也。我朝判司、簿尉以待新進士，而筦庫監當，不以辱之，視唐重矣。乃近日上官苦役苛責，甚於奴僕。官之辱，法之屈也，此事關繫世道。」

陳垣先生在《黃氏日鈔》後注說：

南宋黃震撰。

同時在「擅殺折衝都尉魯寧是也。我朝」句後注說：

我朝，宋也。〔註117〕

須注意《日知錄》中有由其他人文中提到「我朝」一詞，不過只是轉述他人的話，並非出自顧炎武個人的想法。此出自南宋黃震的《日鈔》，與顧炎武無涉。

《日知錄》稱明太祖爲「我太祖」的記述如下。《日知錄·言利之臣》云：

《孟子》曰：「無政事則財用不足。」古之人君，未嘗諱言財也。所惡於興利者，爲其必至於害民也。昔明太祖嘗黜言利之御史，而謂侍臣曰：「君子得位，欲行其道；小人得位，欲濟其私。欲行道者，心存於天下國家；欲濟私者，心存於傷人害物。」【原注】洪武十三年五月。御史周姓，《實錄》不載其名。此則唐太宗責權萬紀之遺意也。又廣平府吏王允道言：「磁州臨水鎮產鐵，請置爐冶。」上曰：「朕聞治世天下無遺賢，不聞天下無遺利。且利不在官則在民，民得其利，則財源通而有益於官，官專其利，則利源塞而必損於民。今各冶數多，軍需不乏，而民生業已定，若復設此，必重擾之矣。」杖之流海外。【原注】十五年五月。聖祖不肩好貨之意，可謂至深切矣。自萬曆中礦稅以來，求利之方紛紛，且數十年而民生愈貧，國計亦愈窘。然則治亂盈虛之數，從可知矣。爲人上者，可徒求利而不以斯民爲意與？

陳垣先生在「爲其必至於害民也。昔明」句後注說：

「明」原作「我」。〔註118〕

又《日知錄·禁錮姦臣子孫》云：

唐太宗詔禁錮宇文化及、司馬德戡、裴虔通等子孫，不令齒敘。武

〔註117〕陳垣：《日知錄校注》下冊，頁1632。

〔註118〕陳垣：《日知錄校注》中冊，頁677。

后令楊素子孫不得任京官及侍衛。至德中，兩京平，大赦，惟祿山
支黨及李林甫、楊國忠、王鉷子孫不原。宋高宗即位，詔蔡京、童
貫、王黼、朱勔、李彥、梁師成、譚稹皆誤國害民之人，子孫更不
收敍，而章惇子孫亦不得仕於朝。明太祖有天下，詔宋末蒲壽庚、
黃萬石子孫不得仕宦。饕餮之象周鼎、檮杌之名楚書，古人蓋有之
矣。竊謂宜令按察司各擇其地之奸臣一二人，王法之所未加，或加
而未盡者，刻其名於獄門之石，以爲世戒。而禁其後人之入仕，九
刑不忘，百世難改，亦先王樹之風聲之意乎！

陳垣先生在「而章惇子孫亦不得仕於朝。【原注】《宋史‧章惇傳》。明」句後
注說：

「明」原作「我」。〔註119〕

此處的「明太祖」應爲「我太祖」。

又《日知錄‧元史》云：

昔宋吳縝言：「方《新書》來上之初，若朝廷付之有司，委官覆定，
使詰難糾駁，審定刊修，然後下朝臣博議可否。如此，則初修者必
不敢減裂，審覆者亦不敢依違，庶乎得爲完書，可以傳久。」乃歷
代修史之臣，皆務苟完，右文之君，亦多倦覽，未有能行其說者也。
洪武中嘗命解縉修正《元史》舛誤，其書留中不傳。

陳垣先生《日知錄校注》在「未有能行其說者也。洪武中」句後注說：

「洪武中」原作「惟我太祖」。〔註120〕

同樣於《日知錄‧元史》云：

〈張楨傳〉有〈復擴廓帖木兒書〉曰：「江左日思薦食上國。」此謂
明太祖也。晉陳壽〈上諸葛孔明集表〉曰：「伏惟陛下，遠蹤古聖，
蕩然無忌，故雖敵國誹謗之言，咸肆其辭，而無所革諱，所以明大
通之道也。」於此書見之矣。

陳垣先生《日知錄校注》在「『江左日思薦食上國。』此謂明」句後注說：

「明」原作「我」。〔註121〕

知此處的「明太祖」應爲「我太祖」。

〔註119〕陳垣：《日知錄校注》中冊，頁760，761。
〔註120〕陳垣：《日知錄校注》下冊，頁1473，1474。
〔註121〕同上，頁1475。

除了《日知錄》稱明太祖爲「我太祖」的有 4 次，足夠證明顧炎武心繫父母國外，《日知錄》有多處把原爲「先帝」的地方改爲「崇禎」的，我以爲顧炎武確實感念崇禎，故而尊稱已故的君主崇禎爲「先帝」。崇禎（公元 1628～1644 年）是明朝皇帝明思宗朱由檢的年號，顧炎武生當由明轉清的年代，其生卒（公元 1613～1682 年）。

《日知錄‧邊縣》云：

> 宋元祐八年，知定州蘇軾言：「漢鼌錯與文帝畫備邊策，不過二事。其一曰徙遠方以實廣虛，其二曰制邊縣以備敵國。今河朔西路被邊州軍，自澶淵講和以來，百姓自相團結，爲弓箭社，不論家業高下，戶出一人。又自相推擇家資武藝眾所服者爲社頭、社副、錄事，謂之頭目。……先朝名臣帥定州者，如韓琦、龐籍，皆加意拊循其人，以爲爪牙耳目之用，而籍又增損其約束賞罰。今雖名目具存，責其實用，不逮往日。欲乞朝廷立法，少賜優異，明設賞罰，以示懲勸。」奏凡兩上，皆不報。此宋時弓箭社之法，雖承平廢弛，而靖康之變，河北忠義多出於此。有國家者，能於閒暇之時而爲此寓兵於農之計，可不至如崇禎之末，課責有司以修練儲備之紛紛矣。

陳垣先生於《日知錄校注》在「能於閒暇之時而爲此寓兵於農之計，可不至如崇禎」句後注說：

> 「崇禎」原作「先帝」。〔註 122〕

又《日知錄‧進士得人》云：

> 明初薦辟之法既廢，而科舉之中，尤重進士。神宗以來，遂有定例。州縣印官，以上中爲進士缺，中下爲舉人缺，最下乃爲貢生缺。舉、貢歷官，雖至方面，非廣西雲貴不以處之。以此爲銓曹一定之格。……崇禎中，天子忽用推知考授編檢，而眾口交譁，有「適從何來，遽集於此」之誚。

陳垣先生《日知錄校注》在「崇禎中，天子忽用推知考授編檢」句後注說：

> 「天子」原作「先帝」，「編檢」原避諱作「編簡」。〔註 123〕

又《日知錄‧三朝要典》云：

〔註 122〕陳垣：《日知錄校注》上冊，頁 552，553。
〔註 123〕陳垣：《日知錄校注》中冊，頁 944，945。

門戶之人，其立言之指，各有所借，章奏之文，互有是非。作史者
兩收而並存之，則後之君子，如執鏡以炤物，無所逃其形矣。褊心
之輩，謬加筆削，於此之黨，則存其是者去其非者。於彼之黨，則
存其非者去其是者。於是言者之情隱，而單辭得以勝之。且如《要
典》一書，其言未必盡非，而其意別有所為。繼此之為書者猶是也。
此國論之所以未平，而百世之下，難乎其信史也。崇禎帝批講官李
明睿之疏曰：「纂修實錄之法，惟在據事直書，則是非互見。」大哉
王言，其萬世作史之準繩乎？

　　陳垣先生《日知錄校注》在「難乎其信史也。崇禎」句後注說：

　　　「崇禎」原作「先」。〔註124〕

是「崇禎帝」實指「先帝」。

　　最後《日知錄‧貼黃》云：

章奏之冗濫，至萬曆、天啟之間而極。至一疏而薦數十人，累二三
千言不止，皆枝蔓之辭。崇禎帝英年御宇，屬精圖治，省覽之勤，
批答之速，近朝未有。乃數月之後，頗亦厭之，命內閣為貼黃之式。
即令本官自撮疏中大要，不過百字，黏附牘尾，以便省覽。此貼黃
之所由起也。

　　陳垣先生《日知錄校注》在「皆枝蔓之辭。崇禎」句後注說：

　　　「崇禎」原作「先」。〔註125〕

是「崇禎帝」實指「先帝」，跟上段《日知錄‧三朝要典》的情況一樣。

三、論民族關係等，陳古刺今

　　聯繫古今，論證往往互相證發，可參胡三省別注。

　　《日知錄‧擬題》：

晉元帝從孔坦之議，聽孝廉申至七年乃試。胡三省注：「緣為之期曰
申。」申，寬展，亦即延緩；延長。

　　陳垣先生《日知錄校注》於「胡三省注：『緣為之期曰申。』」句後注說：

正文引《通鑑》九十晉大興元年十一月條。但此所引胡注，另見一

〔註124〕陳垣：《日知錄校注》中冊，頁1003，1004。
〔註125〕同上，頁1005。

百二十七卷末宋元嘉三十年七月條。〔註126〕

陳垣先生注恰可與胡三省之說互相證明。

陳垣先生認爲知道乾嘉學者著書的艱苦，學到他們治學和著書的方法很重要，因爲歷史學的方法論證不嫌多。陳垣先生的弟子李瑚在〈勵耘書屋問學記〉一文中說：

> 他早年曾向乾嘉學者學習，方法是，除了讀他們所著的書以外，還買到他們的著作手稿，讀書筆記和論學手札等，如對王念孫《廣雅疏證》、錢大昕《二十二史考異》的部分手稿，他都曾反覆研究過，看他們是怎樣著書，怎樣修改，爲什麼把所引資料一換再換，等等。〔註127〕

《日知錄》卷二十七〈杜子美詩注〉云：

> 〈晚行口號〉：「遠愧梁江總，還家尚黑頭。」劉辰翁評曰：「人知江令自陳入隋，不知其自梁時已達官矣。自梁入陳，自陳入隋，歸尚黑頭，其人物心事可知。著一『梁』字而不勝其愧矣。詩之妙如此，豈待罵哉。」按《陳書·江總傳》：「侯景寇京都，詔以總權兼太常卿。臺城陷，總避難崎嶇至會稽郡，復往廣州依蕭勃。及元帝平侯景，徵總爲明威將軍、始興內史。會江陵陷不行，總因此流寓嶺南積歲。天嘉四年，以中書侍郎徵還朝。」以本傳總之年計之，梁太清三年己巳，臺城陷，總年三十一，自此流離於外十四五年，至陳天嘉四年癸未還朝，總年四十五，即所謂「還家尚黑頭」也。總集有〈詒孔中丞奐詩〉曰：「我行五嶺表，辭鄉二十年。」子美遭亂崎嶇，略與總同，而自傷其年已老，故發此歎爾。何暇罵人哉！〈傳〉又云：「京城陷，入隋爲上開府。開皇十四年卒於江都，時年七十六。」去禎明三年己酉陳亡之歲又已五年，頭安得黑乎？其臺城陷而避亂，本在梁時，自不得蒙以陳氏，何罵之有？且子美詩有云：「莫看江總老，猶被賞時魚。」有云：「管寧紗帽淨，江令錦袍鮮。」有云：「江總外家養，謝安乘興長。」亦已亟稱之矣。

陳垣先生《日知錄校注》在「詩之妙如此，豈待罵哉。」句後注說：

〔註126〕陳垣：《日知錄校注》中冊，頁916，917。

〔註127〕李瑚〈勵耘書屋問學記〉，載《勵耘書屋問學記》（北京：三聯書店，1982年），頁130。

《集千家注杜詩》卷三。辰翁宋遺民，故有此感。

杜甫〈晚行口號〉：「遠愧梁江總，還家尚黑頭。」（意思是還故土時尚不很老）杜甫（公元 712～770 年），字子美，遭亂崎嶇，略與梁朝江總同，自傷其年已老，故發此歎。江總（公元 519～594 年），字總持，南北朝考城人。工文辭，長於豔詩。初仕南朝梁，後入南朝陳爲僕射尚書令。後爲陳後主寵愛，君臣日夜遊宴，不理政務。作爲文學家，江總的才華仍爲後世所重。李商隱〈贈牧之〉云：「前身恐是梁江總。」就是拿他比擬自己的朋友杜牧。

顧炎武通過對《陳書》的引用，考證推定江總的生平事蹟，得出其「還家」時在四十五歲左右，以作尚爲「黑頭」的結論。跟著再引史書，考證江總在陳亡（南朝陳亡於 589 年）入隋時年逾古稀，「頭安得黑乎？」顧炎武用正反辯駁的手法，全面剖析了詩句的本意，反駁劉辰翁的論說。且子美詩有云：「莫看江總老，猶被賞時魚。」有云：「管寧紗帽淨，江令錦袍鮮。」有云：「江總外家養，謝安乘興長。」而已亟稱之矣。從這些激賞之詞就可看到杜甫對江總的態度。劉辰翁（公元 1232～1297 年），廬陵（今江西吉安）人。景定三年（1262）進士，以忤賈似道，出爲濂溪書院山長。入元不仕，勤於著述。陳垣先生敬重宋遺民劉辰翁國亡不在朝中做官，推重其愛國情操。陳垣先生看事物的角度跟顧炎武有異，他愛中國，感受深切的亡國之痛。

又陳垣先生《日知錄校注》於「有云：『江總外家養，謝安乘興長。』亦已亟稱之矣。」段後注說：

> 證不嫌多。〔註128〕

史冊所書，未必皆爲實錄。陳垣先生以爲歷來不滿江總爲人的多，致對杜甫「遠愧梁江總，還家尚黑頭。」的詩也有些爭議諷刺，陳垣先生贊成評論的證據正反都需要。

古代管理民事的地方官要處理毀譽眾言以至刑獄訴訟的事，處理刑獄訴訟等事須謹慎。若人民生怨，國運不長久。

《日知錄·愛百姓故刑罰中》云：

> 天下之宗子各治其族，以輔人君之治，「罔攸兼于庶獄」，而民自不犯於有司。

陳垣先生於「以輔人君之治，『罔攸兼于庶獄』，」句後注曰：

> 《尚書立政》：「文王罔攸兼于庶言庶獄」，言文王不敢下侵庶職。

〔註129〕

換個說法，文王不敢輕忽干預下屬處理的事務。周公提醒和告誡周朝的統治者，要重視並努力繼承文王與武王任用賢才的美德。《尚書·立政》較顧炎武引文多出「庶言」二字。

　　古人對曹操的評價有毀有譽，司馬光在《資治通鑑》中仍以曹魏爲正統。《日知錄·主》云：

　　　　異代文人，不察史家阿枉之故，若杜甫詩中，便稱蜀主，殊非知人論世之學也。昔劉知幾論《後漢書·劉玄列傳》，以爲東觀秉筆，容或詔於當時，後來所修，理宜刊革。今之君子，既非曹氏、司馬氏之臣，不當稱昭烈爲先主矣。

　　陳垣先生於「今之君子，既非曹氏、司馬氏之臣，」句後注曰：

　　　　亦非劉氏之臣也。〔註130〕

杜甫感懷蜀主身後虛無，惋惜諸葛孔明之大功不成。顧炎武評論杜甫的支持蜀漢正統，是不了解歷史人物，而論述其時代背景。顧炎武亦評價曹操說：

　　　　孟德既有冀州，崇獎跅弛之士。觀其下令再三，至於求負汙辱之名，見笑之行，不仁不孝而有治國用兵之術者。於是權詐迭進，姦逆萌生。〔註131〕

陳垣先生認爲中原王朝被迫偏居一隅，與其說是國家分裂不統一，倒不如說是當時王朝已失去民心更符合歷史事實。

　　顧炎武〈漢三君詩·昭烈〉：

　　　　卓矣劉豫州，雄姿類高帝。一身寄曹孫，未得飛騰勢。立志感神人，風雲應時至。翻然遂翺翔，二豪安得制。〔註132〕

劉備曾任豫州刺史，因稱劉豫州。顧炎武瞧不起曹操，卻推重劉備。陳垣先生則認爲今之君子，既非曹氏、司馬氏之臣，亦非劉氏之臣，固不當稱昭烈爲先主。

　　唐重母系，論見《日知錄·外親之服皆緦》：

　　　　「外親之服皆緦」，外祖父母以尊加，故小功；從母以名加，故小功。

〔註129〕陳垣：《日知錄校注》上冊，卷六，頁344。

〔註130〕陳垣：《日知錄校注》下冊，卷二十四，頁1340～1342。

〔註131〕陳垣：《日知錄校注》中冊，卷十三，頁718。

〔註132〕顧炎武：《顧亭林詩文集》（北京：中華書局，1983年，第2版），頁401。

『唐玄宗開元二十三年制，令禮官議加服制。太常卿韋縚請加外祖
父母服至大功九月，舅服至小功五月，堂姨、堂舅、舅母服至袒
免。……』

陳垣先生在「堂姨、堂舅、舅母服至袒免。」句後注曰：

唐重母系之證一。〔註133〕

《日知錄・三年之喪》：

〈喪服〉：『傳曰，禽獸知母而不知父。野人曰，父母何算焉？都邑
之士則知尊禰矣。』今從武后之制，亦服三年之服。」又「唐時武、
韋二后皆以婦乘夫，欲除三綱，變五服，以申尊母之義。」

陳垣先生並加注於上兩段的句末，均曰：

唐重母系。〔註134〕

母系意識的存在，北朝有之，由漢魏六朝至唐朝相關延續。在唐代前期，喪
服禮中母服、外親服有許多改變。據一些禮學專家認為這現象似不獨是武則
天（公元 624～705 年）、韋后主導朝政時的影響。根據《儀禮》〈喪服〉，子
為父服斬衰三年之喪，為母則分父在與否。倘若母逝之時父仍健在，則為尊
父之故，為母僅能服一年之喪，唯有父親去世而後母喪，才得伸服三年。唐
高宗時期，根據皇后武則天的提議，母親死亡也要守孝三年，有認為這會造
成家有二尊，與傳統父親乃家中的「至尊」，而母親則與父親不平等有違。儒
家禮制中「男尊女卑」有歷史局限，認為天無二日，土無二王，國無二君，
家無二尊。母系氏族社會，關於遺產繼承的特點是兄弟姊妹及姊妹的子女等
人有繼承權，而自己的子女反而沒有繼承權。關於立子還是立姪為嗣的問題。
有不少人猜測武則天想立姪子為皇嗣。從血緣關係說，武則天和李弘、李賢、

〔註133〕陳垣：《日知錄校注》，上冊，卷五，頁 308，309，311。
　　　　另見柯慧蓮：〈今本《禮記》中有關喪服制度的篇章與《儀禮・喪服篇》之關
　　　　係〉，台灣國立中央大學碩士論文。2001 年，頁 23。
〔註134〕陳垣：《日知錄校注》，上冊，卷五，頁 283，286，298，290。
　　　　彭怡文：〈黃以周《禮書通故》女子喪服禮考〉，台灣東海大學碩士論文，2010
　　　　年，頁 50，51。
　　　　季慶陽〈武則天與忠孝觀念〉說：「忠孝觀念對於武則天來講是一把雙刃劍，
　　　　它是武則天獲取和維護皇權的有力武器，同樣也是打碎武則天延續武氏王朝
　　　　夢想和迫使武則天捨棄帝位還政於唐的『奪命劍』。從一定意義上說，武則天
　　　　是成也『忠孝』敗也『忠孝』。」（季慶陽：〈武則天與忠孝觀念〉，西北大學
　　　　學報（哲學社會科學版）。第 39 卷 6 期（2009 年 11 月），頁 140。）

李顯、李旦以及太平公主都是一等親；武則天和武承嗣從父系說也只是三等親，要從母系說可就沾不上邊了。況且，在父親死後，武則天母女是受同父異母哥哥和武氏其他家族成員排斥。武則天最初舉棋不定。終於，她聽從宰相狄仁傑的勸告，把中宗李顯從幽禁地房陵召回，重新立爲太子。

陳垣先生在《日知錄校注》內沒提出自己認同「唐重母系」的論據。但陳垣先生於《通鑑胡注表微》自己的注中曾引〈喪服〉傳「禽獸知母而不知父」的話，而於此話後陳垣先生嚴厲批評唐中宗知母不知父，更比諸爲禽獸所爲。

> 右補闕權若訥上疏，以爲「天地日月等字，皆則天能事，賊臣敬暉等輕紊前規，今削之無益於淳化，存之有光於孝理。又，神龍元年制書，一事以上，並依貞觀故事，豈可近捨母儀，遠尊祖德！」疏奏，手制褒美。注曰：史言中宗無是非之心。二〇八〔註 135〕

用現代的語言說，武則天不是按常理出牌的人，常有出人意表的作爲，按照一般人的習慣去分析她的意向可能得不出正確結論。武則天的兒子唐中宗李顯（公元 656 年～710 年）昏庸，比他母親的辦事和判斷能力差太遠了。

第七節　於所不知，無寧闕如

據事直書，則是非互見。我在讀《日知錄》校注本時有一些體會，發覺《日知錄》所記《舊唐書》原書無該語：

> 《舊唐書》:「德宗入駱谷，值霖雨，道塗險滑，衛士多亡歸朱泚。東川節度使李叔明之子昇及郭子儀之子曙、令狐彰之子建等六人，恐有姦人危乘輿，相與齧臂爲盟，著行縢釘鞵，更鞚上馬，以至梁州，它人皆不得近。及還京師，上皆以爲禁衛將軍，寵遇甚厚。」

陳垣先生校注《日知錄》時發覺《舊唐書》原書無該語。他在「上皆以爲禁衛將軍，寵遇甚厚。」後注云：

> 《舊唐書》無此語。〔註 136〕

〔註 135〕陳垣：《通鑑胡注表微》（北京：科學出版社，1958 年，第 1 版），頁 257。

〔註 136〕陳垣：《日知錄校注》下冊，卷二十八，頁 1627。
查吳玉貴《唐書輯校》也不見此語。（吳玉貴：《唐書輯校》上冊，（北京：中華書局，2008 年，第 1 版），頁 450。）吳玉貴《唐書輯校》將《太平御覽》引《唐書》的內容全部予以輯錄編號，爲進一步的科學整理和研究提供基礎，

在沒有得到確切證據的時候，陳垣先生以爲寧可存疑。

從內容詳略、有無刪節的異同中體會許多趣味。顧炎武參照的《唐書》或爲近今所未見。陳垣先生於《日知錄・閣下》條後注曰：

> 《五雜俎》三〈地部〉，至「故謂之閣老」止。此所引較原文爲詳，疑另有據。〔註137〕

《日知錄・石炭》引唐張祜詩：

> 唐張祜詩：「古牆丹膲盡，深棟墨煤生。」

陳垣先生於後此詩句後注說：

> 待考。〔註138〕

意思是陳垣先生《日知錄校注》不能確定張祜（生卒年不詳）詩句的來源。

又《日知錄・少林僧兵》云：

> 嘉靖中，少林僧月空受都督萬表檄，禦倭於松江，其徒三十餘人，自爲部伍，持鐵棒擊殺倭甚眾，皆戰死。嗟乎，能執干戈以捍疆場，則不得以其髡徒而外之矣。宋靖康時，有五臺僧眞寶，與其徒習武事於山中。欽宗召對便殿，命之還山，聚兵拒金。晝夜苦戰，寺捨盡焚，爲金所得，誘勸百方，終不顧，曰，吾法中有口回之罪，吾既許宋皇帝以死，豈當妄言也。怡然受戮。而德佑之末，常州有萬安僧起義者，作詩曰，時危聊作將，事定復爲僧。其亦有屠羊說之遺意者哉。

陳垣先生於「持鐵棒擊殺倭甚眾，皆戰死。」句後注說：

> 待考。〔註139〕

嘉靖中，少林僧月空（生卒年待考）率徒禦倭戰死，事待考。有記載嘉靖中朝廷調用少林僧兵，僧人月空率徒禦倭戰死，但殺死不少對手，可見少林僧兵確實武藝不凡。

並以《舊唐書》爲主，根據各種現存的唐代史料中的相關記載，對《太平御覽》引《唐書》的內容進行整理。在糾正《太平御覽》引《唐書》的文字錯誤的同時，能夠通過這項工作幫助讀者比較直觀地了解《太平御覽》引《唐書》與《舊唐書》、《冊府元龜》及其他記載的異同，方便爲《舊唐書》進行文獻學研究作參考。

朱泚（公元742～784年），唐朝叛將，後爲部下殺死。

〔註137〕陳垣：《日知錄校注》下冊，卷二十四，頁1347。

〔註138〕同上，卷三十二，頁1870，1871。

〔註139〕同上，卷二十九，頁1666，1667。

又《日知錄·海運》云：

> 《舊唐書·懿宗紀》：「咸通三年，南蠻陷交阯，徵諸道兵赴嶺南。時湘灘泝運，功役艱難，軍屯廣州乏食。潤州人陳璠石詣闕上書言：『江西湖南，泝流運糧，不濟軍師，士卒食盡則散，此宜深慮。臣有奇計，以饋南軍。』天子召見，璠石因奏：『臣弟聽思曾任雷州刺史，家人隨海船至福建。往來大船一隻，可致千石。自福建裝船，不一月至廣州。得船數十艘，便可致三萬石至廣府。』又引劉裕海路進軍破盧循故事。執政是之，以璠石爲鹽鐵巡官，往揚子院專督海運，於是康承訓之軍，皆不闕供。」

陳垣先生於段後注說：

> 集釋在此下引《山居贅論》等。

並加批語：

> 《贅論》未見。〔註140〕

顧柔謙（公元 1605～1665 年）著《山居贅論》，子祖禹（公元 1631～1692 年）則著《讀史方輿紀要》一書。《山居贅論》一書陳垣先生未覩。

又《日知錄·曾子南武城人》云：

> 宋程大昌〈澹臺祠友教堂記〉曰：「武城有四，左馮翊、泰山、清河、定襄，皆以名縣。而清河特曰東武城者，以其與定襄皆隸趙，且定襄在西故也。若子游之所宰，其實魯邑，而東武城者，魯之北也，故漢儒又加『南』以別之。」

陳垣先生在「宋程大昌〈澹臺祠友教堂記〉」句後注曰：

> 待考。〔註141〕

意思是陳垣先生《日知錄校注》不能確定宋程大昌〈澹臺祠友教堂記〉的來源。宋程大昌（生卒年待考）〈澹臺祠友教堂記〉所記澹臺祠乃紀念澹臺滅明（前 505～？年）。澹臺滅明被譽爲孔門七十二賢。考程大昌〈澹臺祠友教堂記〉見於《古今圖書集成》職方典卷八百五十三南昌府部藝文，但文字稍稍不同。論文需有充分證據表明引文中的某人爲某人。

〔註140〕陳垣：《日知錄校注》下冊，卷二十九，頁 1662，1663。

〔註141〕同上，卷三十一，頁 1750，1751。《古今圖書集成》內的〈澹臺祠友教堂記〉云：「蓋有四武城也，左馮翊、清河、定襄，……」（陳夢雷：《古今圖書集成》第一二八冊（北京：中華書局，1934年，第 1 版），頁 17。）案《古今圖書集成》中四武城缺「泰山」。

又《日知錄・親戚》曰：

> 《路史》云：「但言親戚，非諸父昆弟之稱。」

陳垣先生在「《路史》云：『但言親戚，非諸父昆弟之稱。』」句後注曰：

> 待考。〔註142〕

又《日知錄・黃金》云：

> 故《南齊書・武帝紀》，禁不得以金銀爲箔。

陳垣先生於句後注曰：

> 不見此語。〔註143〕

意思是陳垣先生《日知錄校注》不能確定《南齊書・武帝紀》中「禁不得以金銀爲箔。」一語的來源。

又《日知錄・杜子美詩注》云：

> 唐姚元景〈光宅寺造佛像讚〉：「姜被承歡，曳天衣而下拂。」

陳垣先生於「姜被承歡，曳天衣而下拂。」後注曰：

> 待查。〔註144〕

一首唐詩〈光宅寺造佛像讚〉待查。

再者，《日知錄・像設》云：

> 古之於喪也，有重，於祔也，有主以依神，於祭也，有尸以象神，而無所謂像也。《左傳》言：「嘗於太公之廟麻嬰爲尸。」孟子亦曰弟爲尸。而春秋以後，不聞有尸之事。宋玉〈招魂〉，始有「像設君室」之文。尸禮廢而像事興，蓋在戰國之時矣。【原注】漢文翁成都石室，設孔子坐像，其坐斂膝向後，屈膝當前，七十二弟子侍於兩旁。

陳垣先生於此段後注曰：

> 文翁，《漢書》八九〈循吏〉。此語不知所出，而《韓門綴學》引之。
>
> 〔註145〕

有的資料未清楚，只好缺而不言，慎防出錯，陳垣先生《日知錄校注》全書都能遵守這個原則。

〔註142〕陳垣：《日知錄校注》下冊，卷二十四，頁1329。

〔註143〕陳垣：《日知錄校注》中冊，卷十一，頁630，631。

〔註144〕陳垣：《日知錄校注》下冊，卷二十七，頁1594。

〔註145〕陳垣：《日知錄校注》中冊，卷十四，頁819，820。

第四章　校勘訂偽

第一節　校勘前後

　　《日知錄》在校勘方面的錯誤是較少的，陳垣先生爲什麼還要作《日知錄校注》呢？所謂「校其異同」，主要是對《日知錄》不同版本及各種抄本的校勘。校勘學，就是研究和總結校勘規律的一門科學，除對文獻材料發生錯誤的規律進行總結外，人們還對校勘的作用、方法、據以校勘的資料、校勘成果的處理形式等進行探索。

一、校勘的內容

1、具體校勘前的準備工作

　　具體校勘前的準備工作須準備工具書、善本以至新出的注校本。

　　《日知錄‧內典》云：

> 天下之言不歸楊，則歸墨，而佛氏乃兼之矣。其傳寖盛，後之學者遂謂其書爲內典。【原注】「內典」字見《冊府元龜》引《唐會要》：「開成二年二月，王彥進準宣索《內典目錄》十二卷。」推其立言之旨，不將內釋而外吾儒乎？夫內釋而外吾儒，此自緇流之語，豈得士人亦云爾乎？

　　陳垣先生《日知錄校注》於「『王彥進準宣索《內典目錄》十二卷。』」句後注說：

> 《冊府元龜》五二〈崇釋氏門〉。王彥〔註1〕，據《舊唐書》十七下

開成二年正、二、九月各條，應作「王彥威」，《冊府》漏「威」字。

梁元帝有《內典博要》百卷。今《釋藏》有《大唐內典錄》。《新唐書》五九《藝文志‧道家類》附釋氏書，有《內典博要》三十卷、《大唐貞觀內典錄》十卷。

陳智超在《日知錄校注》的前言中說由陳致易整理後面的二十五卷，上文可以看得出陳致易整理的文字與《日知錄校注》成書後的略有分別，這應該是陳智超作全書統稿、審訂工作的結果。〔註2〕

2、了解基本構成和流傳情況

陳垣先生於〈日知錄「部刺史」條唐置採訪使原委〉中說：

《通鑑》開元四年十二月條，實作罷十道按察使，不作罷採訪使，更不作罷按察採訪處置使也。日知錄乃據舊紀而改《通鑑》，實爲失考。今將開元中改置採訪使之原委，鉤稽各書，列表如下，庶於史源學及校勘學均有取焉。〔註3〕

《舊唐書》的編撰保存了大量原始的歷史資料，新舊唐書爲官修史書。司馬光編寫《資治通鑑》唐紀時，充分採用了《舊唐書》保存的重要史料。

遇到要處理原始的歷史資料，陳垣先生認爲該列表。

《日知錄‧史書郡縣同名》云：

漢時縣有同名者，大抵加「東」、「西」、「南」、「北」、「上」、「下」字以爲別。蓋本於《春秋》之法。燕國有二，則一稱北燕。邾國有二，則一稱小邾，是其例也。若郡縣同名而不同地，則於縣必加一「小」字，沛郡不治沛，治相，故書沛縣爲「小沛」。廣陽國不治廣陽，治薊，故書廣陽縣爲「小廣陽」；丹陽郡不治丹陽，治宛陵，故書丹陽縣爲小丹陽。後人作史多混書之而無別矣。

《日知錄校注》這樣說：

注〕內典字見《冊府元龜》引《唐會要》「開成二年二月，王彥進準宣索《內典》目錄十二卷。」見（冊府元龜）五二〈宗釋士門〉。王彥，據《舊唐書》十七下，開成二年正、二、九月各條，應作王彥威，《冊府元龜》漏「威」字。嶽本 p.652 無校核，甘本 p.809 不注。(陳致易：〈評上世紀九十年代兩種《日知錄》校注本〉，《安徽大學學報》(哲學社會科學版) 第31卷第1期 (2007年1月)，頁81。)

〔註2〕陳垣：《日知錄校注》上冊，前言，頁8。

〔註3〕陳垣：〈日知錄「部刺史」條唐置採訪使原委〉，載存萃學社：《顧炎武學術思想研究彙編》(香港：大東圖書公司。1980年，第1版)，頁268。

集釋在此下引謝敏〈請更同名之縣疏〉，黃汝成並有案語，列同名之府、州、縣。

陳智超補充說：

援庵有批語：「凡此等文字，均應列表。」〔註4〕

《日知錄集釋》於「後人作史多混書之而無別矣。」句後有以下的案語：

【謝中丞曰】伏見江西省吉安、廣信二府所屬皆有永豐縣，其印信篆文同一字樣，共在一省之中，而有相同之印。倘姦徒假借，以此縣所用印信朦混於彼縣，恐一時難辨，易滋弊端。至此外江省、州、縣又有同名於各省者，如江省有†寧州，而陝西、雲南所屬皆有†寧州；江省有長寧縣，而奉天、四川、廣東所屬皆有‡長寧縣；……江省有††德化縣，而福建亦有††德化縣。……其他各省之州與州同名，縣與縣同名者，並有府與府同名者，如姦徒有意作弊，則借此影射隔省，更無從辨察，皆應別改嘉名也。【汝成案】……謝疏之與今異者，如†寧州，甘肅慶陽府與雲南臨安府同。疏乃無甘肅，而有江西、陝西。廣昌縣，直隸易州與江西建昌府同，疏乃無直隸，而有山西；永寧縣，江西吉安府與河南河南府、四川敘永廳同，疏乃有貴州而無河南、四川；‡長寧縣，江西贛州府與四川敘州府、廣東惠州府同，疏乃又有奉天。考之於今皆不合。相去百年，沿革攸殊。而今制，於府州縣之同名者，印文各加省名某某以別之，是亦無慮姦徒之作弊矣。〔註5〕

上文顯示寧州出現的次數有三次，前標示以†號；顯示長寧縣出現的次數有兩次，前標示以‡號；顯示德化縣出現的次數有兩次，前標示以††號。具體校勘前的準備工作，在於了解基本構成和流傳情況。這個府、州、縣跟哪個府、州、縣同名，不列表確實不容易說清楚。

3、總結前人經驗，體現科學精神

引書不論朝代，則因果每倒置。注意先引〈世家〉，後引〈傳〉。

《日知錄・共和》云：

《史記・春申君傳》：「通韓上黨於共、宵，使道安成，出入賦之。」

〔註4〕陳垣：《日知錄校注》中冊，卷二十，頁1132，1133。

〔註5〕顧炎武：《日知錄集釋》中冊，卷二十（上海：上海古籍出版社，2006年，第1版），頁1158～1160。

〈田敬仲完世家〉：「王建降秦，秦遷之共，餓死。齊人歌之曰：松邪柏邪，住建共者客邪！」

陳垣先生於《日知錄校注》中「通韓上黨於共、甯，使道安成，出入賦之。」句下注說：

《史記》七八〈春申君傳〉未見，見四四〈魏世家〉末，魏公子說魏王語。應注意引書先後，不能先引〈傳〉後引〈世家〉也。〔註6〕

注書需要與時並進，不過陳垣先生認爲引書先引〈傳〉有違體例，對此執著。

又《日知錄・史記》云：

〈田敬仲完世家〉：「敬仲之如齊，以陳氏爲田氏。」此亦太史公之誤。〈春秋傳〉未有稱田者，至戰國時始爲田耳。

〈仲尼弟子傳〉：「公孫龍字子石，少孔子五十三歲。」按《漢書》注，公孫龍趙人，爲堅白異同之說者，與平原君同時，去夫子近二百年。殆非也。且云少孔子五十三歲，則當田常伐魯之年，僅十三四歲爾。而曰「子張、子石請行」，豈甘羅、外黃舍人兒之比乎？〔註7〕

這裏是《日知錄》書內，談到史書引篇名正確程序的例子：先〈世家〉後引〈傳〉。陳垣先生注書對此不讓步。

《日知錄・鴻漸于陸》云：

「上九，鴻漸于陸，其羽可用爲儀，吉。」安定胡氏改「陸」爲「逵」。朱子從之，謂合韻，非也。《詩》「儀」字凡十見，皆音牛何反，不得與「逵」爲叶。而「雲路」亦非可翔之地，仍當作「陸」爲是。

陳垣先生《日知錄校注》在「安定胡氏改『陸』爲『逵』。」句後注說：

胡瑗《周易口義》十二卷，《四庫・易類》二。逵，九達道也。胡氏謂逵爲雲路。〔註8〕

同時陳垣先生《日知錄校注》在「安定胡氏改『陸』爲『逵』。」句後注說：

亦未想及有飛機也。〔註9〕

陳垣先生整段注得很有想像力，由走向四通八達的道路，而上詣天空雲行的

〔註6〕陳垣：《日知錄校注》下冊，卷二十五，頁1408，1409。

〔註7〕同上，卷二十六，頁1434。

〔註8〕陳垣：《日知錄校注》上冊，卷一，頁30，31。

〔註9〕同上，頁30，31。

路。是不同時代有不同的注法用語，今天「雲路」已爲可翔之地。顧炎武倘生於今世，想不復有「雲路」亦非可翔之地的懷疑了。

又陳垣先生於《日知錄》常作出別創一格的評論。雖敬佩顧炎武的愛國情操，但遇有不合之處陳垣先生仍不肯輕輕放過。例如對「從古爲正」抑「從實爲正」（〈史書一年兩號〉），二人即有齟齬。試看《日知錄‧史書一年兩號》的原文：

> 明朝《太宗實錄》，上書「四年六月己巳」，下書「洪武三十五年六月庚午」，正是史臣實書，與前代合。但不明書建文年號，後人因謂之革除耳。《英宗實錄》，上書「景泰八年正月辛巳」，下書「天順元年正月壬午，旬有六日」，而不沒其實。且如萬曆四十八年，八月以後，爲泰昌元年，若依溫公例，取泰昌之號，冠於四十八年春正月之前，則詔令文移一一皆當追改，且上誣先皇矣。故紀年之法，從古爲正，不以一年兩號、三號爲嫌。

陳垣先生《日知錄校注》於「故紀年之法，從古爲正，」句後注說：

> 應云「從實爲正」。〔註10〕

又古時災祥，指吉凶變化的徵兆，這些吉凶變化中的日食是凶兆。災祥之發，所以譴告人君，王者之所重誡，占星、望氣、推測災祥之學應運而生。自然現象多變化，人間的福禍也都難知，人如何能將某些純屬於自然現象的異變，連繫人世禍福？且必然視爲是禍福降臨的徵兆呢？所以陳垣先生批評顧炎武篤信天災繫於動亂的想法幼稚。

《日知錄‧日食》云：

> 劉向言：「春秋二百四十二年，日食三十六。今連三年比食。自建始以來，二十歲間而八食，率二歲六月而一發，古今罕有。異有大小希稠，占有舒疾緩急。」余所見崇禎之世，十七年而八食，與漢成略同，而稠急過之矣。然則謂日食爲一定之數，無關於人事者，豈非溺於疇人之術，而不覺其自蹈於邪臣之說乎？

陳垣先生注說：

> 幼稚可笑。〔註11〕

又陳垣先生批「黃河清」說無根據，《日知錄‧黃河清》云：

〔註10〕陳垣：《日知錄校注》中冊，卷二十，頁 1121，1122。
〔註11〕陳垣：《日知錄校注》下冊，卷三十，頁 1696。

漢桓帝延熹九年，濟陰東郡濟北平原河水清。襄楷上言：「河者，諸侯位也。清者屬陽，濁者屬陰。河當濁而反清者，陰欲爲陽，諸侯欲爲帝也。」明年帝崩，靈帝以解瀆亭侯入繼。《隋書》言：「齊武成帝河清元年四月，河濟清。後十餘歲，隋有天下。隋煬帝大業三年，武陽郡河清數里。十二年龍門河清。後二歲唐受禪。金衛紹王大安元年，徐沛黃河清，臨洮人楊珏上書，亦引襄楷之言，後四歲宣宗立。元順帝至正二十一年十一月戊辰，黃河自平陸三門磧下至孟津，五百餘里皆清，凡七日，而明太祖興。至先朝尤驗，正德河清，世宗以興王即位；泰昌河清，崇禎帝以信王即位。

陳垣先生《日知錄校注》注說：

　無聊。〔註12〕

疇人可指精通天文曆算的學者，顧炎武未能把科學客觀規律與用天象如日暈、雲氣、虹霓等來占卜人事吉凶的做法區別開來，實在遺憾。黃河水本渾濁不清，古人因而以黃河偶然水清爲祥瑞徵兆。顧炎武就持「黃河清，諸侯爲帝」的觀點，不過我們今天知道氣溫、降水和季節等，改變黃河變清的機率。

又古人常以天象占卜凶吉，天象是天空的景象，如星辰日月的運行。陳垣先生以外國應天象爲無聊，《日知錄·外國應天象》云：

　夫中國之有都邑，猶人家之有宅舍，星氣之失，如宅舍之有妖祥，主人在，則主人當之，主人不在，則居者當之，此一定之理。而以中外爲限斷，乃儒生之見，不可語於天道也。

陳垣先生注說：

　無聊！〔註13〕

觀星望氣等讖緯之學流傳已久，陳垣先生十分反對。記錄天象資料，要將天文知識融於中國的文化體系中。

4、了解語言特點

陳垣先生對於文風的要求，一向嚴格，字句的精簡，邏輯的周密，從來一絲不苟。陳垣先生不忘教導後學，如果爲文者沒有基本的學養常識，也沒有掌握一定的古文基本文體基礎，知識不夠全面。

如騎射之法始於何時？顧炎武有他的看法，《日知錄·騎》云：

〔註12〕陳垣：《日知錄校注》下冊，頁 1703，1704。
〔註13〕同上，卷三十，頁 1709。

《詩》云:「古公亶父,來朝走馬。」古者馬以駕車,不可言走。曰
走者,單騎之稱。古公之國,鄰於戎翟,其習尚有相同者。然則騎
射之法,不始於趙武靈王也。

顧炎武認為騎射之法,不始於趙武靈王,陳垣先生另找證據。

陳垣先生於「然則騎射之法,不始於趙武靈王也。」句後注曰:

滕文公好馳馬試劍。〔註14〕

「馳馬」,驅馬疾行。《孟子·滕文公上》:

吾他日未嘗學問,好馳馬試劍。〔註15〕

滕文公(公元?～前575年),姬姓,名宏,戰國中期滕國(今山東滕州
市)國君,是滕國第20任君主。趙武靈王(約前340～前295年),戰國中後
期趙國君主,死後諡號武靈。名雍,嬴姓趙氏。滕文公身處的時代早於趙武
靈王,好馳馬試劍也自先於趙武靈王。

是「領要」或「要領」?《日知錄·漢書注》:

〈張騫傳〉:「竟不能得月氏要領。」古人上衣下裳,舉裳者執要,

舉衣者執領。

陳垣先生疑問何不說「領要」。他在「舉裳者執要,舉衣者執領。」句後
注曰:

既云「上衣下裳」,何以不云「領要」?〔註16〕

「正常」思路是「領」(頸)歸「衣」,「要」(腰)歸「裳」。

「領要」也見於古籍,義同「要領」。「領要」讀起來可能較順暢,言「衣
裳」、「領要」思路不「反常」。云「領要」的原因,個人推測是語文的約定俗
成,領要唸起來文從字順。

《資治通鑑·唐高祖武德二年》:

世充每聽朝,殷勤誨諭,言詞重複,千端萬緒,侍衛之人不勝倦弊,
百司奏事,疲於聽受。御史大夫蘇良諫曰:「「陛下語太多而無領要,
【胡三省注】領要,猶漢人言要領也。計云爾即可,何煩許辭也!」世充
默然良久,亦不罪良,然性如是,終不能改也。〔註17〕

〔註14〕陳垣:《日知錄校注》下冊,卷二十九,頁1653。
〔註15〕楊伯峻:《孟子譯注》上冊(北京:北京中華書局,1960年,第1版),頁114。
〔註16〕陳垣:《日知錄校注》下冊,卷二十七,頁1554。
〔註17〕司馬光:《資治通鑑》,卷一百八十七(北京:中華書局,1954年,第1版),
頁5854。

胡三省的注已解釋，「領要」猶「要領」。故〈張騫傳〉：「竟不能得月氏要領。」不改作「竟不能得月氏領要。」也可。

又顧炎武認爲「榮成山」當作「勞成山」，《日知錄·勞山》云：

> 《寰宇記》：「秦始皇登勞盛山，望蓬萊。」後人因謂此山一名勞盛山，誤也。勞、盛，二山名，勞即勞山，盛即成山。《史記·封禪書》：七曰日主，祠成山。成山斗入海。《漢書》作盛山，古字通用。齊之東偏，環以大海，海岸之山，莫大於勞、成二山，故始皇登之。《史記·秦始皇紀》：「令入海者齎捕巨魚具，而自以連弩候大魚至，射之。自琅邪北至榮成山，弗見。至之罘，見巨魚，射殺一魚。」正義曰：「榮成山，即成山也。」按史書及前代地理書，竝無榮成山，予向疑之，以爲其文在琅邪之下，成山之上，必「勞」字之誤。後見王充《論衡》引此，正作勞成山。乃知昔人傳寫之誤，唐時諸君亦未之詳考也，遂使勞山併盛之名，成山冒「榮」之號，今特著之，以正史書二千年之誤。

陳垣先生佩服顧炎武整段分析，陳垣先生注曰：

> 此段極精。〔註18〕

陳垣先生屢次贊賞炎武的考證。

又《日知錄·漢書注》云：

> 「衛律爲單于謀，穿井築城，治樓以藏穀，與秦人守之。」師古曰：「秦時有人亡入匈奴者，今其子孫尚號秦人。」非也。彼時匈奴謂中國人爲秦人，猶今言漢人耳。

陳垣先生於「彼時匈奴謂中國人爲秦人，猶今言漢人耳。」句後注曰：

> 此段極精。〔註19〕

陳垣先生讚顧炎武精於考據，說顧炎武《日知錄》〈漢書注〉此條極精。

在《日知錄·名教》一篇，顧炎武讚賞的名節，認爲最高是可以做到以義爲利，其次以名爲利，等而下之是以利爲利。〔註20〕

而《顧亭林詩文集》中的〈與友人論門人書〉，主張治學旨在經世致用，資政育人。《顧亭林詩文集》中的〈與友人論門人書〉反對窮習應試之文，批

〔註18〕陳垣：《日知錄校注》下冊，卷三十一，頁1815，1816。
〔註19〕同上，卷二十七，頁1565，1566。
〔註20〕陳垣：《日知錄校注》中冊，卷十三，頁732，733。

判這種澆薄學風。〔註21〕

　　陳垣先生的注文極簡約,是學顧炎武的文字而更凝練,難解的是有時難免要猜度他的想法。陳垣先生的《日知錄校注》給我們看到的成品是由他隨手批注,未免簡約。倘全力爲此,應大不同。試看《日知錄‧寫》云:

> 寫,《説文》曰:「置物也。」《詩》:「駕言出游,以寫我憂。」「既見君子,我心寫兮。」【原注】傳曰:「寫,輸寫也。」《周禮‧稻人》:「以澮寫水。」《儀禮‧特牲饋食禮》:「主人出寫齍于房。」《禮記‧曲禮》:「器之溉者不寫,其餘皆寫。」【原注】注:「傳之器中。」……《史記‧秦始皇紀》:「寫放其宮室,作之咸陽北坂上。」〈蘇秦傳〉:「宋王無道,爲木人以寫寡人。」《新序》:「葉公子高好龍,鉤以寫龍,鑿以寫龍,屋室雕文以寫龍。」《周髀經》:「笠以寫天。」〈上林賦〉:「胅蠁布寫。」《漢書‧賈捐之傳》:「淮南王盜寫虎符。」今人以書爲寫,蓋以此本傳於彼本,猶之以此器傳於彼器也。【原注】《説文》:「謄,移書也。徐氏曰:「謂移寫之也。」始自《特牲饋食禮》:「卒筮寫卦。」注:「卦者主畫地識爻,爻備,以方寫之。」《漢書‧藝文志》:「孝武置寫書之官。」〈河間獻王傳〉:「從民得善書,必爲好寫與之留其眞。」……至後漢而有圖寫、【原注】〈李恂傳〉。繕寫【原注】〈盧植傳〉之稱,傳之至今矣。今人謂馬去鞍曰「寫」,貨物去舟車亦曰「寫」,與「器之溉者不寫」義同。《後漢書‧皇甫規傳》:「旋車完封,寫之權門。」《晉書‧潘岳傳》:發槅寫鞍,皆有所憩。」《説文》作「卸,舍車解馬也」。讀若汝南人寫書之「寫」。

　　陳垣先生於「讀若汝南人寫書之『寫』。」句後注說:

> 卸。〔註22〕

「寫」,通「卸」,把東西取下或搬下來。瀧川資言《史記會注考證》:「岡白駒曰:『寫,輸也,與下文『寫蜀荆材』同。」〔註23〕

　　錢鍾書《管錐編》延續岡白駒的話題,篇中〈史記會注考證四‧秦始皇本紀〉說:

〔註21〕顧炎武:《顧亭林詩文集》,卷三(北京:中華書局,1983年,第2版),頁46,47。

〔註22〕陳垣:《日知錄校注》下冊,卷三十二,頁1855～1858。

〔註23〕瀧川資言:《史記會注考證附校補》卷六(上海:上海古籍出版社,1986年,第1版),頁162。

「擬肖」復分同材之複製（copy）與殊材之摹類（imitation），凡「象」者莫不可曰「寫」。……「寫眞」、「寫生」、「寫照」之「寫」，皆「寫放」、「模寫」之「寫」，……。〔註24〕

陳垣先生只標上一字注「卸」未免太簡了。「寫」、「卸」〔註25〕皆含「傳」意，陳垣先生隨手校注，爲備課用，所以如此。

5、搜集他書資料，汲取前人成果

古人改文字往往不先作聲明，顧炎武不例外。《日知錄‧分居》云：

宋孝建中，中軍府錄事參軍周殷啓曰：「今士大夫父母在而兄弟異居，計十家而七；庶人父子殊產，八家而五。其甚者乃危亡不相知，飢寒不相恤，忌疾讒害，其間不可稱數。宜明其禁，以易其風。」

陳垣先生於「今士大夫父母在而兄弟異居，」句後注說：

「居」字亭林添，原爲「異計」。

實爲改「計」爲「居」字，非添字。

且於「飢寒不相恤，忌疾讒害，」句後注曰：

「忌」字亭林改，原爲「又」，「疾」字下原有「謗」字。

再於「『宜明其禁，以易其風。』」句後注曰：

《魏書》九七〈島夷〉〈劉駿〉，即宋孝武帝傳。今以《宋書》八二〈周朗傳〉校。《通典》十四、《廣弘明集》六皆作「朗」。《全宋文》四八。〔註26〕

陳垣先生提醒我們古人有改文章的可能。光是以上《日知錄‧分居》一段引文共 74 字，帶出來相關的書已包括《魏書》、《宋書》、《通典》、《廣弘明集》和《全宋文》〔註27〕，分量不可謂不重。

〔註24〕錢鍾書：《管錐編》（一），上卷（北京：三聯出版社，2001 年，第 1 版），頁 489，490。

要辨認錢鍾書的文章其實不難，他的用字古奧，類多外國語典，卻不會堆砌詞句，能反映他博學深思的成果。

〔註25〕《詩經》中的《邶風‧泉水》：「駕言出遊，以寫我憂」。高亨《詩經今注》說：寫，宣泄，通作瀉字。（高亨：《詩經今注》（上海：上海古籍出版社，1980 年，第 1 版），頁 56，57。）

「寫」通「卸」或「洩」，翻譯出來是「除去」或「宣洩」。

〔註26〕陳垣：《日知錄校注》中冊，卷十三，頁 778，779。

〔註27〕陳致易〈評上世紀九十年代兩種《日知錄》校注本〉說：卷之十三《分居》，嶽本 p.503，甘本 p.632：宋孝建中，中軍府錄事參軍周殷啓曰：「今士大夫父

像《宋書‧周朗傳》云：

> 今士大夫以下，父母在而兄弟異計，十家而七矣。庶人父子殊產，
> 亦八家而五矣。〔註28〕

南朝時別籍異財的風氣已經形成。時人周朗就道出江南人另立門戶，各蓄家產的無情義。律令對此不能不慎重，藉維家族制度，並肅倫常。

《通典‧選舉篇》記周朗上疏云：

> 今爲政者，宜以二十五家選一長，百家置一師。男子十三至十七，
> 皆令學經；十八至二十，皆令習武。訓以書記圖緯，忠孝仁義之禮，
> 廉讓恭勤之則，授以兵經戰略。〔註29〕

古代時，男子二十歲行「冠禮」，表示已成年。十三到二十歲是古代男子修身立德的黃金時代。

《廣弘明集》卷六〈敘列代王臣滯惑解〉云：

> 九、周朗，汝南人，宋世祖時仕盧陵王史。上書曰：「自釋氏流教，
> 其來有源，舒引容潤，既亦廣矣。而假糅醫術，託以卜數，外刑不
> 容，内教不悔，而横天地之間，莫之紀察。今宜伸嚴佛律，禪重國
> 令，其疵惡顯著者，悉皆罷遣，餘則隨其藝行，合爲之條例，使禪
> 義經誦，人能其一，食不過蔬，衣不出布。若更度者，則令先習義
> 行，本其神心，必能草腐人天，竦精已往者，雖侯王家子，亦不宜
> 拘。」意同前矣。〔註30〕

《廣弘明集》既敘宏揚佛教的人事，然亦敘欲消滅佛教的王臣等人的事蹟。

南宋謝君直（公元 1226～1289 年）的《詩傳注疏》、元劉瑾（1451～1510年），的《詩傳通釋》及明胡廣（生卒不詳）等編《詩集傳大全》之間有密切的傳承關係。

母在而兄弟異居，計十家而七。……忌疾讒害其間，不可稱數，宣明其禁，
以易其風。」按《宋書》八二〈周朗傳〉校，周殷，《通典》十四、《廣弘明
集》六，皆作「周朗」。引文中「兄弟異居」之「居」字爲亭林添。「忌疾讒
害」，原爲「又疾謗讒害」，爲亭林改。見《全宋文》四八。192（陳致易：〈評
上世紀九十年代兩種《日知錄》校注本〉，《安徽大學學報》（哲學社會科學版）
第 31 卷第 1 期（2007 年 1 月），頁 80。）

〔註28〕沈約：《宋書》第七冊，卷八十二（北京：中華書局，1975 年，第 1 版），頁
2097。

〔註29〕杜佑《通典》卷十四，（北京：中華書局，1988 年，第 1 版），頁 333。

〔註30〕釋道宣《廣弘明集》卷六，集於《欽定四庫全書》，頁 19。以上所引由本人斷句。

苗者，禾方樹而未秀也。《日知錄‧豫借》云：

> 《詩》云：「碩鼠碩鼠，無食我苗。」謝君直曰：「苗未秀而食之，
> 貪之甚也。」今之爲豫借者，食苗之政也。有不毆民而適樂郊者乎。

陳垣先生《日知錄校注》於「謝君直」詞後注說：

> 謝枋得，字君直，號疊山。集五卷，《四庫‧別集》十七。謝撰《詩
> 經注疏》，今佚，惟元劉瑾《詩傳通釋》採其說頗多，明胡廣等《詩
> 集傳大全》又多本劉氏，故疑《日知錄》採用《大全》也。見《經
> 義考》一一〇、一一一、一一二。劉、胡書，《四庫‧詩類》二著錄。
> 〔註31〕

清代學者阮元巡撫浙江時，留心搜訪《四庫全書》未收之書〔註32〕，先後求得175種，名之爲《宛委別藏》，今可見刻印的是《詩傳注疏》。〔註33〕於〈碩鼠〉篇下「無食我苗」輯集了謝君直所說「食黍不足而食麥，食麥不足而食苗。苗者，禾方樹而未秀也。食至於此，以比其貪之甚矣。」以上《詩傳注疏》、《詩傳通釋》與《詩傳大全》（《詩集傳大全》）說完全相同，採說的源頭均來自謝枋得的《詩傳注疏》，收錄於《宛委別藏》。陳垣先生明白謝君直、劉瑾及胡廣的師徒傳承關係。

謝君直的著作雖然佚失，幸賴劉瑾及胡廣（公元1370～1418年）的記錄而仍能得睹部分。「謝撰《詩傳注疏》，今佚」已足夠說明，陳垣先生更等於把謝劉胡三人的學術淵源分析了，這份用心需要讀者細心領會。明代胡廣等奉敕撰《詩經大全》，頒爲法令，其書即以劉瑾《詩傳通釋》爲藍本，完全承襲其說。

〔註31〕陳垣先生：《日知錄校注》中冊，卷十，頁594。

〔註32〕試看彭君華〈採山之銅刮垢磨光——評陳垣先生《日知錄校注》〉卷十《豫借》條，此條幾全用陳垣先生《日知錄校注》的注文而加上兩句評述，彭君華說：「《詩》云：『碩鼠碩鼠，無食我苗。』謝君直曰：『苗未秀而食之，貪之甚也。』校注：『謝枋得，字君直，號疊山。集五卷，《四庫‧別集》十七。謝撰《詩傳注疏》，今佚，惟元劉瑾《詩傳通釋》採其說頗多，明胡廣等《詩集傳大全》又多本劉氏，故疑《日知錄》採用《大全》也。見《經義考》一一〇、一一一、一一二。劉、胡書，《四庫‧詩類》二著錄。』因謝撰已佚，故就後人同類著作詳加推演。（彭君華：〈採山之銅刮垢磨光——陳垣先生《日知錄校注》編後〉，載「中華古籍網」總第444期。）

〔註33〕謝君直：《詩傳注疏》，宛委別藏本，江蘇古籍出版社，1988年第一版，頁36。劉瑾《詩傳通釋》見《欽定四庫全書》「經部」中卷五，頁33。胡廣《大全》卷五，頁30。

顧炎武《日知錄・書傳會選》曾慨歎云：

　　自八股行，而古學棄；《大全》出，而經說亡。〔註34〕

這《大全》說的是明代胡廣等撰的《四書、五經大全》，而《四書、五經大全》中的《五經大全》含《詩經大全》。

　　元人《詩經》著述，基本上都是解釋朱熹《詩集傳》的，劉瑾的《詩傳通釋》不免如此。明初胡廣等人奉敕撰《五經大全》作爲官定標準本，《詩經》本子內容則仿劉瑾的《詩傳通釋》。

　　不要以爲大學者成了名就不重視檢索原始資料，起碼陳垣先生就很重視史料。《日知錄・藩鎮》云：

　　韓令坤鎮常山，馬仁瑀守瀛，王彥昇居原，趙贊處延，董遵誨屯環，武守琪戍晉，何繼筠牧棣，若張美之守滄、景，咸累其任，管榷之利，貿易之權，悉以畀之。

陳垣先生在《日知錄校注・藩鎮》條下「武守琪」詞後注說：

　　「武守琪」，初疑爲「宋琪」之誤，《宋史》二六四。後閱黃氏《古今紀要》十七，作「武守琪戍晉州」，始知「守」字不誤，然《宋史》無傳，《路史》亦作「守琪」。〔註35〕

看了陳垣先生的考證，佩服他的勤奮。

6、明白基本內容和結構體例

　　陳垣先生注發覺書混倒卷數：《元和姓纂》「十一卷」要改成「十卷」。《日知錄・昌黎》於原注中提到林寶撰《元和姓纂》十一卷，云：

　　韓文公多自稱昌黎。《唐書》載韓氏世系則云：「漢弓高侯頹當裔孫世居潁川，徙安定、武安、常山、九門，而生安定桓王茂。」爲公之六世祖，與昌黎之韓支派各別，故先儒以爲公之自稱本其郡望。宋元豐七年，封公爲昌黎伯，亦是取其本望，【原注】……上謂宰相李吉甫曰：「有司之誤，不可再也，宜使儒生條其源系，考其郡望，子孫職任，並總輯之。每加爵邑，則令閱視。」乃命林寶撰次《元和姓纂》十一卷。……如韓長鸞、韓建封昌黎王，韓擇木封昌黎伯，韓偓封昌黎男之比。若昌黎之韓，最著於魏，如麒麟、顯宗，史明言其爲昌黎棘城人，又非今之昌黎也。

〔註34〕陳垣：《日知錄校注》中冊，卷十八，頁1010。
〔註35〕同上，卷九，頁547，548。

陳垣先生在「乃命林寶撰次《元和姓纂》十一卷」後注說：

> 語本《元和姓纂》林寶序。「十一卷」應作「十卷」。〔註36〕

林寶撰次《元和姓纂》十一卷，孫星衍〈校補元和姓纂輯本序〉云：

> 唐林寶撰《姓纂》，其佚文存在《永樂大典》，散附《千家姓》之下。宋鄭樵作《氏族略》，王應麟作《姓氏急就章》，謝枋得作《秘笈新書》，俱引其文，又多爲《永樂大典》所遺。今採輯諸書，依林氏原書例，先以當時皇族，餘分四聲，仍爲十卷，其非《永樂大典》而見他書者，注明出處。……至《郡齋讀書志》作十一卷，則古人每兼序錄爲卷數，不足異也。」〔註37〕

是「十卷」、「十一卷」分別在卷數計算觀念上的不同。陳垣先生計算的少一卷，即如某古書含上、中、下並序錄，合爲四卷，不作三卷。

二、校勘的觀察——《日知錄校注》所見竄亂訛誤的現象舉隅

1、衍　文

陳垣先生有時會直接注明那處是衍文。《日知錄·搜索》云：

> 舒元輿傳，舉進士，見有司鉤校苛切，……又言，國朝校試，窮微探隱，無所不至，士至露頂跣足以赴科場，此先輩所以有投梨而出者。然狡僞之風，所在而有，試者愈嚴而犯者愈眾。桁楊之辱，不足以盡辜。如主司眞具別鑑，雖懷藏滿篋，亦復何益？故搜索之法，祗足以濟主司之所短，不足以顯才士之所長也。」

陳垣先生《日知錄校注》於「又言，」句後注說：

> 「言」字似衍文，以下當是亭林之言也。〔註38〕

又《日知錄·三國志》：

> 孫亮太平元年，孫綝殺滕胤、呂據，時爲魏高貴鄉公之甘露元年。《魏志》甘露二年，「以孫壹爲侍中、車騎將軍，假節交州牧」。吳侯本傳云：「壹入魏，黃初三年死。」誤也。

陳垣先生於「吳侯本傳云：『壹入魏，黃初三年死。』誤也。」句後注說：

〔註36〕陳垣：《日知錄校注》下冊，卷三十一，頁1777。

〔註37〕林寶：《元和姓纂》（附四校記），孫序（北京：中華書局，1994年，第1版），頁3，4。

〔註38〕陳垣：《日知錄校注》中冊，卷十七，頁958，959。

「黃初」二字衍文耳。〔註39〕

所謂「衍文」，即抄寫、刊刻古書誤增的文字。

（1）注文誤入正文而衍

注文誤入正文而衍很普遍，或時有以旁記字入正文例。《日知錄·漕程》云：

> 今之過淮、過洪及回空之限，猶有此意，而其用車驢，則必窮日之力而後止，以至於人畜兩弊，豈非後人之急迫，日甚於前人也與，然其效可睹矣。

陳垣先生注發覺書病在「不檢引文所止」。

陳垣先生在「今之過淮」的「今」字後注曰：

> 今，亭林之言也。集釋以爲「俊卿所述」，殊可笑。章如愚字俊卿。

陳智超則在「然其效可睹矣。」句後注云：

> 作者在「史源學」實習課中曾出題「《日知錄》十〈漕程〉條黃氏集釋正誤」，以爲「不檢引文所止」之病例。〔註40〕

而陳垣先生有時改了但未注明那處誤置正文。像《日知錄·中式額數》云：

> 齊王融爲武帝作策秀才文曰，今農戰不修，文儒是競。宋自太宗太平興國二年賜進士諸科五百人，遂令釋褐，而二年進士至萬二百六十人。淳化二年至萬七千三百人。【原注】見曾鞏文集。於是一代風流無不趨於科第。葉適作制科論，謂士人猥多，無甚於今世。此雖足以弘文教之盛，而士習之偷亦自此始矣。【原注】呂氏家塾記言，今士人所聚多處，風俗便不好。魯哀公用莊子之言，號於國中曰，無其道而爲其服者，其罪死。五日而魯國無敢儒服者。獨有一丈夫儒服而立乎公門，公召而問以國事，千轉萬變而不窮。莊子曰，以魯國而儒者一人耳，可謂多乎？記曰，垂綾五寸，惰游之士也。今將求儒者之人，而適得惰游之士。此其說在乎楚葉公之好畫龍〔註41〕，而不好眞龍也。

〔註39〕陳垣：《日知錄校注》下冊，卷二十六，頁 1446。

〔註40〕陳垣：《日知錄校注》中冊，卷十，頁 603。
　　　　這裏的「作者」指陳垣先生。

〔註41〕陳致易〈評上世紀九十年代兩種《日知錄》校注本〉說：卷之十七〈中式額數〉，嶽本 p.606，甘本 p.735：《記》曰：「垂綾五寸，惰遊之士也。」見《禮記·玉藻》。嶽本誤將訖號延至下「而適得惰遊之士」句後，《禮記》未見此語。

陳垣先生注說：

> 《新序‧雜事》第五。〔註42〕

《日知錄》注文誤置的情況屢見，葉公好龍事的錯誤很明白，《日知錄校注》幫忙注清楚，「葉公好龍」典出《新序》而非《禮記》。

（2）因誤據他書而衍

文章錯將甲文當乙文情況很普遍。《日知錄‧漢書注》云：

> 《郊祀志》：「文公獲若石，云于陳倉北阪城祠之。其神或歲不至，或歲數來也。常以夜，光煇若流星，從東方來，集於祠城，若雄雞，其聲殷，云野雞夜鳴。」如淳曰：「野雞，雉也。呂后名雉，改曰野雞。」

陳垣先生注說：

> 《漢書》二五上，亦見《史記》二八〈封禪書〉。注引《史記》注，而文冠以〈郊祀志〉，偶失檢照。〔註43〕

陳垣先生以爲顧炎武《日知錄‧漢書注》裏的《史記‧郊祀志》引文應是錄自《史記‧封禪書》。

又陳垣先生注發覺書誤引，〈曾子南武城人〉條下引《新序》，陳垣先生認爲乃《說苑》之誤。《日知錄‧曾子南武城人》云：：

> 《新序》則云：「魯人攻鄪，【原注】即費字。曾子辭于鄪君曰：請出，寇罷而後復來，毋使狗豕入吾舍。」

陳垣先生注說：

> 《說苑》八〈尊賢篇〉。顧誤《說苑》爲《新序》。〔註44〕

以下列出《日知錄校注》卷十二《水利》條記魏襄王與群臣論西門豹之爲人臣：

> 魏襄王與群臣飲酒，王爲群臣祝曰：「令吾臣皆如西門豹之爲人臣也。」史起進曰：「魏氏之行田也以百畝，鄴獨二百畝，是田惡也。漳水在其旁，西門豹不知用，是不智也。知而不興，是不仁也。仁

甘本更誤將訖號延至「葉公畫龍而不好眞龍也」後，葉公好龍事豈在《禮記》內？（陳致易：〈評上世紀九十年代兩種《日知錄》校注本〉，《安徽大學學報》（哲學社會科學版）第31卷第1期（2007年1月），頁79。）

〔註42〕陳垣：《日知錄校注》中冊，卷十七，頁936，937。
〔註43〕陳垣：《日知錄校注》下冊，卷二十七，頁1544，1545。
〔註44〕同上，卷三十一，頁1750，1752。

智，豹未之盡，何足法也？」於是以史起爲鄴令，引漳水漑鄴，以
富魏之河內。【原注】《史記》。

陳垣先生注說：

> 《史記》一二六《滑稽》附〈西門豹傳〉。正義引《漢書》二九《溝
> 洫志》與此小異。此是直接引《溝洫志》而誤注爲《史記》也。

〔註45〕

據《史記・滑稽列傳》記載，「西門豹即發民鑿十二渠，引河水灌民田」，這
表明司馬遷認爲引水渠爲西門豹所鑿。《漢書・溝洫志》亦採用此說。〔註46〕
《漢書・溝洫志》記載與《史記・滑稽列傳》大致相同〔註47〕，只個別字有
增減。因陳垣先生淹通經史才能觸類旁通，糾正引據錯誤。

2、脫　文

上下文脫漏往往由於傳抄造成，如文中相鄰或相近之處有同樣的文字，
很容易看錯，致使脫漏部分文字，這在今天仍是造成文字脫落的重要原因。

《日知錄・干陀利》云：

> 〈周弘正傳〉：「有罪應流徙，敕以賜干陀利國。」《陳書・世祖紀》：
> 「天嘉四年，干陀利國遣使獻方物。」惟《宋書・孝武帝紀》：「孝
> 建二年，斤陀利國遣使獻方物。」以「干」爲「斤」，疑誤。

陳垣先生於《日知錄校注》「〈周弘正傳〉」詞下注曰：

> 應云「《南史・周弘正傳》」。〔註48〕

陳垣先生再於段後注說：

> 黃釋《日知錄》，應以此條注法爲標準。」〔註49〕

陳垣先生推許黃汝成此條的注法。

而有的情況，像引文脫漏。像《日知錄・愛百姓故刑罰中》：

> 古之王者，不忍以刑窮天下之民也，是故一家之中，父兄治之；一
> 族之間，宗子治之。……然則人君之所治者約矣。然後原父子之親，

〔註45〕陳垣：《日知錄校注》中冊，頁704，705。
〔註46〕班固：《漢書》〈溝洫志第九〉（北京：中華書局點校本，1962年，第1版），
　　　　頁1677。
〔註47〕司馬遷：《史記・滑稽列傳》（北京：中華書局點校本，1959年，第1版），頁
　　　　3213。
〔註48〕陳垣：《日知錄校注》下冊，卷二十九，頁1692，1693。
〔註49〕同上。

立君臣之義以權之；意論輕重之序，愼測淺深之量以別之；悉其聰明、致其忠愛以盡之。夫然刑罰焉得而不中乎？是故宗法立而刑清。天下之宗子各治其族，以輔人君之治，「罔攸兼于庶獄」，而民自不犯於有司。

陳垣先生於「『罔攸兼于庶獄』，」句後注曰：

《尚書·立政》：「文王罔攸兼于庶言庶獄」，言文王不敢下侵庶職。
〔註50〕

《尚書·立政》的原文曰：

文王罔攸兼于庶言、庶獄、庶愼，惟有司之牧夫，是訓用違。〔註51〕

試著把上文換個說法，文王不敢輕忽干預下屬處理的事務。「文王罔攸兼于庶言、庶獄」，《尚書·立政》較顧炎武引文多出「庶言」二字，不連標點。

3、倒　文

因上下字句關聯而倒、錯簡錯葉而倒，上下文字相連或相隔不遠，傳抄者很容易因疏忽造成相互顛倒。早期的書，以竹木簡作爲書寫材料，如編連的帶子斷掉，重新編連時很容易也現錯位。紙如裝訂散開，重裝時也會發生類似問題。這樣也會造成內容的顛倒。

《日知錄·監本二十一史》：

今所刻《北史》改云：「今當爲絕群耳。」不知紀、群之爲名，而改「紀」爲「絕」，又倒其文，此已可笑。

陳垣先生「此已可笑。」句後注說：

不得其解則妄改。〔註52〕

是陳垣先生不滿倒文。

又《日知錄·經文字體》中所記一段文字原文作：

北齊策孝秀於朝堂，對字有脫誤者，呼起立席後。書迹濫劣者，飲墨水一升。文理孟浪者，奪席脫容刀。僭霸之君，尚立此制，以全盛之朝，求才之主，而不思除弊之方，課實之效，與天下因循於涸濁之中，以是爲順人情而已。

〔註50〕陳垣：《日知錄校注》上冊，卷六，頁344。
〔註51〕顧頡剛、劉起釪：《尚書校釋譯論》（北京：中華書局，2005年，第1版），頁1675～1683。
〔註52〕陳垣：《日知錄校注》中冊，卷十八，頁998，999。

陳垣先生《日知錄校注》於「奪席脫容刀。」句後注說：

《通典》十四〈選舉〉，原文「秀孝各以班草對」，「對」字屬上。

〔註53〕

考官根據試卷有「脫誤」、「書濫」、「孟浪」者，分別給予考生「呼起立席後，飲墨水，強取坐席、拿走作裝飾品用的佩刀」的處罰。考生書法的好壞顯然對考試成績有影響。《日知錄校注》引述《通典》指出，「字有脫誤者」前的「對」字應屬上。

又《日知錄‧短陌》云：

《隋書‧食貨志》曰：梁大同後，自破嶺以東；錢以八十爲百；名曰「東錢」。江郢以上，七十爲百，名曰「西錢」。京師以九十爲百，名曰「長錢」。中大同元年，乃詔通用足陌。

陳垣先生《日知錄校注》於「名曰「東錢」。」句後注說：

觀下文「江郢」、「京師」二句，則「自」字無著，「自破」二字應屬上爲句。王鳴盛說是也。見《十七史商榷》九六。〔註54〕

由是陳垣先生判斷《日知錄‧短陌》一段文字應斷作：

梁大同後自破，嶺以東；錢以八十爲百；名曰「東錢」。

以上加強調標記爲顯示陳垣先生提出「梁大同後自破」屬一句，「嶺以東」不與「梁大同後」一句。「自破」二字當屬上句。

第二節　校勘原則

《日知錄》犯的錯誤，像名物的辨別分類。如《日知錄‧籥》云：

《周禮‧籥章》，逆暑迎寒，則龡〈豳詩〉；祈年于田祖，則龡〈豳〉雅。祭蜡則獻〈豳〉頌。雪山王氏曰：此一詩而三用也。【原注】謂〈籥章〉之豳詩，以鼓、鐘、琴、瑟四器之聲合籥也。笙師龡竽、笙、塤、籥、簫、篪、箋、管、舂、牘、應、雅凡十二器，以雅器之聲合籥也。眡瞭播鼗、擊頌磬、笙磬，凡四器，以頌器之聲合籥也。

陳垣先生《日知錄校注》於「眡瞭播鼗、擊頌磬、笙磬，凡四器，」句後注說：

〔註53〕陳垣：《日知錄校注》中冊，卷十六，頁 924，925。

〔註54〕同上，卷十一，頁 658，659。

應爲「三器」。〔註55〕

「眠瞭播鼗」算一項，「擊頌磬」算二項，「笙磬」算第三項。從上述材料看，大學者像顧炎武都不能避免犯簡單的錯誤。

一、校文字

「校勘」指對同一書籍用不同版本或有關資料加以比較核對，以考訂其文字的異同和正誤眞僞。「校勘學」是到今天形成的一套整理古籍的專業知識方法。陳垣先生認爲讀史首重校勘。

《日知錄‧職官受杖》云：

沈統大明中爲著作佐郎。

陳垣先生於《日知錄校注》「沈統」詞下注說：

沈統，《宋書》六三附演之傳，目無名。演之，統子。「沈」集釋本誤作「忱」，潘本、鈔本不誤。〔註56〕

今陳垣先生以他書校本書。顧炎武謂唐制多優於南北朝，明清皇帝權力大，對大臣督刑殘酷。

又《後漢書》省稱《漢書》？《日知錄‧座主門生》云：

《風俗通》記：「司空袁周陽舉荀慈明有道。太尉鄧伯條，舉訾孟直方正。二公薨，皆制齊衰。【原注】《漢書‧荀爽傳》：「司空袁逢舉有道，不應。及逢卒，爽制服三年，當世往往化以爲俗。」

《日知錄》原注稱《後漢書》爲《漢書》，陳垣先生於《日知錄校注》「【原注】《漢書‧荀爽傳》：」句下注說：

《後漢書》九二。「後」字似不能省。〔註57〕

《後漢書》書名似不能省作《漢書》。

又《日知錄》不免有字誤，《日知錄‧人臣稱人君》云：

〔註55〕陳垣：《日知錄校注》上冊，卷三，頁129。

〔註56〕陳垣：《日知錄校注》下冊，卷二十八，頁1635。
廷杖是明代特有的一種刑罰，也是皇帝在法制外，用以責罰逆臣、威懾百官的一種手段。其濫觴雖始於東漢光武帝，但直至明太祖行杖之後，才因明代諸帝奉爲祖制沿用不已，而形成一種制度。……正德、嘉靖二朝不但是廷杖的第二高峰期，其規模及傷害更遠非成化朝所能及。（黃榮郎：〈明代正德及嘉靖朝廷杖之研究〉，台灣國立中央大學碩士論文。2000年，〈摘要〉。）

〔註57〕陳垣：《日知錄校注》中冊，卷十七，頁965。

《水經注》引黃義仲《十三州記》曰：「郡之言君也。改公侯之封而言君者至尊也。今『郡』字君在其左，邑在其右，君爲元首，邑以載民，故取名於君謂之郡。」

陳垣先生於《日知錄校注》「黃義仲」詞下注說：

「義」恐「羲」之誤。〔註58〕

又文字容或有誤，《日知錄・選補》云：

宋神宗詔：「川陝、福建、廣南八路之官罷任，迎送勞苦，令轉運司立格就注，免其赴選。」是亦參用唐人之法。

陳垣先生於《日知錄校注》「川陝、福建、廣南八路之官罷任，迎送勞苦，令轉運司立格就注，免其赴選。」下注說：

《宋史》十五，熙寧三年八月詔。此用《通考》卅八〈選舉考〉，原七路，後增湖南爲八路。「川陝」爲「川峽」之誤。〔註60〕

宋設川峽路，後分設西川路和峽西路。

二、訓字詞

古人很重視敍事的書法特色，《日知錄・史記注》云：

鴻門之會，沛公但稱羽爲將軍，而樊噲則稱大王，其時羽未王也。

陳垣先生十分重視字詞的訓釋，於《日知錄校注》「鴻門之會，沛公但稱羽爲將軍，而樊噲則稱大王，」句下注說：

應云「樊噲則稱爲大王」，此「爲」字不能少，少則稱樊噲矣。

〔註59〕

陳垣先生有自己的看法，看得細心。

又唐代常稱「父」爲「哥」，《日知錄・哥》云：

唐時人稱父爲哥。《舊唐書・王琚傳》：「玄宗泣曰：『四哥仁孝，同氣惟有太平。』」睿宗行四故也。玄宗子〈棣王琰傳〉：「惟三哥辨其罪。」玄宗行三故也。有父之親，有君之尊，而稱之爲四哥、三哥，亦可謂名之不正也已。

陳垣先生於《日知錄校注》注說：

〔註58〕陳垣：《日知錄校注》下冊，卷二十四，頁 1382，1383。

〔註60〕同上，卷二十七，頁 1509。

〔註59〕陳垣：《日知錄校注》上冊，卷八，頁 479，481。

《漢武故事》是否漢人作？即此可證此書爲唐以後人作也。《隋志》
著錄〈傳記類〉。

陳智超案：

集釋此下引「趙氏曰」，引《漢武故事》，證以哥稱帝王。〔註60〕

而《日知錄集釋》「亦可謂名之不正也已。」句下注曰：

【錢氏曰】唐書云云，然則唐時以哥爲君父之稱矣。【趙氏曰】考古
人稱哥，原有數種。《漢武故事》：「西王母授武帝《五嶽眞形圖》，
帝拜受畢，王母命侍者四非答哥哥。」此以之稱帝王者也。唐玄宗
與寧王憲書稱大哥，及〈同玉眞公主過大哥園池〉，此稱其兄者也。
晉王存勖呼張承業爲七哥，三司使孔謙兄事伶人景進，呼進爲八哥，
此亦稱兄長也。王荊公謂雱曰大哥，趙善湘語子范曰「三哥甚有福」，
三哥謂第三子葵，此父之稱子也。蓋古人又以哥爲郎君之稱，雖宮
闈之間亦然。又宋欽宗卧太后車前，曰：傳語九哥。」九哥謂高宗，
則兄之稱弟也。顧氏之議毋亦狃於吳中習俗，而未考哥之有是異稱
也。【楊氏曰】北齊諸王稱母曰姊。〔註61〕

由此可證陳智超「證以哥稱帝王」的案語，是針對《日知錄集釋》所引「趙
氏曰」所舉《漢武故事》。王母命侍者四非答哥哥，是又呼天子爲哥哥。

唐時人稱父爲哥。《舊唐書·王琚傳》：

玄宗泣曰：「四哥仁孝，同氣唯有太平，言之恐有違犯，不言憂患轉
深，爲臣爲子，計無所出。」〔註62〕

「四哥」，指玄宗（公元 685～762 年）之父睿宗（662～716）。武后（624～
705）生四兒，睿宗排行第四。

趙翼《陔餘叢考》卷三十七：

又元宗子《棣王琰傳》：惟三哥辨其無罪。三哥謂元宗也，是以哥呼
其父矣。顧寧人以爲君父之尊，而呼之曰哥，名之不正，莫此爲
甚。……然則顧寧人之議，毋亦狃於吳中習俗，而不知哥字之本有

〔註60〕 陳垣：《日知錄校注》下冊，卷二十四，頁 1330。
〔註61〕 顧炎武：《日知錄集釋》下冊，卷二十四（上海：上海古籍出版社，2006 年，
第 1 版），頁 1348。
〔註62〕 劉昫：《舊唐書》第十冊，卷一百六（北京：中華書局點校本，1975 年，第 1
版），頁 3249。

是異稱也。〔註63〕

「元宗」，諱「玄宗」。唐玄宗稱其父唐睿宗爲四哥〔註64〕，棣王李琰又稱其父唐玄宗爲三哥，可見，「哥」可以用來稱父親。以「哥」稱「父」，《陔餘叢考》引了十多二十例爲證。

同時袁庭棟氏《古人稱謂》：

> 「哥」，這是比較特殊的稱呼。在現代漢語中，哥就是兄。可是在古代，幾乎凡男性均可稱「哥」，而且無論上下。〔註65〕

另一方面，馮漢驥揣測說：

> 「哥」是一個古老的在方言中用來指父親的稱謂，在隋唐時代與「兄」發生了混同，從而失去了原來的指父親的意義，獲得了指兄的意義。〔註66〕

田惠剛《中西人際稱謂系統》也說：

> 對父親的稱謂最特殊的要數「哥」。該詞本是一種古老的方言稱謂，後來開始在唐代皇室成員之間使用，意爲「父親」。在此之前「哥」從未用於稱呼兄，也從未用於稱呼父親。後來因「哥」與「兄」發生了混同，才逐漸失去原來指父親的含義。〔註67〕

這等揣測眞若可信，惜並無實據。據此知哥稱兄，唐代已開始。陳垣先生以《日知錄集釋》引「趙氏曰」帶出「漢武故事」稱哥爲帝王事，證《漢武故事》爲唐以後人作。〔註68〕陳垣先生的處理方法是「注中注，證中證」。不過在唐以後的史書中，作爲父稱的「哥」似乎看不見了。

讀史要知人論世，不能妄相比較。陳垣先生給學生開設「史源學實習」課程。他選定《廿二史箚記》、《鮚埼亭集》和《日知錄》，教學生考據名物典

〔註63〕 趙翼：《陔餘叢考》第三冊，卷三十七（北京：中華書局，1963年，第1版），頁826，827。

〔註64〕 袁庭棟：《古人稱謂》（濟南：山東畫報出版社，2007年，第1版），頁120。

〔註65〕 陳垣：《日知錄校注》下冊，卷二十四，頁1330。

〔註66〕 馮漢驥：《中國親屬稱謂指南》，（上海：上海文藝出版社，1989年，第1版），頁75。

〔註67〕 田惠剛：《中西人際稱謂系統》（北京：外語教學與研究出版社，1998年，第1版），頁115。
周星瑩提出中古「哥」字與鮮卑語中兄稱「干」音近。（周星瑩：〈中古「哥」父兄兼指的理據〉，《鹽城師範學院學報》（人文社會科學版）第29卷第6期（2009年12月），頁79。）

〔註68〕 陳垣：《日知錄校注》下冊，卷二十四，頁1330。

制的出處。

三、述語法

　　主賓互立，繁省有序。「人之主賓、字之繁省」怎稱得上得當？《日知錄‧新唐書》云：

　　　　〈馬總傳〉：「李師道平，析鄆、曹、濮爲一道，除總節度，賜號天平軍。長慶初，劉總上幽鎮地，$\boxed{詔總徙天平}$。而召總還，將大用之。$\boxed{會總卒}$，穆公以鄆人附賴總，復詔還鎮。」上云「詔總徙天平」，劉總也。下云「召總還」，馬總也；又云「會總卒」，劉總也；又云「鄆人附賴總」，馬總也。此於人之主賓、字之繁省，皆有所不當。當云：「詔徙天平」，而去「總」字。其下則云：「會劉總卒」，於文無加，而義明矣。

以上兩句，顧炎武認爲在前的「總」字可省，在後則加「劉」字變成：「……詔徙天平，……會劉總卒，……。」陳垣先生給了提示。陳垣先生於《日知錄校注》「於文無加，而義明矣。」句後注說並稱讚道：

　　　　此條極精。〔註69〕

一句中補何字最好，俐落而文氣不致窒塞，是善用「補字」修辭文章表達技巧。

　　下引《日知錄‧史記注》云：

　　　　《楚世家》：「武王使隨人請王室尊吾號，王弗聽。還報楚，楚王怒，乃自立，爲楚武王。」「乃自立」爲一句，「爲楚武王」爲一句，蓋言自立爲王，後諡爲武王耳。古文簡，故連屬言之。

　　陳垣先生於《日知錄校注》注說：

　　　　「爲」上有「是」字則更明了矣。〔註70〕

朗讀一下句子就可感受到意思明了故而文氣暢順。

　　陳垣先生的意思即「爲楚武王」宜作「$\boxed{是}$爲楚武王」。這裏的「是」作爲判斷動詞。

四、明章句

　　明白古書的章節才能尋味義蘊。《日知錄‧正始》云：

〔註69〕陳垣：《日知錄校注》下冊，卷二十六，頁1466。
〔註70〕同上，卷二十七，頁1516，1517。

《晉書・儒林傳》序云：「擯闕里之典經，習正始之餘論，指禮法為流俗，目縱誕以清高。」此則虛名雖被於時流，篤論未忘乎學者。是以講明六藝，鄭玄、王肅為集漢之終，演說老、莊，王弼、何晏為開晉之始。以至國亡於上，教淪於下，羌戎互僭，君臣屢易。非林下諸賢之咎，而誰咎哉！

陳垣先生於《日知錄校注》「擯闕里之典經，習正始之餘論，指禮法為流俗，目縱誕以清高。」句後注說：

引〈儒林傳〉序只四句。以下為亭林自言。〔註71〕

而《晉書・儒林傳》序中句的字數近駢四儷六，帶有濃厚的駢文味道。《晉書・儒林傳》序曰：

武帝受終，憂勞軍國，時既初并庸蜀，方事江湖，訓卒屬兵，務農積穀，猶復修立學校，臨幸辟雍。……惠帝纘戎，朝昏政弛，釁起宮掖，禍成藩翰。惟懷逮愍，喪亂弘多，衣冠禮樂，掃地俱盡。……有晉始自中朝，迄於江左，莫不崇飾華競，祖述虛玄，擯闕里之典經，習正始之餘論，指禮法為流俗，目縱誕以清高〔註72〕，遂使憲章弛廢，名教頹毀，五胡乘間而競逐，二京繼踵以淪胥，運極道消，可為長歎息者矣。鄭沖等名位既隆，自有列傳，其餘編之于左，以續前史《儒林》云。〔註73〕

上文所用駢句工整，「對偶」有單句對（即兩個單句相對），像「釁起宮掖，禍成藩翰。」，「擯闕里之典經，習正始之餘論。」。複句對（即兩個複句相對），像「五胡乘間而競逐，二京繼踵以淪胥。」。當句對（即本句自對），像「訓卒屬兵」中「訓」對「屬」，「卒」對「兵」；「務農積穀」中「務」對「積」，「農」對「穀」。

《晉書・儒林傳》的「擯闕里之典經，習正始之餘論，指禮法為流俗，

〔註71〕陳垣：《日知錄校注》中冊，卷十三，頁720，721。

〔註72〕陳致易〈評上世紀九十年代兩種《日知錄》校注本〉一文指出：卷之十三（正始），嶽本 p.471，甘本 p.539:引〈晉書・儒林傳〉序云：「擯闕里之典經，習正始之餘論，指禮法為流俗，目縱誕以清高。」見《晉書》九一。下文「此則虛名雖被時流……而誰咎哉」為亭林自言，兩本統作《晉書》之引語。（陳致易：〈評上世紀九十年代兩種《日知錄》校注本〉，《安徽大學學報》（哲學社會科學版）第31卷第1期（2007年1月），頁79。）

〔註73〕房玄齡：《晉書》第八冊，卷九十一（北京：中華書局，1974年，第1版），頁2346。

目縱誕以清高。」形似神近駢文，後面的「此則虛名雖被時流……而誰咎哉」
不類四六文，是顧炎武自己的文字。

　　又《日知錄・蘇松二府田賦之重》云：

　　　　今按《宣廟實錄》：「洪熙元年閏七月，廣西右布政使周幹自蘇、常、
　　　　嘉、湖等府巡視還，言蘇州等處人民，多有逃亡者，詢之耆老，皆云
　　　　由官府弊政困民所致。如吳江、昆山民田，畝舊稅五升，小民佃種富
　　　　室田畝，出私租一石，後因沒入官，依私租減二斗，是十分而取八也。
　　　　撥賜公侯、駙馬等項田，每畝舊輸租一石，後因事故還官，又如私租
　　　　例盡取之，且十分而取其八，民猶不堪，況盡取之乎？盡取則無以給
　　　　私家，而必至凍餒，欲不逃亡，不可得矣。……』」〔註74〕

　　《宋史》點校本，第三十冊，列傳第八十三：

　　　　李允則字垂範，濟州團練使謙溥子也。少以材略聞，蔭補衛內指揮
　　　　使，改左班殿直。

　　　　太平興國七年，幽薊還師，始置榷場于靜戎軍，允則典其事。還，
　　　　使河東路決繫囚，原治逋欠。又使荊湖察官吏，與轉運使檢視錢帛、
　　　　器甲、刑獄，遂擢閣門祗候。濬治京師諸河，創水門，鄭州水磑。
　　　　西川賊劉旰平，上官正議修城未決，命允則與王承衍、閻承翰往視。
　　　　還，言西川以無城難守，宜如正議。〔註75〕又言兵分則緩急不爲用，
　　　　請併屯要害，以便饋餉。高溪州蠻田彥伊入寇，遣詣辰州，與轉運
　　　　使張素、荊南劉昌言計事。允則以蠻徼不足加兵，悉招輯之。〔註76〕

上面兩段文字中的「視還」的擺放分別顯示兩種不同的標點方式，由是知一
段文字可以有不同的斷句方式。

　　因而知《日知錄・蘇松二府田賦之重》中的「今按《宣廟實錄》：『洪熙元
年閏七月，廣西右布政使周幹自蘇、常、嘉、湖等府巡視還，言蘇州等處人民，

〔註74〕陳垣：《日知錄校注》中冊，卷十，頁581。
〔註75〕陳致易〈評上世紀九十年代兩種《日知錄》校注本〉一文說：卷之十（蘇松
　　　　二府田賦之重），嶽本p.361：今按《宣廟實錄》：洪熙元年閏七月，廣西右布
　　　　政使周幹，自蘇、常、嘉、湖等府巡視。還言：……此段按文理應是「自蘇、
　　　　常、嘉、湖等府巡視還，言：……」不應在「……巡視」後用句號，「還」在
　　　　此是「歸來」之意。（陳致易：〈評上世紀九十年代兩種《日知錄》校注本〉，
　　　　《安徽大學學報》（哲學社會科學版）第31卷第1期（2007年1月），頁79。）
〔註76〕脫脫：《宋史》第三○冊，卷三百二十四（北京：中華書局，1977年，第1版），
　　　　頁10478。

多有逃亡者。……」」的斷句還可像《宋史》點校本，第三十冊，列傳第八十三般作「今按《宣廟實錄》：『洪熙元年閏七月，廣西右布政使周幹自蘇、常、嘉、湖等府巡視。還，言蘇州等處人民，多有逃亡者。……』」〔註77〕這裏加實線框及強調標記的是我學《宋史》點校本作的斷句嘗試。

又《日知錄・蘇松二府田賦之重》再云：

> 抑嘗論之，自三代以下，田得買賣，而所謂業主者，即連陌跨阡，不過本其錙銖之直，而直之高下，則又以時爲之。地力之盈虛，人事之贏絀，率數十年而一變。奈之何一入於官，而遂如山河界域之不可動也？且景定之君臣，其買此田者，不過予以告牒、會子虛名不售之物，逼而奪之，以至彗出民愁，而自亡其國。【原注】《宋史》：「買公田五千畝以上，以銀半分，官告五分，度牒二分，會子二分半。五千畝以下，以銀半分，官告三分，度牒三分，會子三分半。千畝以下，度牒、會子各半。五百畝至三百畝，全以會子。及田事成，每石官給止四十貫，而半是告牒。民持之而不得售，六郡騷然。」四百餘年之後，推本重賦之繇，則猶其遺禍也。【原注】《宋史》謂「其弊極多，其租尤重。及宋亡，遺患猶不息。」亮哉斯言。而況於沒入之田，本無其直者乎。至於今日，佃非昔日之佃，而主亦非昔日之主。則夫官田者，亦將與冊籍而俱銷，其車牛而皆盡矣。猶執官租之說以求之，固已不可行。〔註78〕

考今成稿的《日知錄・蘇松二府田賦之重》於「四百餘年之後，推本重賦之繇，則猶其遺禍也。」句後原注云：

> 《宋史》謂「其弊極多，其租尤重。及宋亡，遺患猶不息。」亮哉
> 斯言。〔註79〕

「亮哉斯言」用的即不是感嘆號，也不是問號，卻用了句號。〔註80〕

〔註77〕陳垣：《日知錄校注》中冊，卷十，頁581。

〔註78〕同上，頁585，586。

〔註79〕同上。

〔註80〕陳致易〈評上世紀九十年代兩種《日知錄》校注本〉一文表示他的意見：卷之十〈蘇松二府田賦之重〉，嶽本 p.367：【原注】《宋史》謂其弊極多，其租尤重。及宋亡，遺患猶不息。亮哉斯言？查《宋史》一七三〈食貨志〉，此段止於「遺患猶不息」句，「亮哉斯言」爲亭林感慨之語。嶽本未加起訖號，「亮哉斯言」宜用感嘆號卻用了問號。（陳致易：〈評上世紀九十年代兩種《日知錄》校注本〉，《安徽大學學報》（哲學社會科學版）第31卷第1期（2007年1月），頁79，80。）

又《日知錄·河渠》云：

> 黃河載之《禹貢》「東過洛汭，至於大伾；北過洚水，至于大陸。又北播爲九河，同爲逆河，入于海」者，其故道也。漢元光中，河決瓠子東南，注鉅野，通于淮泗。武帝自臨，發卒數萬人塞之。築宮其上，名曰宣防。導河北行，復禹舊迹，而梁、楚之地復寧，無水災。自漢至唐，河不爲害，幾及千年。《五代史》：「晉開運元年五月丙辰，滑州河決，浸汴、曹、濮、單、鄆五州之境，環梁山合于汶水。」與南旺蜀山湖連，瀰漫數百里，河乃自北而東。《宋史》：「熙寧八年七月乙丑，河大決于澶州曹村，北流斷絕，河道南徙，東匯于梁山張澤濼，分爲二派。一合南清河入于淮，一合北清河入于海。」河又自東而南矣。

陳垣先生於「《宋史》：『熙寧八年七月乙丑，河大決于澶州曹村，北流斷絕，河道南徙，東匯于梁山張澤濼，分爲二派。一合南清河入于淮，一合北清河入于海。』」句後注說：

> 卷九二《河渠志》。「八年」當作「十年」。〔註81〕

今成稿的《日知錄校注》引《宋史》九二《河渠志》作「入於海」，「河」屬下句，不是「入於海河」。〔註82〕

五、釋典制

陳垣先生對典制很留意。典制即典章制度。典章制度包括帝嗣選立、政府機構、官吏選拔、職官管理、行政考察等。

《日知錄·漢祿言石》云：

> 古時制祿之數，皆用斗斛。《左傳》言：「豆區釜鍾，各自其四，以登于釜。」《論語》：「與之釜，與之庾。」《孟子》：「養弟子以萬鍾。」皆量也。漢承秦制，始以石爲名。【原注】《韓非子》：「王因收吏璽，自三百

〔註81〕 陳垣：《日知錄校注》中冊，卷十二，頁707，708。
〔註82〕 陳致易〈評上世紀九十年代兩種《日知錄》校注本〉一文說：卷之十二《河渠》，嶽本p.45，甘本p.528：《宋史》：「熙寧八（應爲『十』）年七月乙丑，河大決於澶州曹村……入於海河。」查《宋史》九二《河渠志》，最後一句應爲：「入於海」，「河」屬下句，不是『入於海河』。且嶽本起引號用反了。（陳致易：〈評上世紀九十年代兩種《日知錄》校注本〉，《安徽大學學報》（哲學社會科學版）第31卷第1期（2007年1月），頁80。）

石已上皆效之子之。」是時即以石制祿。《史記·燕世家》同。故有中二千石、二
千石、比二千石，千石、比千石，六百石、比六百石，四百石、比四
百石，三百石、比三百石，二百石、比二百石，百石，而三公號萬石。
百二十斤爲石，是以權代量。然考《續漢百官志》所載：「月奉之數，
則大將軍三公奉，月三百五十斛，以至斗食奉，月十一斛。」又未嘗
不用斛。所謂二千石以至百石者，但以爲品級之差而已。〔註83〕
「子之」爲人名。

《韓非子·外儲說右》云：

王因收吏璽，自三百石以上皆效之子之，子之大重。夫人主之所以
鏡照者，諸侯之士徒也，今諸侯之士徒皆私門之黨也。人主之所以
自所以自爲羽翼者，嚴穴之士徒也，今嚴穴之士徒皆私門之舍人也。
是何也？奪褫之資在子之也。〔註84〕

《史記·燕召公世家》云：

鹿毛壽謂燕王：「不如以國讓相子之。人之謂堯賢者，以其讓天下於
許由，許由不受，有讓天下之名而實不失天下。今王以國讓於子之，
子之必不敢受，是王與堯同行也。」燕王因屬國於子之，子之大重。
或曰：「禹薦益，已而以啓人爲吏。及老，而以啓人爲不足任乎天下，
傳之於益。已而啓與交黨攻益，奪之。天下謂禹名傳天下於益，已
而實令啓自取之。今王言屬國於子之，而吏無非太子人者，是名屬
子之而實太子用事也。」王因收印自三百石吏已上而效之子之。子
之南面行王事，而噲老不聽政，顧爲臣，國事皆決於子之。〔註85〕

子之（？～公元前314年）是一位很有謀略才幹的政治家，但其野心也很大，
他慫恿燕王噲（？～公元前314年）效法堯舜將王位讓給他。「皆效之子之」
的「子之」實爲戰國時人。〔註86〕秩石制起源於戰國，發給糧食，秦以石爲

〔註83〕陳垣：《日知錄校注》中冊，卷十二，頁616。
〔註84〕王先愼：《韓非子集解》卷第十四〈外儲說右〉（北京：中華書局，1998年，
　　　　第1版），頁340。
〔註85〕司馬遷：《史記》（北京：中華書局點校本，1959年，第1版），頁1555，1556。
〔註86〕陳致易〈評上世紀九十年代兩種《日知錄》校注本〉一文說：卷之十一《漢
　　　　祿言石》，嶽本 p.384：〔原注〕《韓非子》：「王因收吏璽，自三百石已上，皆
　　　　效之。」子之是時即以石制祿。《史記·燕世家》同。查《韓非子》十四《外
　　　　儲說右》應爲：「王因收吏璽，自三百石已上，皆效之子之。」子之爲燕相，
　　　　見《史記》三十四《燕世家》。非「子之是時即以石制祿」。（陳致易：〈評上

最大量器，故以石表示官秩的等級。漢襲秦制，仍以年計俸，按月頒給。

六、糾訂史實

《日知錄》有的錯誤，像「年號」混作「錢文」。

《日知錄・開元錢》云：

> 自宋以後，皆先有年號，而後有錢文。唐之開元，則先有錢文，而
> 後有年號。

陳垣先生注說：

> 亦稱「開通元寶」，非年號也。〔註87〕

「開元通寶」錢是唐朝開國鑄幣，它不是「年號錢」，「開元通寶」錢從唐武德四年（公元 621 年）七月開鑄，這比唐開元年早了近百年。武德是唐高祖李淵（566～635 年）的年號。開元（713 年十二月～741 年十二月）爲唐朝皇帝唐玄宗的年號，共計 29 年。開元錢文由初唐三大書法家之一的歐陽詢（557～641 年）書寫。

《舊唐書・食貨志上》載：

> 武德四年七月，廢五銖錢，行開元通寶錢，徑八分，重二銖四絫，
> 積十文重一兩，一千文重六斤四兩。仍置錢監於洛、并、幽、益等
> 州。秦王、齊王各賜三鑪鑄錢，右僕射裴寂賜一鑪。敢有盜鑄者身
> 死，家口配沒。〔註88〕

是陳垣先生說「開元錢」亦稱「開通元寶」。

遇到古書上一些荒誕不經的描述，《日知錄》記錄了顧炎武的懷疑，陳垣先生則更討厭這些不實的說法。《日知錄・雌雄牝牡》云：

> 若《淮南子》云：「北斗之神有雌雄，月從一辰，雄左行，雌右行。」
> 而《隋書・經籍志》有〈孝經雌雄圖〉三卷，《五代史・四夷附錄》：
> 「高麗王建進〈孝經雌圖〉一卷，載日食星變。不經之說。」則近

世紀九十年代兩種《日知錄》校注本〉，《安徽大學學報》（哲學社會科學版第
31 卷第 1 期（2007 年 1 月），頁 80。）

〔註87〕 陳垣：《日知錄校注》中冊，卷十一，頁 646，647。

〔註88〕 劉昫：《舊唐書》卷四十八，〈食貨上〉（北京：中華書局，2007 年，第 1 版），
頁 2094，2095。「開元通寶的鑄行，開創並確立了『通寶』錢制，其本身的重
量和形制也成爲以後歷代推崇的榜樣。」楊君：〈歷代改補「開元通寶」版式
流通錢〉，《中國錢幣》第 98 期（2007 年 3 月），頁 26。

於誕矣。【原注】後周有典牝典牡、上士中士，以牝牡名官。

陳垣先生於《日知錄》「《五代史·四夷附錄》：『高麗王建進〈孝經雌圖〉一卷，載日食星變。不經之說。』」句後注說：

《新五代史》七四，「建」應作「昭」，昭係建之孫。〔註89〕

關於雌雄牝牡，「高麗王建」應指「昭」，前者為爺爺，後者為孫子。

又《日知錄·史記注》云：

《河渠書》：「引洛水至商顏下。」服虔曰：「顏音崖。」崖當作「岸」。
《漢書·古今人表》，「屠岸賈」作「屠顏賈」是也。師古注謂「山
領象人之顏額者」，非。其指商山者尤非，劉敞已辯之。

陳垣先生於《日知錄》「其指商山者尤非，劉敞」句後注說：

應作「劉奉世」。敞，奉世之叔父。〔註90〕

因知「史記注」所說的「劉敞」應指「劉奉世」，二者乃叔姪關係。

又《日知錄·兄弟不相為後》云：

商之世，兄終弟及，故十六世而有二十八王。如仲丁、外壬、河亶
甲，兄弟三王。陽甲、盤庚、小辛、小乙，兄弟四王。未知其廟制
何如。《商書》言：「七世之廟。」賀循謂：「殷世有二祖三宗，若拘
七室，則當祭禰而已。」

陳垣先生於《日知錄》「賀循謂：『殷世有二祖三宗，若拘七室，則當祭
禰而已。』」句後注說：

華恒以為兄弟可以相繼，藏主於室，不必別立廟，見《通典》四八。
賀循以為兄弟不合繼位昭穆，應別立廟，見《通典》五一。《晉書》
十九〈禮志〉用《宋書》十六〈禮志〉文。此為華恒之言，非賀循
之言也。全文見《通典》四八〈禮〉八，並《全晉文》六六。然《新
唐書·禮志》已誤為賀循，見下文。賀循見《全晉文》八八。〔註91〕

及兄弟不相為後，「華恒之言」誤作「賀循之言」。

又《日知錄·舉業》云：

坊刻中，有偽作羅倫〈致知在格物〉一篇，其破題曰：「良知者，廓
於學者也。」按羅文毅中成化二年進士，當時士無異學。使果有此

〔註89〕陳垣：《日知錄校注》下冊，卷三十二，頁1885，1888。

〔註90〕同上，卷二十七，頁1515。

〔註91〕陳垣：《日知錄校注》中冊，卷十四，頁791，792。

文，則良知之説，始於彝正，不始於伯安矣。況前人作破亦無此體。

陳垣先生注云：

證僞之一法。〔註92〕

七、推義理

執政貴廉，律己從嚴。得權者既可以法古，取法於外國也值得嘗試。《日知錄·貴廉》云：

「禹又欲令近臣，自諸曹侍中以上，家亡得私販賣，與民爭利。犯者輒免官削爵，不得仕宦。」此議今亦可行。自萬曆以後，天下水利磑磴，場渡市集，無不屬之豪紳，相沿以爲常事矣。

陳垣先生於《日知錄》「此議今亦可行。」句後注說：

可以取法於古，即可以取法於外國。〔註93〕

取法於古抑取法於外國，曾經是爭辯的焦點。今日官員涉貪瀆的，遭彈劾不貸，彈劾法古時實已通行不悖。顧炎武復古是想人反思禮的眞義，陳垣先生認同顧炎武的務實，只是有時耐不住性子說了幾句批評顧炎武思想極保守一面的話。

又《日知錄·後魏田制》云：

其制：男夫十五以上，受露田四十畝，婦人二十畝。民年及課則受田，老免及身沒則還田。諸桑田不在還受之限。男夫人給田二十畝，課蒔餘種桑五十，樹棗五株，榆三根。非桑之土，夫給一畝，依法課蒔榆棗，限三年種畢，不畢，奪其不畢之地。於是有口分世業之制，唐時猶沿之。嗟乎，人君欲留心民事而創百世之規，其亦運之掌上也已。宋林勳作《本政》之書，而陳同父以爲必有英雄特起之君，用於一變之後。豈非知言之士哉！

陳垣先生《日知錄校注》於「宋林勳作《本政》之書，而陳同父以爲必有英雄特起之君，用於一變之後。」句後注說：

陳亮，字同父。語見《宋史》四二二〈林勳傳〉，《本政書》十三篇。

〔註94〕

〔註92〕陳垣：《日知錄校注》，中冊，卷十八，頁1019，1020。
〔註93〕同上，卷十三，頁760。
〔註94〕同上，卷十，頁575，576。

《宋史》四二二〈林勳傳〉云：

> 林勳，賀州人。政和五年進士，爲廣州教授。建炎三年八月，獻《本
> 政書》十三篇……東陽陳亮曰：「勳爲此書，考古驗今，思慮周密，
> 可謂勤矣。世之爲井地之學者，孰有加於勳者乎？要必有英雄特起之
> 君，用於一變之後，成順致利，則民不駭而可以善其後矣。」〔註95〕

東陽，今浙江縣名。陳亮（公元1143～1194年），南宋政治家、哲學家、詞人。
主張抗金，恢復中原。陳亮信靠「英雄特起之君」治國，實則不如完善法制
的重要。要了解林勳的農政議論，今天還可從《宋史》中看到。《宋史》「用
於一變之後」句後用逗號，是陳亮的話未說完。《日知錄》「用於一變之後」
句後，的確應該因爲隨後的一句「豈非知言之士哉〔註96〕」是顧炎武的話，
而用句號。

八、注出處

《日知錄·樂章》云：

> 古人琴瑟之用，皆與歌並奏，故有一人歌，一人鼓瑟者。漢文帝「使
> 愼夫人鼓瑟，上自倚瑟而歌」是也。【原注】師古曰：「倚瑟，即今之以歌
> 合曲也。」亦有自鼓而自歌，孔子之取瑟而歌是也。若乃衛靈公聽新
> 聲於濮水之上，而使師延寫之，則但有曲而無歌。此後世徒琴之所
> 由興也。

陳垣先生於「而使師延寫之，」句後注說：

> 閻若璩云：「師延爲紂作靡靡之樂，此以琴寫之者師涓，『延』當作
> 『涓』。」師涓事見《韓非子》三〈十過篇〉。但《史記》三〈殷本
> 紀〉、《漢書》二十〈古今人表〉中上，均以師涓爲紂時人。閻氏駁
> 顧，是也，但應著明此事見《韓非子》，乃得人心服。〔註97〕

〔註95〕脫脫：《宋史》，卷四二二（北京：中華書局，1977年，第1版），頁12605。
〔註96〕陳致易〈評上世紀九十年代兩種《日知錄》校注本〉一文說：卷之十（後魏
　　　田制），嶽本p.358，甘本p.491：宋林勳作《本政》之書，而陳同父以爲必有
　　　英雄特起之君，用於一變之後，豈非知言之士哉！見《宋史》四二二《林勳
　　　傳》。陳亮（字同父）之言至「用於一變之後」，應在此句後用句號。「豈非知
　　　言之士哉」是顧炎武的話。（陳致易：〈評上世紀九十年代兩種《日知錄》校
　　　注本〉，《安徽大學學報》（哲學社會科學版）第31卷第1期（2007年1月），
　　　頁79。
〔註97〕陳垣：《日知錄校注》上冊，卷五，頁268。

陳垣先生以爲駁斥別人提出意見時，務必注明出處。陳垣先生不滿意閻若璩（公元 1638～1704 年）有異議卻不說明出處。

《韓非子・十過》云：

　　師曠曰：「此師延之所作，與紂爲靡靡之樂也。」〔註98〕

《史記・殷本紀》云：

　　（帝紂）好酒淫聲，嬖於婦人。愛妲己，妲己之言是從。於是使師

　　涓作新淫聲，北里之舞，靡靡之樂。〔註99〕

師延爲商末紂王時（前 11 世紀）樂師，師涓則爲衛靈公時（前 534～前 492 年）人，二者身分不容混倒。黃汝成《日知錄集釋》：「【閻氏曰】師延爲紂作靡靡之樂，此以琴寫之者師涓。延當作涓。」〔註100〕檢核《日知錄集釋》，知閻氏駁顧，自黃汝成氏（1799～1837 年）於清道光年間已收錄。閻氏文見《潛邱箚記》。〔註101〕

又憑記憶引書，不可能沒錯誤。應備字書工具，不宜憑記憶。例可參顧炎武於《日知錄》〈考工記注〉條云：

　　《考工記・輪人》注，鄭司農云：「摯讀爲『紛容攀參』之攀。」正

　　義曰：「此蓋有文，今檢未得。」今按司馬相如〈上林賦〉云：「紛

　　溶萷蔘，猗柅從風。」字作「萷」，音蕭。〔註102〕

陳垣先生《日知錄校注》於「字作「萷」，音蕭，」句後注說：

〔註98〕王先慎：《韓非子集解》（北京：中華書局，1998 年，第 1 版），頁 63。

〔註99〕司馬遷：《史記》（北京：中華書局點校本，1982 年，第 2 版），頁 105。

〔註100〕顧炎武：《日知錄集釋》上冊（上海：上海古籍出版社，2006 年，第 1 版），頁 287。

〔註101〕閻若璩：《潛邱箚記》，載沈自南：《藝林彙考》，集於《欽定四庫全書》第八五九冊。（上海：上海古籍出版社，1987 年，第 1 版），頁 498。

〔註102〕陳玉玲在其碩士論文中說：「依『紛溶萷蔘』上下文來看，其上句爲「抗衡閞砢，落英幡纚」指樹木之條枝下垂，花朵落下繽紛貌，下句爲『猗柅從風。』亦即隨風搖曳狀。也就是說畫面鏡頭由上往下帶，所以『萷蔘』應是形容草木茂盛貌，非木枝高聳狀。」（陳玉玲：〈漢賦聯綿詞研究〉，台灣逢甲大學中國文學學系碩士論文，2005 年，頁 125，126。）李善注〈上林賦〉未對『萷蔘』解釋。（蕭統：《文選》卷八（北京：中華書局，1977 年，第 1 版），頁 126。）中文部分詞彙必須兩字相結合才具有完整的意義，不能拆開，稱爲「聯綿詞」，如「葡萄」、「琵琶」、「參差」等即是。高步瀛《文選李注義疏》謂「『萷蔘』即《西京賦》『欄槮』之假音字也。」（高步瀛：《文選李注義疏》卷八（北京：中華書局，1985 年，第 1 版），頁 1806。）草木盛的說法非生造，陳玉玲所論亦通。

字書工具未備，只憑記憶，故每有此病。〔註103〕
有一分證據說一分話，就是這個道理。

又《日知錄・樂章》云：

〈天文志〉：「虛二星，冢宰之官也，主北方邑居廟堂祭祀祝禱事，又主死喪哭泣。」按此「冢宰」當作「冢人」。【原注】或以《公羊傳》「宰上之木拱矣」，則墓亦可稱爲宰。又曰：「軫四星，主冢宰輔臣也。」則〈周官〉之冢宰矣。

陳垣先生《日知錄校注》於「或以《公羊傳》「宰上之木拱矣」，則墓亦可稱爲宰。」句後注說：

「宰」當爲「冢」之譌。〔註104〕

陳垣先生對引書用典很講究，而不事餖飣之學，不過有時會重點針對分析。「拱」，泛指大樹。「木拱」，借指人死去多年。墓樹皆已能拱抱，意即去世。「冢」或作「塚」，指墳墓。又〈日知錄・晉書〉條「邑居廟堂祭祀祝禱事」句裏，「邑居」、「廟堂」、「祭祀」、「祝禱事」之間應可放頓號，即隔開連用的同類詞。陳垣先生『『宰』當爲『冢』之譌」的說法不知道是不是本諸章太炎，因爲陳垣先生沒多加解釋。看《國故論衡・小學略說》：「《公羊傳》宰上之木拱矣，以宰爲匊【原注】宰字，《方言》作埰。《說文》無。」〔註105〕

又《日知錄・古人不以甲子名歲》云：

宋劉恕《通鑑外記・目錄序》曰：「庖犧前後，逮周屬王，疑年茫昧，借日名甲子以紀之。」是則歲之稱甲子也，借也。何始乎？自亡新始也。王莽下書，言始建國五年，「歲在壽星，塡在明堂，倉龍癸酉，德在中宮」。又言「天鳳七年，歲在大梁，倉龍庚辰」。「厥明年，歲在實沈，倉龍辛巳」。《隋書・律曆志》：王莽〈銅權銘〉曰「歲在大梁，龍集戊辰」，又曰「龍在己巳，歲次實沈」是也。

陳垣先生《日知錄校注》於「『歲在壽星，塡在明堂，倉龍癸酉，德在中宮』。」句後注說：

《漢書》九九中，始建國五年癸酉。塡，星名，音鎮。〔註106〕

〔註103〕陳垣：《日知錄校注》下冊，卷二十七，頁1501，1502。

〔註104〕同上，卷二十六〈晉書〉條，頁1454。

〔註105〕章太炎：《國故論衡》（浙江：浙江圖書館校刊本，1917年，第1版），頁426。

〔註106〕陳垣：《日知錄校注》中冊，卷二十，頁1095。

古籍宜詳加注解，讀者渴望看陳垣先生的書，想見他的注解。〈古人不以甲子名歲〉中的「塡」指「塡星」。「塡星」即「土星」。這些最好能給注解。

九、闡體例

《日知錄・山東河內》云：

> 古所謂山東者，華山以東。《管子》言：「楚者，山東之強國也。」《史記》引賈生言：「秦并兼諸侯山東三十餘郡。」《後漢》〈陳元傳〉言：「陛下不當都山東。」【原注】謂光武都雒陽。蓋自函谷關以東總謂之山東。

陳垣先生注說：

> 《管子》二四〈輕重〉戊「桓公聞於管子」句。此言《管子》，指書不指人。〔註107〕

闡體例是考證古籍的基本體例，解作爲著作的編寫格式。陳垣先生以爲〈輕重〉篇句子指書，不指人。古時書名會人名兼用的。

又《日知錄・墓祭》云：

> 後漢明帝永平元年春正月，「帝率公卿已下朝於原陵，如元會儀」。而上陵之禮始興。……而「十七年正月，明帝當謁原陵，夜夢先帝太后如平生歡。既寤，悲不能寐。即案曆，明旦日吉，遂率百官及故客上陵。其日甘露降於陵樹，帝令百官采取以薦。會畢，帝從席前伏御牀，視太后鏡奩中物，感動悲涕，令易脂澤妝具。左右皆泣，莫能仰視焉。」此特士庶人之孝，而史傳之以爲盛節。故陵之崇，廟之殺也；禮之瀆，敬之衰也。……蔡邕以爲「天子事亡如存之意，禮有煩而不可省者」。殆曲爲之說也。

陳垣先生於「蔡邕以爲『天子事亡如存之意，禮有煩而不可省者』。」句後注說：

> 《後漢書》十四〈禮儀〉上。〔註108〕

此注中所說的《後漢書》，見謝承《後漢書》。謝承《後漢書》今已佚，有輯本，輯本如《八家後漢書》。謝承，三國吳人。《八家後漢書》，是指《東觀漢記》、范曄《後漢書》以外，記載東漢歷史的八部紀傳體及編年體史書。

謝承《後漢書・禮儀志》云：

〔註107〕陳垣：《日知錄校注》下冊，卷三十一，頁1741，1742。
〔註108〕陳垣：《日知錄校注》中冊，卷十五，頁834，836。

○○八　建寧五年正月，車駕上原陵，蔡邕爲司徒掾〔一〕，從公行，到陵〔二〕，見其儀，愀然謂同坐者曰：「聞古不墓祭。朝廷有上陵之禮，始（爲）〔謂〕可損〔三〕。今見（咸）〔其〕儀〔四〕，察其本意，乃知孝明皇帝至孝惻隱，不可易舊。」或曰：「本意云何？」「昔京師在長安時，其禮不可盡得聞也。光武即世，始葬于此。明帝嗣位踰年，群臣朝正，感先帝不復聞見此禮，乃帥公卿百僚，就園陵而創焉。尚書（陛）〔階〕西（陛爲）〔祭設〕神坐〔五〕，天子事亡如事存之意。苟先帝有瓜葛之屬〔六〕，男女畢會，王、侯、大夫，郡國計吏，各向神坐而言，庶幾先帝神魂聞之。今者日月久遠，後生非時，人但見其禮，不知其哀。以明帝聖孝之心，親服三年，久在園陵，初興此儀，仰察几筵，下顧群臣，悲切之心，必不可堪。」邕見太傅胡廣曰：「國家禮有煩而不可省者，不知先帝用心周密之至於此也。」廣曰：「然。子宜載之，以示學者。」邕退而記焉。（姚。王。汪。黃）──《續漢禮儀志注》　○《通典》卷五二《書敘指南》卷三……

〔六〕蔡邕《獨斷》曰：「四姓小侯，諸侯家婦，凡與先後有瓜葛者，及諸侯王大夫、郡國計吏、匈奴朝者、西國侍子皆會。」據此可知，所謂瓜葛者，親戚之謂也。《書敘指南》卷三〈親戚瓜葛〉目，即引此四字。〔註109〕

「蔡邕以爲『天子事亡如存之意，禮有煩而不可省者』。」句後的「殆曲爲之說也。」並不是蔡邕說的。「蔡邕以爲『天子事亡如存之意，禮有煩而不可省者』。」才是蔡邕認同的。〔註110〕

又《日知錄・知縣》云：

建隆三年，始以朝官爲知縣，其間復參用京官或幕職爲之。《宋史》

〔註109〕周天游：《八家後漢書輯注》（上海：上海古籍出版社，1986年，第1版），頁4，5。

〔註110〕陳致易〈評上世紀九十年代兩種《日知錄》校注本〉一文說：卷之十五〈墓祭〉，嶽本p.534，甘本p.667：「蔡邕以爲，天子事亡如存之意，禮有煩而不可省者。」見《續漢志》四《禮儀上》。兩本均在「禮有煩而不可省者」後用逗號，不知下句「殆曲爲之說也」非蔡邕言，而是否定蔡邕之言。（陳致易：〈評上世紀九十年代兩種《日知錄》校注本〉，《安徽大學學報》（哲學社會科學版）第31卷第1期（2007年1月），頁79。）

言：「宋初內外所授官，多非本職，惟以差遣爲資歷。建隆四年，詔
選朝士分治劇邑。大理正奚嶼知館陶，監察御史王祐知魏，楊應夢
知永濟，屯田員外郎于繼徽知臨清，常參官宰縣自此始。」又曰：「初，
州郡多闕官，縣令選尤猥下，多爲清流所鄙薄，每不得調，乃詔吏
部選幕職官爲知縣。」自此以後，遂罷令而設知縣，沿其名至今。

陳垣先生於「建隆三年，始以朝官爲知縣，」句後注說：

《後漢書》十四〈禮儀〉上。〔註111〕

《山堂考索》又名《群書考索》。從顧炎武舉《山堂考索》的例子看，知他引
書有時只引個大概。〔註112〕《群書考索後集》參《欽定四庫全書》。《欽定四
庫全書》第九三七冊。〔註113〕注書必定要熟悉古籍的別名。

十、考源流

吾儒經世致用「引古籌今」，意謂援引古代事例來謀劃今事。

顧炎武〈與人書四〉說：

《詩》三百篇即古人之韻譜。經之與韻，本無二也，病在後之學者
執韻而論經：其不能通，則改經而就韻。夫道若大路然，安用此多
歧乎？休文之四聲，神珙之翻切，三代之所未有也。顏師古、章懷
太子始有叶韻之說，而漢以前亦未之有也。乃援今而議古，焉得不
圓鑿而方枘乎？且經學自有源流，自漢而六朝而唐而宋，必一一考
究，而後及於近儒之所著，然後可以知其異同離合之指。如論字者
必本於《說文》，未有據隸楷而論古文者也。已僭成一書，今先刻《音
論》附往。〔註114〕

對經學歷史等方面的考察確需考究。

〔註111〕陳垣：《日知錄校注》上冊，卷九，頁520～522。

〔註112〕陳致易〈評上世紀九十年代兩種《日知錄》校注本〉一文指出：卷之九《知
縣》，嶽本p.325，顧炎武注引《山堂考索》言：「藝祖開基，召諸鎮會於京師……
號權知軍州事。」下兩句「軍謂兵，州謂民也」本亭林語，誤作《山堂考索》
引文。注文是《日知錄》重要組成部分，甘本全不用顧的注文，是很大的失
誤。(陳致易：〈評上世紀九十年代兩種《日知錄》校注本〉，《安徽大學學報》
（哲學社會科學版）第31卷第1期（2007年1月），頁79。）

〔註113〕章如愚：《山堂考索後集》，載《欽定四庫全書》第九三七冊（台北：臺灣商
務印書館，1986年，第1版），頁555。

〔註114〕顧炎武：《顧亭林詩文集》（北京：中華書局，1983年，第2版），頁91。

我們借觀古之學者，沿用其說，怎生事事不如古人的想法？

《日知錄·太原》云：

> 《舊唐書·崔神慶傳》曰：「先是并州有東西二城，隔汾水，神慶始築城相接，每歲省防禦兵數千人，邊州甚以爲便。」此即〈志〉所云：兩城之間有中城者也。汾水湍悍，古人何以架橋立城如此之易？如長安東、中、西三渭橋，昔爲方軌，而今則咸陽縣，每至冬月，乃設一版，河陽驛杜預所立浮橋，其遺迹亦復泯然。……蒲津鐵牛，求一僧懷丙其人不可得。國有六職，百工與居一焉。不但坐而論道者不如古人而已。

陳垣先生注說：

> 事事不如古人，其然耶？〔註115〕

陳垣先生於《日知錄·太原》注中對我們「事事不如古人」的說法生疑。

《日知錄·大夫稱子》云：

> 春秋時，大夫雖僭稱子，而不敢稱於其君之前，猶之諸侯僭稱公，而不敢稱於天子之前也。……〈洛誥〉：「予旦以多子，越御事。」多子，猶《春秋》傳之言「群子」也。……唐孔氏以爲「大夫皆稱子」，非也。春秋自僖、文以後，而執政之卿始稱子。其後則匹夫而爲學者所宗，亦得稱子，老子、孔子是也。……又其後，則門人亦得稱之，樂正子、公都子之流是也。……故《論語》之稱子者，皆弟子之於師。……《孟子》之稱子者，皆師之於弟子。……亦世變之所從來矣。

陳垣先生於「唐孔氏以爲『大夫皆稱子』，非也。」句後注說：

> 唐孔氏，即《尚書·洛誥》之孔穎達正義。稱「唐」者，以別於孔安國傳也，然稱正義或孔疏亦可。〔註116〕

「正義」，舊指經典的注疏，如孔穎達的《五經正義》。孔安國是孔子第十二世孫，西漢經學家，生卒年不詳；孔穎達是唐代著名的經學家，其主持編纂的《五經正義》在中國經學史上有著劃時代的意義。姓氏前加上朝代才容易分辨。而考辨史事眞僞的多重證據法，有時需借助正史以外的書。

又《日知錄·古人不以甲子名歲》云：

〔註115〕陳垣：《日知錄校注》下冊，卷三十一，頁1796，1799。
〔註116〕陳垣：《日知錄校注》上冊，卷四，頁208，209。

《爾雅》疏曰：「甲至癸爲十日，日爲陽；寅至丑爲十二辰，辰爲陰。」
此二十二名，古人用以紀日，不以紀歲。歲則自有閼逢至昭陽十名
爲歲陽，攝提格至赤奮若十二名爲歲名。後人謂甲子歲、癸亥歲，
非古也。自漢以前，初不假借。……《漢書‧郊祀歌》：「天馬徠，
執徐時。」謂武帝太初四年，歲在庚辰，兵誅大宛也。自經學日衰，
人趨簡便，乃以甲子至癸亥代之。子曰：「觚不觚。」此之謂矣。

陳垣先生注說：

此自然之趨勢，無所謂觚不觚。〔註117〕

考顧炎武《日知錄》備論自王莽以前古人不以甲子名歲。「觚」，酒器。「觚不
觚」，喻事物名不符實。陳垣先生認爲近世「以甲子名歲」的舉措屬「自然之
趨勢」，無所謂「觚不觚」。

又《日知錄‧妻子》云：

今人謂妻爲妻子，此不典之言，然亦有所自。《韓非子》：「鄭縣人卜
子，使其妻爲袴。其妻問曰：今袴何如？夫曰，象吾故袴。妻子因
毀新令如故袴。」杜子美詩：「結髮爲妻子，席不煖君牀。」

陳垣先生於「今人謂妻爲妻子，此不典之言」句後加批語說：

《詩》既有之，何謂不典？〔註118〕

顧炎武與陳垣先生處的畢竟是不同的世代。

陳垣先生重視分析版本源流，依據版本系統考察版本的流傳過程，這對
校勘有重要的意義，以下是一些《日知錄校注》梳理版本源流的實例。

《日知錄‧序卦雜卦》云：

〈序卦〉、〈雜卦〉，皆旁通之說，先儒疑以爲非夫子之言。然〈否〉
之「大往小來」，承〈泰〉之「小往大來」也。〈解〉之「利西南」，
承〈寒〉之「利西南，不利東北」也。是文王已有相受之義也。〈益〉
之六二，即〈損〉之六五也，其辭皆曰「十朋之龜」；〈姤〉之九三，
即〈夬〉之九四也，其辭皆曰「臀無膚」；〈未濟〉之九四，即〈既
濟〉之九三也，其辭皆曰「伐鬼方」，是周公已有反對之義也。

陳垣先生於「〈姤〉之九三，即〈夬〉之九四也，」句後注說：

初刻、潘刻及元鈔本均作「〈姤〉之九四」，「〈夬〉之九三」，誤。黃

〔註117〕陳垣：《日知錄校注》中冊，卷二十，頁1094，1095。
〔註118〕陳垣：《日知錄校注》下冊，卷二十四，頁1330，1331。

氏集釋本據張氏說校改爲九三、九四，所改者是。〔註119〕

〈夬〉之九四，即〈姤〉之九三，故其象皆臀無膚。陳垣先生對《日知錄》的版本一一梳理源流，更扼要地解釋易學的問題。

又《日知錄・外國風俗》云：

> 《邵氏聞見錄》言：「回紇風俗樸厚，君臣之等不甚異。故眾志專一，勁健無敵。自有功於唐，賜遺豐腴。登里可汗始自尊大，築宮室以居，婦人有粉黛文繡之飾，中國爲之虛耗，而其俗亦壞。」

陳垣先生指出《邵氏聞見錄》應作「《邵氏聞見後錄》」：

> 《邵氏聞見錄》，邵伯溫撰；《後錄》，其子博撰。〔註120〕

有時顧炎武引的書名並不眞確，如《日知錄》卷二十九〈外國風俗〉條，顧炎武引了《邵氏聞見錄》一書，陳垣先生更正爲《邵氏聞見後錄》。北京中華書局《唐宋史料筆記叢刊》版同一段見錄爲：

> 回紇風俗朴厚，君臣之等不甚異，故眾志專一，勁健無敵。自有功於唐，唐賜遺豐腴。登里可汗始自尊大，築宮室以居，婦人有粉黛文繡之飾，中國爲之虛耗，而虜房俗亦壞。〔註121〕

《日知錄》作「自有功於唐，賜遺豐腴。」而《邵氏聞見錄》、《邵氏聞見後錄》書名一字之差，對書不熟的讀者檢索目錄時未必找到書。

第三節　校勘方法

一、校勘方法的依據

1、明出處，耐心校對錯誤

《日知錄・少林僧兵》云：

> 宋靖康時，有五臺僧眞寶，與其徒習武事於山中。欽宗召對便殿，命之還山，聚兵拒金。晝夜苦戰，寺舍盡焚，爲金所得，誘勸百方，終不顧，曰：「吾法中有口回之罪。吾既許宋皇帝以死，豈當妄言也。」怡然受戮。

〔註119〕陳垣：《日知錄校注》上冊，卷四，頁208，209。

〔註120〕陳垣：《日知錄校注》下冊，卷二十九，頁1673。

〔註121〕邵博：《邵氏聞見後錄》卷八（北京：中華書局，1983年，第1版），頁60。「豐腴」、「豐腴」顯示有兩個不同的版本。

陳垣先生注說：

> 《宋史》四五五〈忠義傳〉十。「口回」當作「口四」。〔註122〕

「口四」典出佛經，謂十惡中屬於口業之四業。即妄語，兩舌，惡口，綺語是也。《宋史》中華書局點校本於「吾法中有口四之罪」句後注說：

> 「四」原作「回」，查《四十二章經》，佛法十惡行有所謂口四者，
> 即兩舌、惡口、妄言、綺語，與本文「豈當妄言也」意合。據改。
> 〔註123〕

校對錯誤具備的知識要比較廣，能博當然最好。學者需具版本知識並常理推論用校勘方法，一一改正以下底本形近而誤的錯誤。

《日知錄·心學》原注云：

> 衛嵩曰：「從心不踰矩，孔子至七十時，方敢以此自信。而今之學者，
> 未可與立，而欲語從心。率天下之人而禍仁義，必斯言也。」

陳垣先生於「衛嵩」詞下注說：

> 《小腆紀傳》五三有衛嵩，字匪莪，初名麟貞，字瑞鳴，曲沃人。
> 以母喪易今名字，與傅山相友善，即此人。卷七〈梁惠王〉條末注
> 亦作「衛嵩」，誤。潘本此字獨不誤。黃本刊誤云：「『嵩』，諸本并
> 誤『嵩』，今改。」所謂以不誤爲誤也，奈何！〔註124〕

又《日知錄·性相近也》云：

> 孟子論性，專以其發見乎情者言之。且如見孺子入井，亦有不憐者。
> 呼蹴之食，有笑而受之者。此人情之變也。若反從而喜之，吾知其
> 無是人也。曲沃衛嵩曰：「孔子所謂相近，即以性善而言。」

陳垣先生於「曲沃衛嵩」詞後注說：

> 衛嵩應作「嵩」。潘本亦誤作「嵩」。全部《日知錄》黃刻本皆誤「嵩」
> 作「嵩」，並見本卷（卷七）〈梁惠王〉條四段注二，十五卷〈墓祭〉
> 條二段，十八卷《心學》條三段注二。十八卷潘本獨作「嵩」不誤，
> 黃本乃改爲「嵩」。〔註125〕

關於《日知錄》卷七〈梁惠王〉條末原注流傳版本的分析是：

〔註122〕陳垣：《日知錄校注》下冊，卷二十九，頁1666，1667。
〔註123〕脫脫：《宋史》第三八冊，卷四百五十五（北京：中華書局，1977年，第1
版），頁13382，13384。
〔註124〕陳垣：《日知錄校注》中冊，卷十八，頁1016。
〔註125〕陳垣：《日知錄校注》上冊，卷七，頁399，400。

　　先爲嵩，再而蒿，又變爲嵩

　　《日知錄》　諸本改　　　　黃本改

　　卷七「梁惠王」（潘本改）

　　條末原注

《詩・小雅・蓼莪》：「蓼蓼者莪，匪莪伊蒿。哀哀父母，生我劬勞。」後借「匪莪」以指對亡親的悼念。不待運用校勘版本學，細讀〈蓼莪〉詩可以判斷原注的「衛嵩」爲「衛蒿」之誤，古人的名字往往相關，能補充校勘版本學，綜合思考就更肯定「衛嵩」之誤。「匪莪」、「伊蒿」蓋典出《詩・小雅・蓼莪》〔註126〕。「莪」是一種植物名，故從艸頭。以上關於「衛嵩」爲「衛蒿」之誤的說法，散見於《日知錄》陳垣先生的多處校注，用的是據相同詞語句子校勘的本校法。古人名字往往以相關的考慮判斷，則屬於理校法。

2、《日知錄校注》校勘出的錯誤釋例

（1）不明訓詁而誤

　　「訓詁」即說明解釋古代詞語的意思。牟潤孫先生回憶陳垣師對他說國文不通的人不能讀史書，講國文要好好去研究訓詁。〔註127〕

渾言、析言之辨：

> 《日知錄・拜稽首》云：
>
> 　　古人席地而坐。引身而起，則爲長跪；首至手則爲拜手；手至地則爲拜；首至地則爲稽首。此禮之等也。君父之尊，必用稽首，拜而後稽首，此禮之漸也。必以稽首終，此禮之成也。今《大明會典》曰：「後一拜，叩頭成禮。」此古之遺意也。
>
> 　　古人以稽首爲敬之至。……
>
> 　　陳氏〈禮書〉曰：「稽首者，諸侯於天子、大夫士於其君之禮也。然君於臣亦有稽首。……春秋之時，晉穆嬴抱太子頓首於趙宣子，魯季平子頓首於叔孫，則頓首非施於尊者之禮也。」【原注】《禮書》以「頓首爲首頓於手而已。」《荀子》言：「平衡曰拜，下衡曰稽首，至地曰稽

〔註126〕十三經注疏委員會：《十三經注疏》本，第三冊，《毛詩正義》（北京：北京大學出版社，2000年，第1版），頁907，908。

〔註127〕牟潤孫：〈勵耘書屋問學回憶──陳援庵先生誕生百年紀念感言〉，載陳智超主編《勵耘書屋問學記：史學家陳垣的治學》（北京：三聯書店，2006年，第1版），頁72。

顙。」似未然。古惟喪禮始用稽顙，蓋以頭觸地，其與稽首，乃有容、無容之別。

陳垣先生於「魯季平子頓首於叔孫，」句後注說：

《左傳》昭廿五年，平子稽顙於叔孫昭子，非頓首。〔註128〕

魯昭公二十五年，即西元前五一七年，魯國貴族季平子與郈昭伯鬥雞生變，季平子殺死郈昭伯。接著魯昭公討伐季平子，季平子稽顙請罪。稽顙，叩頭至地，是古禮九拜中最敬之拜，其次是頓首。兩者的差別在於頭碰到地面時，停留的時間長短，長者爲稽首，短者爲頓首。又或以爲稽顙即頓首。「渾言」，訓詁學用語，謂統言；籠統地說，渾言與析言相對。「渾言」，訓詁學用語，謂分開地說；區別地說。渾言之，「稽顙」、「頓首」無別。析言之，「稽顙」較「頓首」崇敬。

又《日知錄·百拜》云：

「百拜」字出〈樂記〉。古人之拜，如今之鞠躬，故通計一席之間，賓主交拜，近至於百。注云：「壹獻，士飲酒之禮，百拜以喻多。」是也。

陳垣先生注說：

萬分、萬歲、萬年不敗，皆極言多，非眞有萬。如百姓，如萬國、千祈，皆然。〔註129〕

「百」「萬」但言其多：「百」言多。「萬」比「百」則多出很多。

又《日知錄·奈何》云：

「奈何」二字，始於〈五子之歌〉：「爲人上者，奈何不敬。」《左傳》：「河魚腹疾，奈何？」《曲禮》曰：「國君去其國，止之曰：奈何去社稷也！大大曰：奈何去宗廟也！士曰：奈何去墳墓也！」《楚辭·九歌·大司命》：「愁人兮奈何！」〈九辯〉：「君不知兮可奈何！」此「奈何」二字之祖。《左傳》華元之歌曰：「牛則有皮，犀兕尚多，棄甲則那。」直言之曰「那」，長言之曰「奈何」，一也。

陳垣先生注說：

「奈何」與「那」。〔註130〕

〔註128〕陳垣：《日知錄校注》下冊，卷二十八，頁1608。
〔註129〕同上，頁1609，1610。
〔註130〕同上，卷三十二，頁1828。

在這裏，顧炎武認爲「那」爲「奈何」的合音，陳垣先生同意顧炎武的說法。

再《日知錄・通鑑注》云：

> 劉肅《大唐新語》：「中宗宴興慶池，侍宴者並唱〈迴波詞〉。給事中李景伯歌曰：『迴波詞，持酒卮。微臣職在箴規，侍宴既過三爵，讙譁竊恐非儀。』」首二句三言，下三句六言，蓋〈迴波詞〉體也。今《通鑑》作「迴波爾時酒卮」，恐傳寫之誤。

陳智超注說：

> 援庵批語：「以不誤爲誤。古所謂訓詁學，今所謂語言學，皆重要。『爾時』自是當時語。」〔註131〕

顧炎武認爲《通鑑》誤，陳垣先生則謂《通鑑》沒有錯。

試看《本事詩・嘲戲第七》有云：

> 沈佺期以罪謫，遇恩，復官秩。朱紱未復，嘗內宴，羣臣皆歌迴波樂，撰詞起舞，因是多求遷擢。佺期詞曰：「迴波爾時佺期，流向嶺外生歸。身名已蒙齒錄，袍笏未復牙緋。」中宗即以緋魚賜之。……中宗朝，御史大夫裴談，崇奉釋氏。妻悍妬，談畏之如嚴君。……時韋庶人頗襲武氏之風軌，中宗漸畏之。內宴唱迴波詞，有優人詞曰：「迴波爾時栲栳，怕婦也是大好。外邊祇有裴談，內裏無過李老。」韋后意色自得，以束帛賜之。〔註132〕

以上所引足證爲顯示詞體有以「迴波爾時」四字開端的說法的事實。詞體有以「迴波爾時」四字開端的說法沒錯。

（2）不知語法、修辭用字而誤

《日知錄・通鑑注》云：

> 《黃氏日鈔》言：「蘇子由《古史》改《史記》，多有不當。如〈樗里子傳〉，《史記》曰：『母韓女也，樗里子滑稽多智。』《古史》曰：『母韓女也，滑稽多智。』似以母爲滑稽矣。然則『樗里子』三字其可省乎？〈甘茂傳〉，《史記》曰：『甘茂者下蔡人也。事下蔡史舉學百家之說。』《古史》曰：『下蔡史舉學百家之說。』似史舉自學百家矣，然則『事』之一字，其可省乎？」以是知文不可以省字爲

〔註131〕陳垣：《日知錄校注》下冊，卷二十七，頁1604。
〔註132〕孟棨：《本事詩》（上海：古典文學出版社，1957年，第1版），頁24。

工，字而可省，太史公省之久矣。〔註133〕

《史記》卷七十一云：

> 樗里子者，名疾，秦惠王之弟也，與惠王異母。母，韓女也。樗里
> 子滑稽多智，秦人號曰「智囊」。〔註134〕

顧炎武在《日知錄》卷十九裏舉例說語法，認爲史書不能亂刪。陳垣先生在
《日知錄·兼舉名字》的注釋中也有類近的例子舉出。

又《日知錄·兼舉名字》云：

> 史文有一人而兼舉名字，如子玉得臣，百里孟明視之類，已於《左
> 傳》見之。若駢儷之文，必無重出，而亦有一二偶見者。《焦氏易林》：
> 「申公顚倒，巫臣亂國。」劉琨〈答盧諶詩〉：「宣尼悲獲麟，西狩
> 涕孔丘。」謝惠連〈秋懷詩〉：「雖好相如達，不同長卿慢。」沈約
> 〈宋書·恩倖傳〉論：「胡廣累世農夫，伯始致位公相；黃憲牛醫之
> 子，叔度名動京師。」皆一人而兼舉其名字也。古詩：「誰能刻鏤此，
> 公輸與魯班。」下一「與」字，竟以公輸魯班爲二人，則不通矣。

陳垣先生於「沈約〈宋書·恩倖傳〉論：『胡廣累世農夫，伯始致位公相；
黃憲牛醫之子，叔度名動京師。』」段後注說：

> 其實「伯始」「叔度」四字可省。〔註135〕

又《日知錄·四書五經大全》云：

> 當日儒臣奉旨修《四書五經大全》，頒餐錢，給筆札，書成之日，賜
> 金邊秩，所費於國家者不知凡幾。將謂此書既成，可以章一代教學
> 之功，啓百世儒林之緒。而僅取已成之書，抄謄一過，上欺朝廷，
> 下誑士子。唐宋之時，有是事乎？豈非骨鯁之臣，已空於建文之代？
> 而制義初行，一時人士盡棄宋元以來所傳之實學，上下相蒙，以饕
> 祿利，而莫之問也。嗚呼！經學之廢，實自此始。後之君子，欲掃
> 而更之，亦難乎其爲力矣。

陳垣先生於「而僅取已成之書，抄謄一過，上欺朝廷，下誑士子。」句後注
說：

〔註133〕陳垣：《日知錄校注》中册，卷十九，頁1065。

〔註134〕司馬遷：《史記·樗里子列傳》（北京：中華書局點校本，1959年，第1版），
頁2307。

〔註135〕陳垣：《日知錄校注》下册，卷二十三，頁1313，1314。

官書多如此。〔註136〕

陳垣先生以爲官書多抄襲。明代學風空疏，論者歸咎胡廣、楊榮等三十九人奉命集諸家傳注而纂修《五經大全》、《四書大全》等，倉促成書，大抵據元人舊書抄襲。官府收藏、編撰或刊行的書籍。顧炎武斥責文辭欺人、巧言、竊書、求古、摹仿，心恨瞞上欺下，只管抄襲舊著的官書。陳垣先生深表同意。

（3）不識增刪文字而誤

據李師學銘〈陳援庵先生與史書要刪〉說，「史書要刪」是陳垣先生很重視的治史方法之一。根據陳垣先生的意見，「史書要刪」有所謂「引用」法和「隱括」法。李師學銘談到陳垣先生善增善刪的例子：

> 例如在〈大唐西域記撰人辯機〉一文中，援庵先生引述《舊唐書・長孫無忌傳》「顯慶四年」（公元 69 年）的傳文作爲論據，其中就有刪省的地方。下文所錄，就是援庵先生的引文，底下有橫線的文字，是援庵先生所增，括號裏的文字，是我據《舊唐書》的原文補上去的：
>
> 許敬宗奏長孫無忌謀反（有端）。帝曰：「我家不幸，親戚（中）頻有惡事。高陽公主與朕同氣，往年（遂）與房遺愛謀反。今阿舅（復作惡心，近親）如此，使我慙見萬姓！」敬宗曰：「房遺愛乳臭兒，與女子謀反，豈得成事？（且）無忌與先朝（謀）取天下，眾人服其智，作宰相三十年，百姓畏其威。」
>
> 援庵先生從史書摘出這條材料，原則上採用略而不改的「引用」法。他爲「敬宗」、「無忌」補上姓，只是爲了使許敬宗（592～672 年）和長孫無忌（？～659）兩人的姓名完整，他的增補並不影響史事的內容。其他下筆刪省之處，細味之下，應該可以看出裁剪的巧妙：「有端」、「中」、「遂」、「且」、「謀」等字刪去後，上下文暢順、簡潔，又沒有改變原文的內容；「今阿舅復」四字與「如此」兩字之間，刪去五字，使「今阿舅復如此」合成一語，眞是天衣無縫。〔註137〕

陳垣先生是史學家，同時教學生刪削史文。陳垣先生雖不以文名，但法度明白，文字樸實簡潔。陳垣先生常爲學生提示作文之法。胡廣（公元 91～

〔註136〕陳垣：《日知錄校注》中冊，卷十八，頁 1009。

〔註137〕李學銘：〈陳援庵先生與史書要刪〉，《新亞學報》第 27 期（2009 年 2 月），頁 7。

172 年），字伯始；黃憲（75～122 年）字叔度。「敬宗」、「無忌」補上姓，爲使人的姓名完整；「伯始」「叔度」四字重複，省去簡潔多了。

「要刪」等於撮要刪定。敷演「要刪」這個重要的觀念，我想把「要刪」稱作摘取要點，刪削改定。而「改定」又即修改訂正。換言之，「要刪」爲摘取要點，刪去不必要的文字，修改、校正錯誤文字。「要刪」可以做的工作多著，絕非引用史料那麼簡單。「隱括」泛指矯正，另就原有的文章、著作加以剪裁、改寫。再審視一下，「引用」一詞的解釋比較簡單，即在文中援用別人的話。印象中「引用」好像比較保守，「隱括」比較進取。以上純從字面意去看「要刪」、「引用」和「隱括」等詞，不提陳垣先生的史學著述（主要包括《通鑑胡注表微》和《日知錄校注》）難以顯示他的原意。接著試論述陳垣先生如何運用「引用」法和「隱括」法來整理史料，期達到「要刪」的目的。

李師學銘於〈陳援庵先生與史書要刪〉一文說：

> 「史書要刪」，是陳援庵很重視的治史方法之一。……根據援庵先生的意見，「史書要刪」有所謂「引用」法和「隱括」法。前者說明材料來源，原文「可略而不可改」；後者則不說明材料來源，而且在不失原意的條件下，「可增改文字」，成一家之言；兩者都是史學家撰作時引述史料和剪裁史料的方法。……除了《史通》，援庵先生也常用《史記》、《漢書》、《三國志》、《後漢書》的史文作教材，幫助學生認識著名史學家斟酌字句、剪裁史料的功夫。〔註138〕

顧炎武認爲史書不能亂刪，但他引史書有獨用，有參用，陳垣先生都看到，同時指示出來。不過我留意到顧炎武剪裁史料有時較隨便，互相參用有之，也有概括引之的。以下就是在《日知錄》內看起來引用得不怎麼樣相近的例子：《日知錄·行縢》、《資治通鑑》卷二百三十二和《新唐書·列傳第六十二》分別加虛線框的地方。

《日知錄·行縢》云：

> 《舊唐書》：「德宗入駱谷，值霖雨，道塗險滑，衛士多亡歸朱泚。東川節度使李叔明之子昇及郭子儀之子曙、令狐彰之子建等六人，恐有姦人危乘輿，相與齧臂爲盟，著行縢釘鞵，更鞚上馬，以至梁州，它人皆不得近。及還京師，上皆以爲禁衛將軍，寵遇甚厚。」

〔註138〕李學銘：〈陳援庵先生與史書要刪〉，《新亞學報》第 27 期（2009 年 2 月），頁 1～18。

陳垣先生於「《舊唐書》：『德宗入駱谷，……寵遇甚厚。』」段後注說：

《通鑑》二三二貞元三年六月條。《舊唐書》無此語。〔註139〕

《資治通鑑》卷二百三十二云：

初，張延賞在西川，與東川節度使李叔明有隙。上 入駱谷， 謂上自奉
天幸山南時也。 值霖雨，道塗險滑，衛士多亡歸朱泚， 叔明之子昇及
郭子儀之子曙、令狐彰之子建等六人，恐有姦人危乘輿，相與齧臂
爲盟，著 行縢 、 釘鞿 ，更鞍上馬以至梁州， 他人皆不得近。及還長
安，上皆以爲禁衛將軍，寵遇甚厚。 〔註140〕

《日知錄・行縢》所引《舊唐書》與《資治通鑑》卷二百三十二的文字很接
近。《日知錄・行縢》此條不見於《舊唐書》而見於《資治通鑑》。《舊唐書》
李叔明之子昇、郭子儀之子曙及令狐彰之子建的傳中沒有唐德宗由奉天經駱
谷幸漢中的詳細記錄。〔註141〕《新唐書》還見有零碎紀錄。唐德宗（李适）
（公元 742～805 年）建中四年（783 年）冬，原任涇原節度使的朱泚在長安
發動叛變，篡位僭號，德宗逃往奉天，立足未穩，朱泚又進逼奉天。當時將
領多叛降朱泚，少數未叛的持觀望態度。

《新唐書・列傳第六十二》云：

曙，代宗朝累官司農卿。德宗幸奉天，曙方領家兵獵苑北，聞蹕至，
伏謁道左，遂從 乘輿 | 入駱谷 。 霖雨 | 塗潦 ，衛兵或異語。帝召謂
曰：「朕不德而苦公等，宜執朕送 朱泚 ，以謝天下。」諸將皆感泣曰：
「願死生從陛下。」時曙與功臣子 李 | 昇 、韋清、 令狐 | 建 、李彥
輔被甲請見，言曰：「南行路險，且虞姦變。臣等世蒙恩，今相誓，
願更挾帝馬。」許之。帝 還 ，曙、清擢金吾大將軍，餘並 爲禁 軍 將
軍 。曙終祁國公。〔註142〕

上文《新唐書・列傳第六十二》中 乘輿 | 入駱谷 、 霖雨 | 塗 、 曙 …… 李 | 昇 、
令狐 | 建 與 令狐 | 建 四條的表達方式是想說明比較下來，《資治通鑑》卷二百

〔註139〕陳垣：《日知錄校注》下冊，卷二十八，頁 1627。

〔註140〕司馬光：《資治通鑑》卷二百三十二（北京：中華書局，1954 年，第 1 版），
頁 7491。「駱谷在漢中成固縣東北，北達扶風郿縣。」（馮惠民等編：《通鑑
地理注詞典》（濟南：齊魯書社，1986 年，第 1 版），頁 344。）

〔註141〕劉昫：《舊唐書》第十一冊（北京：中華書局點校本，1959 年，第 1 版），頁
3471，3506，3507，3530。

〔註142〕歐陽修：《新唐書》第一五冊，卷一百三十七（北京：中華書局，1975 年，
第 1 版），頁 4613。

三十二中「乘輿」與「入駱谷」前後插有一些《新唐書・列傳第六十二》沒有的字句。查吳玉貴《唐書輯校》也不見此等語句。〔註143〕

李适去梁州途至駱谷，大雨滂沱。朱泚叛軍乘機襲擾，道路泥濘，軍中有不少人投降叛軍。這時，東川節度使李叔明的兒子李昇，尚父郭子儀的兒子郭曙等六人，誓死保駕。他們穿著行縢，背負著伙食行囊，泥途跋涉，才得脫險。而在講解經典時，顧炎武偶而把自己的話夾雜在《日知錄》原文中，都作爲經典來講解。

又《日知錄・國恤宴飲》云：

> 《漢書・元后傳》：「司隸校尉解光奏：曲陽侯王根，骨肉至親，社稷大臣，先帝山陵未成，公聘取故掖庭女樂五官殷嚴、王飛君等，置酒歌舞，無人臣禮，大不敬不道。以根嘗建社稷之策，遣就國。其兄子成都侯況免爲庶人，歸故郡。」

陳垣先生於「其兄子成都侯」詞後注說：

> 「其兄子成都侯」爲顧氏所添。引書添字法，不能不添。〔註144〕

司隸校尉解光彈劾王姓家族的兩位當權分子：官拜侯爵的王根（？～前6年），和王況（生卒年不詳）。王根是漢成帝劉驁母親元后的兄弟，王況是王根的侄兒。漢哀帝劉欣（前27年～前1年，漢哀帝是漢成帝陶恭王劉康的兒子。）抓住王根和王況叔侄的過錯，將他們逐出京城。因爲是一段引文，加了「其兄子成都侯」就清楚多了。

又《日知錄・大明一統志》云：

> 王文公《虔州學記》：「虔州江南地最曠，大山長谷，荒翳險阻。」以「曠」字，「谷」，「阻」字絕句，文理甚明。今《一統志》贛州府形勝條下，摘其二語曰：「地最曠大，山長谷荒。」句讀之不通而欲從事於九丘之書，真可爲千載笑端矣。

陳垣先生於「以『曠』字，『谷』字，『阻』字絕句」句後注說：

> 「可刪十字，以『曠』、『谷』、『阻』字絕句。」〔註145〕

陳垣先生建議以「曠」、「谷」、「阻」字絕句。其實是省去了「字絕爲一句」

〔註143〕吳玉貴：《唐書輯校》上冊，（北京：中華書局，2008年，第1版），頁450。

〔註144〕陳垣：《日知錄校注》中冊，卷十五，頁886，887。

班固：《漢書》卷九十八，〈元后傳〉第六十八（北京：中華書局點校本，1959年，第1版），頁4027。

〔註145〕陳垣：《日知錄校注》下冊，卷三十一，頁1762，1763。

兩次,並「爲一」兩字!

又《日知錄・酒禁》云:

《舊唐書・楊惠元傳》:「充神策京西兵馬使,鎮奉天。詔移京西戍兵萬二千人以備關東。帝御望春樓賜宴,諸將列坐。酒至神策,將士皆不飲。帝使問之,惠元時爲都將,對曰:『臣初發奉天,本軍帥張巨濟與臣等約曰:斯役也,將策大勳,建大名,凱旋之日,當共爲歡;苟未戎捷,無以飲酒。故臣等不敢違約而飲。』既發,有司供饌於道路,唯惠元一軍,瓶罍不發。上稱歎久之,降璽書慰勞。及田悅叛,詔惠元領禁兵三千,與諸將討伐,⬚御河⬚,奪三橋,皆惠元之功也。」能以眾整如此,即治國何難哉?」

陳垣先生於「與諸將討伐,御河」句後注說:

「御河」上原有「戰」字不能省。〔註146〕

古文簡,故常連屬言之。陳垣先生以爲「『御河』上原有『戰』字不能省。」「御河」是專供皇室用的河道。比較了上面《日知錄・酒禁》加虛線框的部分及以下《舊唐書・陽惠元傳》中加虛線框並作實線框附強調標記的部分就明白。

《舊唐書・陽惠元傳》:

陽惠元,平州人。以材力從軍,隸平盧節度劉正臣。後與田神功、李忠臣等相繼泛海至青、齊間,忠勇多權略,稱爲名將。又以兵隸神策,充神策京西兵馬使,鎮奉天。……及田悅反叛,詔惠元領禁兵三千與諸將討伐,⬛戰⬛御河,奪三橋,皆惠元之功也。尋加檢校工部尚書,攝貝州刺史,令以兵屬李懷光。〔註147〕

今《舊唐書》點校本作「……及田悅反叛,詔惠元領禁兵三千與諸將討伐,戰御河,奪三橋,皆惠元之功也。」「御河」前加上一「戰」字,跟陳垣先生說的同。

又《日知錄・生員額數》云:

《唐書》載:尚書左丞賈至議曰:……。是則科舉之弊,必至於躁競,而躁競之歸,馴至於亂賊。自唐迄今,同斯一轍。有天下者,

〔註146〕陳垣:《日知錄校注》下冊,卷二十八,頁1641,1642。
〔註147〕劉昫:《舊唐書・列傳第九十四》(北京:中華書局點校本,1959年,第1版),頁3915。

誠思風俗爲人才之本，而以教化爲先，庶乎德行修而賢才出矣。

陳垣先生於「《唐書》載：」句後注說：

代宗寶應二年。《新唐書》一一九傳無，《舊唐書》一九○中〈文苑傳〉有，而詳略不同。略者可云亭林刪節，詳者何由而來？《舊唐書》無〈選舉志〉，《新唐書》四四〈選舉志〉更略，《通考》二九〈選舉考〉引亦略。《英華》七六五、《文粹》廿八、《冊府》六四○皆載全文。亭林所據者當係《冊府》，然何以稱「《唐書》載」？《會要》七六所引更略。〔註148〕

凡古今事物，述有詳略。在〈生員額數〉條中，陳垣先生發覺顧炎武所引《新舊唐書》，甚至相關的一些文獻，校勘起來，各有詳略，由此可見陳垣先生詳考資料出處。〔註149〕

陳垣先生歷舉七書九條，可稱博贍。

又《日知錄·嘉靖更定從祀》云：

古人每事必祭其始之人：耕之祭先農也，桑之祭先蠶也，學之祭先師也，一也。《舊唐書》：太宗貞觀二十一年二月壬申詔：「以左丘明、卜子夏、公羊高、穀梁赤、伏勝、高堂生、戴聖、毛萇、孔安國、劉向、鄭眾、杜子春、馬融、盧植、鄭玄、服虔、賈逵、何休、王肅、王弼、杜預、范甯等二十二人，【原注】《太宗紀》無賈逵，止二十一人，今依《禮儀志》增。又按《唐六典》，祠部名有賈逵。然貞觀時未祀七十二弟子，則爲二十二人。開元八年敕：七十二子，並許從祀。則卜子夏已在其中，而先儒止二十一人。〈六典國子祭酒司業〉條云：七十二弟子及先儒二十二賢。」則亦誤也。代用其書，垂於國胄。自今有事於太學，並令配享宣尼廟堂。」

〔註148〕陳垣：《日知錄校注》中冊，卷十七，頁933，934。
〔註149〕彭君華〈採山之銅刮垢磨光——陳垣先生《日知錄校注》編後〉說：
卷十七《生員額數》條：「《唐書》載：『尚書左丞賈至議曰』云云。校注：『代宗寶應二年。
《新唐書》一一九傳無，《舊唐書》一九○中傳有，而詳略不同。略者可云亭林刪節，詳者何由而來？《舊唐書》無〈選舉志〉，《新唐書》四四〈選舉志〉更略，《通考》二九〈選舉考〉引亦略。《英華》七六五、《文粹》廿八、《冊府》六四○皆載全文。亭林所據者當係《冊府》，然何以稱『《唐書》載』？《會要》七六所引更略。』」尋索其源，歷舉七書九條，相互比勘，翻檢之勞可想而知。（彭君華：〈採山之銅刮垢磨光——陳垣先生《日知錄校注》編後〉，載「中華古籍網」總第444期。）

蓋所以報其傳注之功。迄乎宋之仁、英，未有改易，可謂得古人敬學尊師之意者矣。……以今論之，唯程子之《易傳》，朱子之《四書章句集註》、《易本義》、《詩傳》及蔡氏之《尚書集傳》，胡氏之《春秋傳》，陳氏之《禮記集說》，是所謂代用其書，垂於國胄者爾。【原注】成化三年五月乙卯，太常寺少卿兼翰林院侍讀學士劉定之，請以元儒陳澔以胡安國、蔡沈例從祀。敕下江西，考其行事以聞。

陳垣先生注說：

《憲宗實錄》四三作「六月」。第二「以」字，作「援」字解。〔註150〕

陳垣先生解釋《日知錄》中的「以…以」句式。「請以元儒陳澔以胡安國、蔡沈例從祀。」句中兩個「以」字上加了不同的強調標記，藉以標示相異的文字語法功能。

又《日知錄・正始》云：

昔者嵇紹之父康，被殺於晉文王，至武帝革命之時，而山濤薦之入仕。紹時屏居私門，欲辭不就，濤謂之曰：「爲君思之久矣，天地四時，猶有消息，而況於人乎？」一時傳誦，以爲名言，而不知其敗義傷教，至於率天下而無父者也。……自正始以來，而大義之不明，徧於天下。如山濤者，既爲邪說之魁，遂使嵇紹之賢且犯天下之不韙而不顧。夫邪正之說，不容兩立。使謂紹爲忠，則必謂王裒爲不忠，而後可也。何怪其相率臣於劉聰、石勒，觀其故主青衣行酒，而不以動其心者乎？是故知保天下然後知保其國。保國者，其君其臣，肉食者謀之；保天下者，匹夫之賤，與有責焉耳矣。

陳垣先生於「何怪其相率臣於劉聰、石勒，觀其故主青衣行酒，而不以動其心者乎？是故知保天下然後知保其國。保國者，其君其臣，肉食者謀之；」段後注說：

六「其」字。〔註151〕

〔註150〕陳垣：《日知錄校注》中冊，卷十四，頁824，825。

　　　　試看上面「請以元儒陳澔以胡安國、蔡沈例從祀」，陳垣先生以爲該作「援」字解的「以」字，與《史記・屈原列傳》「屈原既死之後，楚有宋玉、唐勒、景差之徒者，皆好辭而以賦見稱。」（司馬遷：《史記》卷八四，（北京：中華書局，1959年，第1版），頁2491。），當中作介詞用，引進動作，表示憑借，又加了強調標記的「以」字意思兩相比較，不無類近之處。

〔註151〕陳垣：《日知錄校注》中冊，卷十三，頁723。

文言文中較少見六個『其』字相連。「其」字有多種詞性，只有熟悉它的具體用法，才能準確的弄清它在句中的意義。

又《日知錄・押字》云：

> 《集古錄》有五代時帝王將相等署字一卷。所謂署字者，皆草書其名，今俗謂之畫押……何敬容署名，「敬」字則大作「苟」，小爲「文」，「容」字大爲「父」。陸倕戲曰：「公家苟既奇，大父亦不小。」

陳垣先生注說：

> 「何敬容」上應有「南史」二字，不然則蒙上《南齊》矣。《梁書》三七〈敬容傳〉不載此事，此事見《南史》三十。〔註152〕

南朝指中國的南北朝時期相繼連續定都於建康的宋、齊、梁、陳四個王朝的合稱。齊（公元479～502年）是中國歷史上南北朝時期南朝第二個朝代。梁（502～557年）是中國歷史上南北朝時期南朝的第三個朝代。《南史》，唐朝李延壽撰。紀傳體，共八十卷，含本紀十卷，列傳七十卷，上起宋永初元年（420年），下迄陳禎明（陳後主陳叔寶的年號）三年（589年）。記南朝宋、齊、梁、陳四國一百七十年史事。《南齊書》，南朝梁蕭子顯撰，記述南朝蕭齊王朝自齊高帝建元元年（479年）至齊和帝中興二年（502年），共二十三年史事。何敬容（？～549），南朝梁文學家。小心避「蒙上」之句，否則讀者難據以擬出一個比較完整的面貌，遑論檢索。

又《日知錄・姦》云：

> 《廣韻》：「姦，古顏切，私也，詐也。亦作奸。」今本誤「奸」作「姦」，非也。奸音干，犯也。《左氏》僖公七年〈傳〉曰：「君以禮與信屬諸侯，而以姦終之。」曰：「子父不奸之謂禮。」一傳之中，二字各出，而義不同。《釋名》：「姦，奸也。言奸正法也。」以「奸」釋「姦」，其爲兩字審矣。又「奸」字亦可訓爲「干祿」之「干」。《漢書・荊燕吳傳》：「齊人田生以畫奸澤。」《史記》作「干」。然則「奸」但與「干」通用，而不可以爲「姦」也。

陳垣先生於「然則『奸』但與『干』通用，而不可以爲『姦』也。」句後注說：

> 「奸」與「干」通，而不與「姦」通。〔註153〕

〔註152〕陳垣：《日知錄校注》下冊，卷二十八，頁1636，1637。
〔註153〕同上，卷三十二，頁1843，1844。

陳垣先生注重複解釋「『奸』與『干』通，而不與『姦』通。」，算是注釋贅語。

又《日知錄・而》云：

> 《孟子》：「望道而未之見。」《集注》：「而讀爲如，古字通用。」……
>
> 《儀禮・鄉飲酒禮》：「公如大夫入。」注：「如讀爲若。」

陳垣先生於「《孟子》：『望道而未之見。』《集注》：『而讀爲如，古字通用。』」句後注說：

> 《孟子・離婁》下。「而」、「如」古字通用。

其後又注說：

> 「而」、「若」通用。〔註154〕

陳垣先生偶而注釋嫌累贅，而注文則可謂簡無可簡了。循陳垣先生的思路去追查，知「而」、「如」、「若」三字通用。

又陳垣先生〈《隋書・百官志》後周祿秩解〉說：

> 文字本欲人易曉，然北周時曾一度復古，有極顯淺之事實而以極紆回之文字敘述之，如《隋書》二十七〈百官志〉周制祿秩條是也。
>
> 〔註155〕

陳垣先生提示我們一篇、一集中避免冗複當然是對的。

又《日知錄・孔子論易》云：

> 孔子論《易》，見於《論語》者，二章而已，曰：「加我數年，五十以學《易》，可以無大過矣。」曰：「南人有言曰，人而無恒，不可以作巫醫。善夫，不恒其德，或承之羞。子曰，不占而已矣。」是則聖人之所以學《易》者，不過庸言庸行之間，而不在乎圖書象數也。今之穿鑿圖象以自爲能者，畔也。

陳垣先生於「今之穿鑿圖象以自」詞後注說：

> 「自以」？〔註156〕

改詞是爲使文章通順優美。陳垣先生僅注「自以？」陳垣先生的注文不可謂不經濟。「畔」解作「違背、背離」。將「以自」改「自以」，是援庵重視語法規範。

〔註154〕陳垣：《日知錄校注》下冊，卷三十二，頁1825～1828。

〔註155〕陳垣：〈《隋書・百官志》後周祿秩解〉，載陳智超主編《陳垣史源學雜文》（北京：三聯書店，2007年），頁104。

〔註156〕陳垣：《日知錄校注》上冊，卷一，頁51。

（4）不辨文義而誤

《日知錄‧言利之臣》云：

> 《新唐書‧宇文韋楊王列傳》贊曰：「開元中，宇文融始以言利得幸
> 於時。……利說一開，天子恨得之晚，不十年而取宰相。雖後得罪，
> 而追恨融才，猶所未盡也。天寶以來，外奉軍興，內盅豔妃，所費
> 愈不貲計。於是韋堅、楊慎矜、王鉷、楊國忠各以衰刻進，剝下益
> 上，歲進羡緒百億萬爲天子私藏，……孟子所謂『上下交征利，而
> 國危者』，可不信哉！」

陳垣先生注說：

> 「孟子」以下至「信哉」，原在「盡也」下，「天寶」上。亭林移至
> 此。孟子語見《孟子‧梁惠王》上。〔註157〕

《新唐書‧文韋楊王列傳》贊云：

> 開元中，宇文融始以言利得幸。於時天子見海內完治，偃然有攘卻
> 四夷之心，融度帝方調兵食，故議取隱戶剩田，以中主欲。利說一
> 開，天子恨得之晚，不十年而取宰相。雖後得罪，而追恨融才有所
> 未盡也。孟子所謂「上下征利而國危」者，可不信哉！
>
> 天寶以來，外奉軍興，內盅豔妃，所費愈不貲計。於是韋堅、楊慎
> 矜、王鉷、楊國忠各以衰刻進，剝下益上，歲進羡緒百億萬爲天子
> 私藏，以濟橫賜，而天下經費自如，帝以爲能，故重官累使，尊顯
> 烜赫。然天下流亡日多於前，有司備員不復事。而堅等所欲既充，
> 還用權媚以相屠脅，四族皆覆，爲天下笑。〔註158〕

文句的移動牽涉到人們對文獻的理解，肯定會影響文義。〔註159〕

〔註157〕陳垣：《日知錄校注》中冊，卷十二，頁 677、678。

〔註158〕歐陽修：《新唐書》第一五冊，卷一百三十四（北京：中華書局，1975 年，
　　　　第 1 版），頁 4567。

〔註159〕陳致易〈評上世紀九十年代兩種《日知錄》校注本〉且分析說：卷之十二《言
　　　　利之臣》，嶽本 p.437，甘本 p.506：引《新唐書‧宇文韋楊王列傳》贊，中有
　　　　「孟子所謂上下交征利，而國危者，可不信哉！」原在上面「猶所未盡也」與
　　　　「天寶以來」兩句之間，是亭林移至此。對此變動兩本均未予說明。（陳致易：
　　　　〈評上世紀九十年代兩種《日知錄》校注本〉，《安徽大學學報》（哲學社會科
　　　　學版）第 31 卷第 1 期（2007 年 1 月），頁 79。）
　　　　《日知錄》與陳致易〈評上世紀九十年代兩種《日知錄》校注本〉的文字雖
　　　　小異，但意思沒不同。

　　且《日知錄・言利之臣》的斷句是「開元中，宇文融始以言利得幸於時。天子見海內完治，偓然有攘卻四裔之心。」「《新唐書・文章楊王列傳》贊（北京中華書局點校本）的斷句則是「開元中，宇文融始以言利得幸。於時天子見海內完治，偓然有攘卻四夷之心，……」於《日知錄・言利之臣》中，「開元中，宇文融始以言利得幸於時。天子見海內完治，」中的「於時」二字連綴於前句「開元中，宇文融始以言利得幸」的後面。《新唐書・文章楊王列傳》贊的「於時」二字則連綴於後句「天子見海內完治，偓然有攘卻四夷之心，……」的前面。個人認爲《新唐書》北京中華書局點校本較合理。

　　《日知錄・銅》云：

> 吳門闔閭冢，銅槨三重。秦始皇冢，亦以銅爲槨。戰國至秦，攻爭紛亂，銅不充用，故以鐵足之。鑄銅旣難，求鐵甚易，是故銅兵轉少，鐵兵轉多。年甚一年，歲甚一歲，漸染流遷，遂成風俗。所以鐵工比肩，而銅工稍絕。二漢之世，愈見其微。

　　陳智超於「吳門」二字下注說：

> 援庵批：「吳門亦通。」〔註160〕

　　《左傳・昭公十三年》：

> 子產曰：「晉政多門，貳偷之不暇，何暇討?國不競亦陵，何國之爲？」

　　楊伯峻《春秋左傳注》於「貳偷之不暇，何暇討?」句後注說：

> 因政出多家，故不一致，因曰貳。偷，苟且。意謂晉政不一致而苟且，如是則無閒暇，更無暇出兵。〔註161〕

　　春秋後期，晉國政出多門，互相爭鬥，無暇顧及諸侯國之間的事務。楊伯峻於「門」字沒加己注，惟引杜預注：「門」指春秋戰國時卿大夫的家。陳垣先生於「門」字亦沒解釋，不過「吳門亦通。」的推衍可信。

（5）不諳典章制度而誤

　　典章制度指皇位繼承、政府機構、官吏選拔、職官管理、行政考察等方面。這方面的錯誤，亟需小心審查。

　　《日知錄・像設》云：

> 古之於喪也，有重，於祔也，有主以依神；於祭也，有尸以象神：而無所謂像也。《左傳》言：嘗於太公之廟麻嬰爲尸。」孟子亦曰弟

〔註160〕陳垣：《日知錄校注》中冊，卷十二，頁651，652。
〔註161〕楊伯峻：《春秋左傳注》（北京：中華書局，1981年，第1版），頁1359。

－129－

爲尸。而春秋以後，不聞有尸之事。宋玉〈招魂〉，始有「像設君室」
之文。尸禮廢而像事興，蓋在戰國之時矣。

陳垣先生於「而無所謂像也。」句後注說：

《禮記‧檀弓》。重，主道也。未作主之先，以重代之。〔註162〕

《禮記‧檀弓下》：

重，主道也。

鄭玄注：

始死未作主，以重主其神也。

孔穎達疏：

言始死作重，猶若吉祭木主之道。主者，吉祭所以依神；在喪，重
亦所以依神。故云「重，主道也。」〔註163〕

《楚辭‧招魂》：

像〔註164〕設君室，靜間安些。

朱熹《楚辭集注》：

像，蓋楚俗，人死則設其形貌於室而祠之也。」〔註165〕

古時重祭祀。後稱所祭祀的人像或神佛供像就叫「像設」。陳垣先生引《禮
記‧檀弓》，解釋「重」。重，古代喪禮指在木主（上書死者姓名以供祭祀的
木製神位）未及雕製之前代以受祭的木。「未作主之先，以重代之。」是陳垣
先生解釋《禮記‧檀弓下》「重，主道也。」及鄭玄注：「始死未作主，以重
主其神也。」的話。

（6）未查史實而誤

《日知錄‧出身授官》云：

〔註162〕陳垣：《日知錄校注》中冊，卷十四，頁819。

〔註163〕十三經注疏委員會：《十三經注疏》本，第六冊，《禮記正義》（北京：北京大
　　　　學出版社，2000年，第1版），頁311，312。

〔註164〕陳致易〈評上世紀九十年代兩種《日知錄》校注本〉說：卷之十四《像設》，
　　　　嶽本P‧528，甘本P‧665：古之於喪也有重，於祔也，有主以依神，於祭
　　　　也，有尸以象神，而無所謂像也。「重」，據《禮記‧檀弓下》云：「重，主道
　　　　也。」未作主之先，以重代之。兩本皆不知「重」義而連，句應爲：「古之於
　　　　喪也，有重。」（陳致易：〈評上世紀九十年代兩種《日知錄》校注本〉，《安
　　　　徽大學學報》（哲學社會科學版）第31卷第1期（2007年1月），頁80。）

〔註165〕朱熹：《楚辭集注》，卷七（北京：人民文學出版社，1953年，第1版），頁
　　　　127。

自宋太宗太平興國二年，上初即位，思振淹滯，賜進士諸科出身者
五百餘人，……皆先賜綠袍鞾笏，賜宴開寶寺，第一第二等進士及
《九經》授將作監丞、大理評事、通判諸州，其餘皆優等注擬。寵
章殊異，歷代未有也。

陳垣先生於「自宋太宗太平興國二年，上初即位，思振淹滯，賜進士諸
科出身者五百餘人」句後注說：

《通考》三〇〈選舉〉。〔註166〕

同時《日知錄‧中式額數》云：

宋自太宗太平興國二年，賜進士諸科五百人，遽令釋褐，而二年進
士至萬二百六十人。淳化二年，至萬七千三百人。於是一代風流，
無不趨於科第。葉適作〈制科論〉，謂士人猥多，無甚於今世。此雖
足以弘文教之盛，而士習之偷，亦自此始矣。

陳垣先生於「宋自太宗太平興國二年，賜進士諸科五百人，遽令釋褐，
而二」段後注說：

「二」應作「八」。〔註167〕

陳垣先生於《陳垣史源學雜文》中說：

引書不論朝代，則因果每倒置。〔註168〕

考證年份及異文，異文取筆致上可參考的。凡同一書的不同版本，或不同的
書記載同一事物而字句互異，包括通假字和異體字，都稱異文。「宋太宗太平
興國二年進士」句，「二」應作「八」。一併比較《日知錄》裏〈出身授官〉、
〈中式額數〉兩篇文章，推論宋太宗即位於太平興國二年，初賜進士不過幾
百人，到八年人數增至一萬多，這樣的結果不是合乎情理嗎？

又《日知錄‧降臣》云：

春秋僖十七年〔註169〕，「齊人殲于遂。」《穀梁傳》曰：「無遂則何
以言遂，其猶存遂也。」

〔註166〕陳垣：《日知錄校注》中冊，卷十七，頁971，972。

〔註167〕同上，卷十七，頁936，937。

〔註168〕陳垣：《陳垣史源學雜文》，（北京：人民出版社，1980年），頁5。

〔註169〕陳致易〈評上世紀九十年代兩種《日知錄》校注本〉說：卷之十三《降臣》，
　　　　嶽本p.508，甘本p.639：引《春秋‧僖十七年》：「齊人殲於遂。」句在《春
　　　　秋‧莊十七年》，潘本已誤。（陳致易：〈評上世紀九十年代兩種《日知錄》校
　　　　注本〉，《安徽大學學報》（哲學社會科學版）第31卷第1期（2007年1月），
　　　　頁81。）

陳垣先生於「滅廉恥而不顧者乎？春秋僖」詞後注說：

「僖」原為「莊」，潘本已誤。〔註170〕

張龍的〈史學名師的治史方法——《陳垣史源學雜文》（增訂本）讀後〉：

陳垣先生在《《日知錄》部刺史條唐置採訪使原委》文中，從《通典》、
《舊唐書》、《唐會要》、《冊府元龜》、《新唐書》、《資治通鑑》、《唐
大詔令集》、《文獻統考》中，輯出了關於唐朝置廢巡察使、按察使
及設置採訪使的材料四十餘條。然後根據設置時間、使職名稱，從
史源學、校勘學的角度逐條分析史料，找出多處年代、名稱上的錯
誤，最終得出了結論。〔註171〕

這裏正提出陳垣先生考正歷史年代的例子。

《日知錄·銀》云：

宣德中，以邊儲不給，而定為納米贖罪之令，其例不一。正統三年
八月，「從陝西按察使陳正倫之請，改於本處納銀，解邊易米。雜犯
死罪者，納銀三十六兩；三流，二十四兩；徒五等，視流遞減三兩；
杖五等，一百者六兩，九十以下及笞五等，俱遞減五錢。」〔註172〕
此今日贖鍰之例所繇始也。

陳垣先生於「……九十以下及笞五等，俱遞減五錢。」句後注說：

《英宗實錄》四五。〔註173〕

「此今日贖鍰之例所由（繇）始也」中的「今日」指顧炎武的時代；「此今日
贖鍰之例所由始也」非為《英宗實錄》所言，是顧炎武的話。

（7）未審地理而誤

《日知錄·江乘》云：

〔註170〕陳垣：《日知錄校注》中冊，卷十三，頁786。

〔註171〕張龍：〈史學名師的治史方法——《陳垣史源學雜文》（增訂本）讀後〉，2008
年，輯於〈文匯讀書報〉。另見陳垣：《日知錄校注》下冊，頁1891。

〔註172〕陳致易〈評上世紀九十年代兩種《日知錄》校注本〉說：卷之十一《銀》，嶽
本p.379，甘本p.503：「宣德中……九十以下及笞五等俱遞減五錢。」本為引
自《宣宗實錄》卷四十五，兩本均不知出處，更未標出起訖，以使最後一句
「此今日贖鍰之例所由始也」與上文相連，然此句之「今日」乃指亭林時。（陳
致易：〈評上世紀九十年代兩種《日知錄》校注本〉，《安徽大學學報》（哲學
社會科學版）第31卷第1期（2007年1月），頁80。）《宣宗實錄》卷四十
五實為《英宗實錄》卷四十五，陳致易疑誤記。

〔註173〕陳垣：《日知錄校注》中冊，卷十一，頁638，639。

　　古時未有瓜洲。《蔡寬夫詩話》:「潤州大江,本與今揚子橋對岸,而
　　瓜洲乃江中一洲耳。」今與揚子橋相連矣。以故自古南北之津,上
　　則由采石,下則由江乘,而京口不當往來之道。《史記》:「秦始皇登
　　會稽,還從江乘渡。」正義云:「江乘故縣在今潤州句容縣北六十
　　里。」……今江乘去江幾二十里以外,皆爲洲渚,而渡口乃移于龍
　　潭。又瓜洲既連揚子橋,江面益狹。而隋唐之代,復以丹陽郡移治
　　丹徒,於是渡者舍江乘而趨京口。

陳垣先生於標題「江乘」詞後注說:

　　初刻八之十三,只有前段,無注。以下均南地。〔註174〕

同時《日知錄・薊》云:

　　《漢書》:「薊故燕國,召公所封。」《後漢書》:「薊本燕國,刺史治。」
　　自七國時燕都於此。項羽立臧荼爲燕王,都薊。高帝因之,爲燕國。
　　元鳳元年,燕刺王旦自殺,國除爲廣陽郡。

陳垣先生於標題「薊」詞後注說:

　　以下均北地。〔註175〕

「南地」與「北地」相對。江乘,秦至南北朝有江乘縣,在今江蘇句容北,
爲古代長江下游南北交通要津和軍事重地。「北地」是對大陸上的居民對北方
的許多不同地區的統稱。戰國時期稱的「薊」,是「戰國七雄」之一燕國的京
城。遼國稱燕京。金國改稱京都。元朝稱大都。明朝朱元璋改稱北平,永樂
帝朱棣改北平爲北京。簡稱京。薊,今北京市西南角廣安門一帶。即使是一
個尋常的地理常識,不注意校對就生紕漏。

　　另陳垣先生於「注:『今城內西北隅有薊丘,因丘以名邑也。』」句後注說:

　　《水經注》十三〈㶟水〉條,「濕」爲「㶟」之誤。〔註176〕

「濕」正作「㶟」。「㶟」,古水名。即今桑乾河或名永定河,位於山西、河北
兩省境內。陳垣先生告訴我們㶟水的出處。

　　又《日知錄・史書郡縣同名》云:

　　漢時縣有同名者,大抵加「東」、「西」、「南」、「北」、「上」、「下」
　　字以爲別,蓋本於《春秋》之法。燕國有二,則一稱北燕;邾國有

〔註174〕陳垣:《日知錄校注》下冊,卷三十一,頁1780,1781。
〔註175〕同上,卷三十一,頁1765,1766。
〔註176〕同上。

二，則一稱小邾；是其例也。若郡縣同名而不同地，則於縣必加一「小」字，沛郡不治沛，治相，故書沛縣爲「小沛」。廣陽國不治廣陽，治薊，故書廣陽縣爲「小廣陽」；丹陽郡不治丹陽，治宛陵，故書丹陽縣爲「小丹陽」。後人作史多混書之而無別矣。

陳智超注說：

援庵有批語：「凡此等文字，均應列表。」〔註177〕

顧炎武自言喜編列年表，以撥開蒙在複雜歷史事件前面的雲霧。《菰中隨筆》當中一條〈官人久於其職〉云：

鄭漁仲言：「作史莫先於表。」今觀宋、遼、金、元四史，紊亂殊甚，不先作表，則史未易讀也。……比日偶閱四史，因自混一之年，以迄厓山之歲，編成年表，較漁仲尤爲簡略。蓋記事自有紀傳，圖譜簡則易明也。〔註178〕

只消看《菰中隨筆・唐取士之法》條，顧炎武所製「歷代相傳治縣職官異同之圖」〔註179〕，可以證明顧炎武和陳垣先生製表以簡馭繁之取向類若。

以上分別針對同名的府、州、縣而言。

又《日知錄・通鑑》云：

《孟子》以伐燕爲宣王事，與《史記》不同。《通鑑》以威王、宣王之卒，各移下十年，以合《孟子》之書。今按《史記》湣王元年，爲周顯王之四十六年，歲在著雍閹茂。又八年燕王噲讓國于相子之，又二年齊破燕殺王噲，又二年燕人立太子平，則已爲湣王之十二年。而《孟子》書，吾甚惎于孟子，尚是宣王。何不以宣王之卒移下十二三年，則於《孟子》之書無不皆合，而但拘於十年之成數邪？

陳智超注說：

援庵在「雷氏曰」上批：「此等辯論之文，非以年表說明不可。」〔註180〕

辯論之文，陳垣先生也以爲該列表說明。以上所言辯論伐燕之事，更宜以年表說明。

又《日知錄・史記通鑑兵事》云：

〔註177〕陳垣：《日知錄校注》中冊，卷二十，頁 1132，1133。
〔註178〕顧炎武：《菰中隨筆》，載《日知錄集釋》，下冊（台北：世界書局。1991 年，第 8 版），頁 40。
〔註179〕同上，頁 16。
〔註180〕陳垣：《日知錄校注》下冊，卷二十六，頁 1476。

秦楚之際，兵所出入之途，曲折變化，唯太史公序之如指掌。以山
川郡國不易明，故曰東、曰西、曰南、曰北，一言之下，而形勢瞭
然。……太史公胸中固有一天下大勢，非後代書生之所能幾也。司
馬溫公《通鑑》，承《左氏》而作，其中所載兵法甚詳。凡亡國之臣，
盜賊之佐，苟有一策，亦具錄之。朱子《綱目》大半削去，似未達
溫公之意。

陳垣先生於「一言之下，而形勢瞭然。」句後注說：

敘事必明時與地，故必先有年表，有地圖。〔註181〕

透過《史記》十表，我們較易明白太史公對於歷史發展的「天下大勢」，又「勢」
和「天」的概念聯繫就是這個道理。〔註182〕而中國古人常說「左圖右史」，講
的就是形象的圖片與抽象的文字之間可以相互印證的關係。

（8）未知紀傳綴事、專名而誤

人名、地名、朝代名等專名指稱普遍存在於《日知錄》中。校訂版本偶
有錯失會導致文義分析不明而誤斷章句。

《日知錄・王來自奄》云：

〈多方〉之誥曰：「惟五月丁亥，王來自奄。」而〈多士〉，王曰：「昔
朕來自奄。」是〈多方〉當在〈多士〉之前，後人倒其篇第耳。【原
注】元儒王柏論亦同此，但更置太多，未敢信。

陳垣先生於「元儒王柏論亦同此，但更置太多，未敢信。」句後注說：

王柏，字會之，號魯齋。見《宋元學案》八二〈北山四先生學案〉。
《宋史》四三八有傳。黃汝成集釋已正亭林元儒說之非。〔註183〕

王柏（公元 1197～1274 年）於《宋史》有傳。《宋史》是元代修的一部反映中
國宋朝（960～1279 年）歷史情況的紀傳體通史。可知《宋史》清楚把王柏歸
爲宋人，而事實亦然。「北山一派」四位先生爲朱子學正宗。四位先生中，何
基（生卒年待考）、王柏處於宋末，金履祥（1232～1303 年）則處於宋元兵馬
倥傯之際，許謙（生卒年待考）爲元代儒者，講學長達四十年。「北山四先生」
是朱熹理學的重要傳人。

〔註181〕陳垣：《日知錄校注》下冊，頁 1431，1432。
〔註182〕李秋蘭：〈史記敘事之書法研究〉，台灣國立成功大學博士論文。2008 年，頁
30。
〔註183〕陳垣：《日知錄校注》上冊，卷二，頁 92。

又《日知錄・妖人闌入宮禁》云：

> 自古國家中葉，多有妖人闌入宮禁之事。固氣運之疵，亦是法紀廢
> 弛所致。……衣絳衣小冠，帶劍入北司馬門、殿東門，上前殿，入
> 非常室中，解帷組結佩之。收縛考問，襃故公車大誰卒〔註184〕，病
> 狂易，不自知入宮狀。下獄死。

陳垣先生於「襃故公車大誰」詞後注說：

> 大誰，官名。〔註185〕

闌入宮禁意即擅自闌入宮禁。

趙德義、汪興明《中國歷代官稱辭典》說：

> 大誰，掌門禁者。〔註186〕

邱樹森《中國歷代職官辭典》說：

> 公車，官署名。漢代衛尉之下屬機構，其長官稱公車令。…大誰，
> 漢代公車司馬，掌門禁。〔註187〕

難以相信的是宮廷戒備森嚴，會施巫術的人擅自闌入。因時代所限，顧炎武
以上談到氣運等頗涉神怪的論述，駭人聽聞。

惟欒保群、呂宗力二氏校點《日知錄集釋》不誤。是書作：

> 自古國家中葉，多有妖人闌入宮禁之事，固氣運之疵，亦是法紀廢弛
> 所致。……綏和二年八月庚申，鄭通里男子王襃，衣絳衣，小冠，帶
> 劍，入北司馬門殿東門，上前殿入非常室中，解帷組結佩之。收縛考
> 問，襃，故公車大誰卒，病狂易，不自知入宮狀，下獄死。〔註188〕

陳致易〈評上世紀九十年代兩種《日知錄》校注本〉指出「（襃）故公車大誰

〔註184〕陳致易〈評上世紀九十年代兩種《日知錄》校注本〉說：卷之三十〈妖人闌
入宮禁〉，嶽本 p.1059：綏和二年八月庚申，鄭通里男子王襃……襃，故公車
大誰，卒病狂易。」不知「大誰」爲官名，將「卒」字連下，斷了文意。此
句應爲「襃故公車大誰卒，病狂易。（陳致易：〈評上世紀九十年代兩種《日
知錄》校注本〉，《安徽大學學報》（哲學社會科學版）第 31 卷第 1 期（2007
年 1 月），頁 80。

〔註185〕陳垣：《日知錄校注》下冊，卷三十，頁 1704，1705，1707。

〔註186〕趙德義、汪興明：《中國歷代官稱辭典》，（北京：團結出版社，1999 年，第 1
版），頁 68。

〔註187〕邱樹森：《中國歷代職官辭典》，（南昌：江西教育出版社，1991 年，第 1 版），
頁 127，27。

〔註188〕顧炎武：《日知錄集釋》下冊（上海：上海古籍出版社，2006 年，第 1 版），
頁 1686，1687。

卒，病狂易」的斷句正確，而「（褒）故公車大誰，卒病狂易」的斷句則不合。「狂易」是一種精神病。欒保群、呂宗力二位盡了力校點，他們加的標點跟陳垣先生的時有不同。

二、陳垣先生在《日知錄校注》中所用的校勘方法

　　陳垣先生在《日知錄校注》中所用的校勘方法也比較全面，由其所概括的對校法、本校法、他校法以及理校法，陳垣先生均有使用。要了解校勘的基本構成和流傳情況，才知道其重要性和必要性。在掌握基本的校勘方法後，能通過各種不同的版本校勘歷史文獻存在的訛誤、脫漏、衍文等，以求正確地理解和使用史料。

　　《通鑑胡注表微》除了總結前代對於《通鑑》以至胡三省注的校勘成果，並有所創新。《通鑑胡注表微》成書比《校勘學釋例》後很多，列明了校勘四法的參用例子，《通鑑胡注表微》全書標明為對校的經我統計得 3 次，本校 3 次，他校 7 次，理校 13 次，先他校後對校的 1 次，先他校、後理校的 1 次，本校、他校兼用的 1 次，他校、理校兼用的 3 次。《日知錄校注》沒標明用那種校勘方法，對校用的不計其數。先用對校、後他校的 3 次，先他校、後對校的 9 次，先他校、再對校、後他校的 1 次，先他校、再本校、後他校的 1 次。以下作分析：

　　就對校而言，《通鑑胡注表微》出現過 3 次，《日知錄校注》數量遠超《通鑑胡注表微》。本校，《通鑑胡注表微》出現過 3 次，《日知錄校注》數量遠超《通鑑胡注表微》。他校，《通鑑胡注表微》出現過 7 次，《日知錄校注》數量遠超《通鑑胡注表微》。理校，《通鑑胡注表微》出現過 13 次，《日知錄校注》數量遠超《通鑑胡注表微》。就對校、本校兼用而言，《通鑑胡注表微》、《日知錄校注》都沒見。就對校、他校兼用而言，《通鑑胡注表微》出現過 1 次，《日知錄校注》數量有 12 次；《通鑑胡注表微》的例子是先他校、後對校。就對校、理校參用而言，《通鑑胡注表微》、《日知錄校注》均沒見。就本校、他校兼用而言，《通鑑胡注表微》出現過 1 次，《日知錄校注》沒見；《通鑑胡注表微》的例子是先本校、後他校。就本校、理校參用而言，《通鑑胡注表微》、《日知錄校注》都沒見。就他校、理校兼用而言，《通鑑胡注表微》出現過 2 次，《日知錄校注》沒見；《通鑑胡注表微》第一個例子是先理校、後他校，第二個例子是先他校、後理校。就先他校、再對校、後他校而言，《通鑑胡注

表微》沒見，《日知錄校注》只見 1 次。就先他校、再本校、後他校而言，《通鑑胡注表微》沒見，《日知錄校注》也只見 1 次。

1、對校法

對校法，就是用同書的祖本或別本對校，校出各本異同，錄出異文，以此作為辨別書中是非的契機，為其他方法的運用創造條件。在「校法四例」中，陳垣先生指出有兩種情況非用對校不可。第一種：「有非對校決不知其誤者，以其文義表面上無可疑也。」只看字句表面，沒有版本之間的對校，不可能知道錯誤在哪裏。

首先用陳垣先生《通鑑胡注表微》的對校法分析及舉例：

> 唐懿宗咸通三年，仍發許、滑、徐、汴、荊、襄、鄂等道兵各三萬人。注曰：各三萬人，則八道之兵為二十四萬，不既多乎！疑「各」字誤，否則「萬」字誤。蜀本作「合三萬人」，良是。二五○
>
> 此對校法。〔註189〕

咸通（公元 860 年 11 月～874 年 11 月）是唐懿宗的年號，共計 15 年。咸通十四年七月唐僖宗李儇即位跟著比照《日知錄》的例子。

《日知錄・大原》云：

> 幽王六年，「命伯士帥師伐六濟之戎，王師敗逋」。於是關中之地，戎得以整居其間，而陝東之申侯，至與之結盟而入寇。【原注】自遷戎至此，一百七十六年。《周語》：「申繒西戎方強，王室方騷。」

陳垣先生注說：

> 《國語》十六《鄭語》。元鈔本、潘刻本均誤作《周語》。〔註190〕

〔註189〕陳垣：《通鑑胡注表微》（北京：科學出版社，1958 年，第 1 版），頁 52，53。
〔註190〕陳垣：《日知錄校注》上冊，卷三，頁 137，138。
　　　　今天《日知錄集釋》經過不同注者的校核，作了不同層面的修定。
　　　　《國語・鄭語》：「申、繒、西戎方彊，王室方騷，將以縱欲，不亦難乎？」
　　　　集解云：「申，姜姓，幽王前後太子宜咎之舅也。繒，姒姓，申之與國也。西戎亦黨於申。周衰，故戎、狄彊。騷，擾也。（徐元誥：《國語集解》卷一六（北京：中華書局，2002 年，第 1 版），頁 475。）
　　　　不獨陳垣先生查核原書，糾正了兩種版本的錯誤，上海古籍出版社《日知錄集釋》的校點者欒保群、呂宗力二位也同樣做了。
　　　　校點古籍應適當參考其他的版本，擇善而從。
　　　　《日知錄集釋》卷三〈大原〉條：
　　　　炎武原注引〈周語〉：「申繒西戎方強，王室方騷。」

《周語》不對，《鄭語》才正確。陳垣先生用元鈔本、潘刻本作對校。

又《日知錄・先輩》云：

> 先輩，乃同試而先得第者之稱。程氏《演繁露》曰：「《通典》：『魏
> 文帝黃初五年，立太學於雒陽，時慕學者始詣太學爲門人，滿一歲
> 試通一經者稱弟子，不通一經罷遣。弟子滿二歲，試通二經者補文
> 學掌故，不通者聽從後輩試，試通二經亦得補掌故。滿三歲試通三
> 經者擢高第，爲太子舍人。不第者隨後輩復試，試通亦爲太子舍人。
> 舍人滿二歲，試通四經者擢高第，爲郎中，不通者隨後輩復試，試
> 通亦爲郎中。郎中滿二歲能通五經者擢高第，隨才敘用，不通者隨
> 後輩復試，試通亦敘用。』故唐世舉人，呼已第者爲先輩，繇此也。」

陳垣先生於「程氏《演繁露》」詞後注說：

> 卷一〈先輩進士〉條。程注明引《通典》五三，但略。〔註191〕今所
> 引乃顧據《通典》加入，然亦有錯漏。潘本誤同。〔註192〕

程大昌《演繁露・卷一》之〈先輩進士〉條云：

> 唐世呼舉人，呼已第者爲先輩，其自目則曰前進士。案魏文帝黃初
> 五年立太學，初詣學者爲門人，滿一歲試通一經者補弟子，不通一
> 經罷遣。弟子滿二歲，試通二經者補文學掌故，不通經者聽須後試，
> 故後世稱先試而得第者爲先輩，由此也。前進士者云：「亦放此也。」

（顧炎武：《日知錄集釋》上冊，卷三（台北：世界書局，1991年，第8版），
頁60。）此處採用台北世界書局的《日知錄集釋》沒加「〈鄭語〉誤作〈周語〉」
之類的校語。從欒保群、呂宗力二位校點的《日知錄集釋》卷三〈大原〉條：
「〈（周）〔鄭〕語〉：『申繪西戎方強，王室方騷。』」知〈鄭語〉誤作〈周語〉。
當然陳垣先生也注意到〈鄭語〉誤作〈周語〉的問題。
（顧炎武：《日知錄集釋》上冊（上海：上海古籍出版社，2006年，第1版），
頁156。）
（陳垣：《日知錄校注》上冊，卷三，頁138。）

〔註191〕陳致易〈評上世紀九十年代兩種《日知錄》校注本〉說：卷之十七《先輩》，
嶽本p.624，甘本p.757：引程氏《演繁露》，程氏已說明引〈通典〉，而略卷
數，今顧氏所引乃據《通典》五十三，然亦有錯漏，潘本誤同，如「滿一歲」
應作「滿二歲」，「滿三歲」應作「掌故滿二歲」。《通典》至「試通亦敘用」
止。下「故唐世舉人呼已第者爲先輩，由此也」爲《演繁露》中語。兩本皆
不分《通典》之語與《演繁露》之語起止。（陳致易：〈評上世紀九十年代兩
種《日知錄》校注本〉，《安徽大學學報》（哲學社會科學版）第31卷第1期
（2007年1月），頁79。）
〔註192〕陳垣：《日知錄校注》中冊，卷十七，頁968，969。

猶曰：「早第進士而其輩行在先也。」《通典》五十三〔註193〕

李賀〈春坊正字劍子歌〉（先輩匣中三尺水）詩云：

先輩匣中三尺水，曾入吳潭斬龍子。隙月斜明刮露寒，練帶平鋪吹
不起。蛟胎皮老蒺藜刺，鸊鵜淬花白鷳尾。直是荊軻一片心，莫教
照見春坊字。挼絲團金懸麗玳，神光欲截藍田玉。提出西方白帝驚，
嗷嗷鬼母秋郊哭。

王琦等於「先輩匣中三尺水，曾入吳潭斬龍子。」句後評註：

《演繁露》：「唐世呼舉人呼已第者爲先輩。」〔註194〕

春坊正字劍是一把上好的寶劍，鋒芒利，劍穗美。劍塗了油脂後光彩奪人，
劍匣上澆鑄花紋。「先輩匣中三尺水，曾入吳潭斬龍子。」頭二句直接入題，
說在太子宮中擔任正字老前輩，他的劍匣中裝著一柄光芒耀眼，如三尺秋水
的寶劍，劍曾被帶上山刺虎、入水斬蛟。「唐世舉人呼已第者爲先輩」句確見
於《演繁露》一書〈先輩進士〉條中。用潘本對校《日知錄》可知錯處。

2、本校法

本校法，指的是在沒有其他版本可依的情況下，利用本書內史實、字句
前後相承的關係，比勘異同，判定謬誤的校勘方法。於未得祖本或別本以前，
最宜用本校法。本校法是以本書前後互證，而抉摘其異同，然後知其中之繆
誤。

首先用陳垣先生《通鑑胡注表微》的本校法分析及舉例：

晉惠帝永熙元年，散騎常侍石崇。

注曰：前書侍中石崇，此作散騎常侍，必有一誤，蓋因舊史成文也。

卷八二

此以本書前後互校，所謂本校法也。

……

〔註193〕程大昌：《演繁露》，輯自《欽定四庫全書》，（台北：臺灣商務印書館，1986
年，第1版），頁15。

〔註194〕李賀：《三家評註李長吉歌詩》（北京：中華書局，1960年，第1版），頁43。
有說李賀爲春坊正字劍有不遇知己之感。（王琦等：《李賀詩歌集注》，（上海：
上海人民出版社，1977年，第1版），頁50。）又李賀曾經希望自己是一柄
神劍，這便成人劍合一了。（鍾達華：〈李賀詩意象研究〉，台灣南華大學文學
研究所碩士論文，2005年5月，頁69。）「三尺水」是劍的代用詞，「三尺」
暗引漢高祖劉邦的典故。

唐玄宗開元十三年，太子嗣謙更名鴻；徙郊王嗣直爲慶王，更名潭；陝王嗣昇爲忠王，更名浚；鄖王嗣眞爲棣王，更名洽。

注曰：讀通鑑至此，可以知前此「嗣直」之誤爲「嗣眞」矣。二一二嗣直帝之長子，嗣眞帝之第四子。而前卷云「嗣眞上之長子」，讀至此知其誤矣。此所謂本校法。〔註195〕

陳垣先生《通鑑胡注表微》清楚解釋了本校法的應用。

跟著比照《日知錄》的例子。

《日知錄·性相近也》云：

曲沃衛嵩曰：孔子所謂相近，即以性善而言。若性有善有不善，其可謂之相近乎？如堯舜性者也，湯武反之也。若湯武之性不善，安能反之以至於堯舜邪？湯武可以反之，即性善之說。湯武之不即爲堯舜，而必待於反之，即性相近之說也。孔孟之言一也。

陳垣先生於「曲沃衛嵩」詞後注說：

衛嵩應作「薵」。潘本亦誤作「嵩」。全部《日知錄》黃刻本皆誤「薵」作「嵩」，並見本卷〈梁惠王〉條四段注二，十五卷〈墓祭〉條二段，十八卷〈心學〉條三段注二。十八卷潘本獨作「薵」不誤，黃本乃改爲「嵩」。〔註196〕

《日知錄·梁惠王》云：

謂孟子以惠王之三十五年至梁者，誤以惠王之後元年爲襄王之元年故也。【原注】《史記》及《孟子》序說謂梁惠王之三十五年，孟子至梁。其後二十三年，齊人伐燕，而孟子在齊者非。衛嵩曰：孟子遊歷，先後雖不可考，以本書證之，當是自宋歸鄒，由鄒之任、之薛、之滕，而後之梁、之齊。

陳垣先生於「，而孟子在齊者非。衛嵩」詞後注說：

衛嵩是原注所引，並見上文〈性相近也〉條及十八卷〈心學〉條，應作「薵」。潘本已誤。〔註197〕

陳垣先生聯繫上下文，進行本校，進一步論證了「衛嵩」非，「衛薵」是。

又《日知錄·文不貴多》云：

〔註195〕陳垣：《通鑑胡注表微》（北京：科學出版社，1958年，第1版），頁42，52。
〔註196〕陳垣：《日知錄校注》上冊，卷七，頁398～400。
〔註197〕同上，卷七，頁405。

秦延君説〈堯典〉篇目，兩字之説，十餘萬言，但説「曰若稽古」
三萬言。

陳垣先生於「秦延君」詞後注説：

《漢書》三十〈藝文志・六藝總論〉，師古注引桓譚《新論》作「秦
近君」；八八〈儒林・張山拊傳〉作「秦恭延君」，名恭。《文心雕龍・
論説篇》作「君延」。王伯厚《漢志考證》已辨之。〔註198〕

陳垣先生引《漢書》卷三十〈藝文志〉以之本校《漢書》卷八八〈儒林傳〉。

3、他校法

對於他校法，陳垣先生也有使用。他校法，就是本書有被他書引用，引
文內容相同或大致相同者，可將其作爲校勘本書的依據。他校法即以他書校
本書。凡其書有採自前人的，可以前人之書校勘，有爲後人所引用的，可以
後人之書校勘，其史料有爲同時之書所並載的，可以同時之書校勘。

例如陳垣先生通過他校發現異文，首先用陳垣先生《通鑑胡注表微》的
他校法分析及舉例：

秦二世元年，陳守尉皆不在，獨守丞與戰譙門中，不勝，守丞死，
陳勝乃入據陳。

注曰：師古曰：「守丞，謂郡守之丞，故曰守丞。」原父曰：「秦不
以陳爲郡，何庸有守，守謂非正官，權守者耳。」余按秦分天下爲
郡縣，郡置守、尉、監、縣置令、丞、尉。原父以此守爲權守之守，
良是。遷、固二史作「守令皆不在」，此作「守尉皆不在」，蓋二史
「令」下缺「尉」字，而通鑑「尉」上缺「令」字也。卷七

此以遷、固二史校通鑑，所謂他校法也。

漢文帝二年，罷衛將軍。

注曰：按班紀，詔曰：「朕既不能遠德，故悃然念外人之有非，是以
設備未息。今縱不能罷邊屯戍，又飭兵厚衛，其罷衛將軍軍。」通
鑑傳寫，逸一「軍」字耳。　卷一三

以班紀校通鑑，亦他校法。〔註199〕

跟著比照《日知錄》的例子。

〔註198〕陳垣：《日知錄校注》中冊，卷十九，頁1045。
〔註199〕陳垣：《通鑑胡注表微》（北京：科學出版社，1958年，第1版），頁39。

《日知錄‧夫人孫于齊》云：

> 劉原父曰：「《左氏》曰：『夫人孫于齊。不稱姜氏，絕不爲親，禮也。』謂魯人絕文姜不以爲親，乃中禮爾。然則母可絕乎？宋襄之母，獲罪於君，歸其父母之國。及襄公即位，欲一見而義不可得，作〈河廣〉之詩以自悲。然宋亦不迎而致也，爲嘗獲罪於先君，不可以私廢命也。孔子論其詩而著之，以爲宋姬不爲不慈，襄公不爲不孝。今文姜之罪大，絕不爲親，何傷於義哉？」

陳垣先生注說：

> 《春秋權衡》三。黃汝成《日知錄集釋》云：「說本胡文定而闡發其義。」胡安國在劉原父之後，何謂「說本胡文定」乎？蓋誤以劉敞之說爲顧炎武之說也。〔註200〕

前人對《春秋》「夫人孫于齊」的「孫」解釋不一，或謂夫人跑到齊國。

劉敞《春秋權衡》曰：

> 左氏曰：「夫人孫于齊，不稱姜氏，絕不爲親，禮也。」……魯絕文姜不以爲親，乃中禮。……宋襄之母，獲罪於君，歸其父母之國。及襄即位，欲一見之而義不可得，作〈河廣〉之詩以自悲。然宋亦不迎而致也，爲嘗獲罪於先君，不可以私廢命也。孔子論其詩而著之，以爲宋姬不爲不慈，襄公不爲不孝。況文姜之罪大，絕不爲親，何嫌於義哉？〔註201〕

劉敞（公元1019～1068年），字原父。《日知錄》原文於「魯人絕文姜不以爲親，乃中禮爾。」與「宋襄之母，獲罪於君，歸其父母之國。」之間有「然則母可絕乎？」一句，爲劉敞《春秋權衡》所無。胡安國（1074～1138年），諡文定。陳垣先生通過他校發現異文，以「黃汝成《日知錄集釋》云：『說本胡文定而闡發其義。』話所指」來校勘《左傳》「夫人孫于齊」一段文字，證「說本胡文定」是不對的，都是以他書相關內容作爲校勘依據的顯例。因胡文定（安國）（公元1074～1138年）後於劉原父（敞）（1019～1068年），故

〔註200〕陳垣：《日知錄校注》上冊，卷四，頁186，187。
　　　　顧炎武：《日知錄集釋》上冊，卷四（上海：上海古籍出版社，2006年，第1版），頁209。此處黃汝成在《日知錄集釋》中犯的錯誤也眞明顯了些。
〔註201〕劉敞：《春秋權衡》，載紀昀主編《四庫全書》第一四七冊，經部春秋類叢書中（臺灣：商務印書館，1983年，第1版），頁194。這是乾隆敕輯版本，臺灣商務印書館影印文淵閣寫本。

知「說本胡文定」語實顧炎武的話。

又《日知錄‧茶》云：

《唐書‧陸羽傳》：「羽嗜茶，著經三篇，言茶之原、之法、之具尤備，天下益知飲茶矣。有常伯熊者，因羽論復廣著茶之功，其後尚茶成風。時回紇入朝，始驅馬市茶。」至明代，設茶馬御史。而《大唐新語》言：「右補闕蓁毋㷡性不飲茶，著〈茶飲序〉曰：釋滯消壅，一日之利暫佳；瘠氣侵精，終身之害斯大。獲益則功歸茶力，貽患則不謂茶災。豈非福近易知，害遠難見。」

陳垣先生於「而《大唐新語》言：『右補闕蓁毋㷡』」詞後注說：

《稗海》本《大唐新語》十一〈褒錫門〉作右補闕毋㷡製〈代茶餘序〉。㷡即撰《古今書錄》之人，見《舊唐書‧經籍志》序，爲開元十八學士之一。又見《舊唐書》一○二〈元行沖傳〉，《新唐書》一九九〈儒學‧馬懷素傳〉。《會要》卅六作「照」。《通志》廿七〈氏族略‧以邑爲氏〉條：「毋丘氏或作毋氏。唐開元補闕毋景。」即此人。今作「蓁毋㷡」，殆誤。〔註202〕

《大唐新語‧褒錫第二十四》云：

右補闕毋㷡，博學有著述才，上表請修古史，先撰目錄以進。〔註203〕

《唐會要》卷三十六云：

九年十一月十三日。左散騎常侍元行沖。上群書四部錄二百卷，藏之內府。凡二千六百五十五部，四萬八千一百六十九卷，分爲經史子集四部。經庫是殷踐猷，王愜編。史庫韋述，余欽。子庫毋照，劉彥直。集庫王灣，劉仲。其序例，韋述撰。其後毋照又略爲四十卷，爲古今書錄。〔註204〕

《舊唐書‧志第二十六‧經籍上》云：

開元三年，左散騎常侍褚无量、馬懷素侍宴，言及經籍。玄宗曰：「內庫皆是太宗、高宗先代舊書，常令宮人主掌，所有殘缺，未遑補緝，篇卷錯亂，難於檢閱。卿試爲朕整比之。」至七年，詔公卿士庶之家，所有異書，官借繕寫。及四部書成，上令百官入乾元殿東廊觀

〔註202〕陳垣：《日知錄校注》上冊，卷四，頁433，434。

〔註203〕劉肅：《大唐新語》上冊，卷十一（北京：中華書局，1984年，第1版），頁166。

〔註204〕王溥：《唐會要》（京都：中文出版社，1978年，第1版），頁658。

之，無不駮其廣。九年十一月，殷踐猷、王愜、韋述、余欽、毋煚、劉彥眞、王灣、劉仲等重修成《群書四部錄》二百卷，右散騎常侍元行沖奏上之。自後毋煚又略爲四十卷，名爲《古今書錄》，大凡五萬一千八百五十二卷。〔註205〕

《新唐書‧列傳第一百二十四‧儒學中》云：

是時，文籍盈漫，皆臭朽蟫斷，籤商紛舛。懷素建白：「願下紫微、黃門，召宿學巨儒就校繆缺。」又言：「自齊以前舊籍，王儉《七志》已詳。請採近書篇目及前志遺者，續儉《志》以藏秘府。」詔可。即拜懷素秘書監。乃詔國子博士尹知章、四門助教王直、直國子監趙玄默、陸渾丞吳綽、桑泉尉韋述、扶風丞馬利微、湖州司功參軍劉彥直、臨汝丞宋辭玉、恭陵令陸紹伯、新鄭尉李子釗、杭州參軍殷踐猷、梓潼尉解崇質、四門直講余欽、進士王愜、劉仲丘、右威衛參軍侯行果、邢州司戶參軍袁暉、海州錄事參軍晁良、右率府冑曹參軍毋煚、滎陽主簿王灣、太常寺太祝鄭良金等分部撰次；踐猷從弟秘書丞承業、武陟尉徐楚璧是正文字。〔註206〕

陳垣先生認爲右補闕「毋煚」，或因傳寫誤衍而作「綦毋煚」；「綦毋」與「毋」是兩個來源不同的姓氏。以上經由《日知錄》、《大唐新語》、《唐會要》、《新唐書》及《舊唐書》等書的比對〔註207〕，毋煚，「綦毋」是複姓，據歷史記載，「綦毋」爲姓早見於古籍。

4、理校法

理校的方法，在陳垣先生的校勘工作中也早有實踐。在對校、本校、他

〔註205〕劉昫：《舊唐書》卷四十六（北京：中華書局，1974年，第1版），頁1962，1963。

〔註206〕歐陽修：《新唐書》卷一二四（北京：中華書局，1998年，第1版），頁5681，5682。

〔註207〕彭君華〈採山之銅‧刮垢磨光——評陳垣先生《日知錄校注》〉云：卷七《茶》條：「而《大唐新語》言：『右補闕綦毋煚性不飲茶，著〈茶飲序〉……。』」校注：「《稗海》本《大唐新語》十一《褒錫門》作右補闕毋煚製〈代茶餘序〉。煚即撰《古今書錄》之人，見《舊唐書‧經籍志》序，爲開元十八學士之一。又見《舊唐書》一○二〈元行沖傳〉，《新唐書》一九九《儒學‧馬懷素傳》。《會要》卅六作『照』。《通志》廿七《氏族略‧以邑爲氏》條……。」即此人。今作『綦毋煚』，殆誤。」核原文，舉二書三條說明人名歧異，又舉另二書，共四書以辨正顧誤。（彭君華：〈採山之銅刮垢磨光——陳垣先生《日知錄校注》編後〉，載「中華古籍網」總第444期。）

校不能有效地做出校勘判斷時，就要依靠與書中疑誤相關的文字學、音韻學、訓詁學、史學、文學及其他學術知識，從中汲取進行理校的旁證，進行邏輯的、歷史的分析，來考證古籍文辭的正誤。理校法目的為定是非。陳垣先生指出，遇無古本可據，或數本互異，而無所適從之時，則須用理校法。最高妙的是理校法，最危險的亦理校法。理校法的根據是義理而不是版本等其他材料依據。陳垣先生認為理校法也是科學的校勘方法，但他強調要慎重，要掌握分寸。陳垣先生的原則是沒有確證，不能憑臆見而行理校。理校也要有確鑿的證據，不能以理校為藉口而隨意改動。

《通鑑胡注表微·校勘篇第三》中有這樣一個例子，鄱陽胡氏覆刻《通鑑音注》，其中有一條胡三省的注：

　　世固有能知之言之，而不能究于行者，韓偓其人也。〔註208〕

陳垣先生認為這個注無法理解，因為胡三省與韓偓有相似的遭遇，胡三省不會這樣評價韓偓。這就是理校法，是根據自己豐富通達的學識對這段文字提出疑問。

在校勘實踐中，陳垣先生屢屢將校勘四法中兩種或兩種以上的方法結合起來，綜合運用。除了文字詞句的校勘之外，陳垣還特別重視史實的校勘。注重史實的校勘，實際已進入考證學的範圍。《通鑑胡注表微·校勘篇》說：

　　此理校也，亦幾於考證學矣。〔註209〕

以上韓偓句的問題出在哪裏，還要進一步尋找證據。陳垣後來看到元刻本和明刻本，果然是鄱陽胡氏刻意改「行」為「能」，原文應該是：

　　世固有能知之言之，而不行究于行者，韓偓其人也。

這赫然是胡三省稱讚韓偓的話。利用對校，可以解決問題，豁然通曉。校勘和考證的結合，把考證融入具體的校勘實踐過程，是陳垣校勘學的獨到處。換句話說，考證學是整體，用以治校勘學、版本學、避諱學、目錄學、輯佚學。我認為陳垣先生在研究設立多個學術體系，狹義校勘學有時需要加入考證的元素，才能真正解決問題。

跟著用陳垣先生《通鑑胡注表微》的理校法分析及舉例：

　　唐德宗建中三年，二月癸卯，李納遣其判官房說，以其母弟經及子
　　成務入見。

〔註208〕陳垣：《通鑑胡注表微》（北京：科學出版社，1958年，第1版），頁54。
〔註209〕同上，頁54。

注曰：通鑑本文作癸卯，然自上文二月戊午，推至下文三月乙未，
其間不容有癸卯，當作己卯。　二二七

此亦理校。然可知其誤，不易知其爲何誤。本年二月甲寅朔，戊午五
日；三月癸未朔，乙未十三日。然從二月戊午，推至三月癸未朔，中
間有癸亥十日、丁卯十四日、癸酉二十日、己卯二十六日。曰「當作
己卯」，安知非癸亥、丁卯、癸酉乎！非更有他證，不能信爲己卯也。

唐德宗貞元元年，馬燧謂李懷光守將曰：「汝曹自祿山已來，徇國立
功，四十餘年。」

注曰：天寶十四載，安祿山反，郭子儀、李光弼皆以朔方軍討賊，
立大功。其後回紇、吐蕃，深入京畿，諸鎮叛亂，外禦內討，亦倚
朔方軍以成功。至是年凡三十一年，今曰「四十餘年」，「四」字誤
也，當作「三」。

此理校也，亦幾於考證學矣。〔註210〕

再比照《日知錄》的例子，《日知錄‧正五九月》云：

《冊府元龜》：「德宗貞元十五年九月乙巳詔：自今二月一日、九月
九日，每節前，放開屠一日。」【原注】中和、重陽二節。

陳垣先生注說：

《冊府元龜》六四〈發號令門〉，無「乙巳」二字。九月壬寅朔，四
日乙巳。然《舊紀》作「己巳」，廿八日也。上有丙辰十五日，下有
辛酉二十日，則此「己巳」當爲丁巳十六，或己未十八之譌。《會要》
四一不載。〔註211〕

丙辰十五，順延而下分別是丁巳十六，戊午十七，己未十八，庚辛十九，辛
酉二十，則己巳不當作十六，或疑爲丁巳十六，或己未十八。

又《日知錄‧河渠》云：

《五代史》：「晉開運元年五月丙辰，滑州河決，浸汴、曹、濮、單、
鄆五州之境，環梁山合于汶水。」與南旺蜀山湖連，彌漫數百里，
河乃自北而東。《宋史》：「熙寧八年七月乙丑，河大決于澶州曹村，
北流斷絕，河道南徙，東匯于梁山張澤濼，分爲二派。一合南清河

〔註210〕陳垣：《通鑑胡注表微》（北京：科學出版社，1958年，第1版），頁53，54。
〔註211〕陳垣：《日知錄校注》下冊，卷三十，頁1725，1726。

入于淮，一合北清河入于海。」河又自東而南矣。元豐以後，又決
而北。議者欲復禹迹，而大臣力主回東之議。……降及金元，其勢
日趨於南而不可挽。故今之河，非古之河矣。

　　陳垣先生於「『晉開運元年五月丙辰，滑州河決，浸汴、曹、濮、單、鄆
五州之境，環梁山合于汶水。』」句後注說：

　　《新五代史》九。五月壬申朔，無丙辰，六月辛丑朔，丙辰十六日
　　也。「五月」應是「六月」，是《日知錄》誤。〔註212〕

六月辛丑爲朔（初一），順推是壬寅、癸卯、甲辰、乙巳、丙午、丁未、戊申、
己酉、庚戌、辛亥、壬子、癸丑、甲寅、乙卯、丙辰（十六）。這是陳垣先生
說的「可知其誤，不易知其誤的理校法」〔註213〕糾正在記時方面的差錯需要
曆法常識，覺得有懷疑就查曆書。因脫誤年號，便產生記時之誤，造成科研
工作的障礙，甚至關係一代制度的廢置與演變重要的史料，得出錯誤的結論。
陳垣先生強調運用專門知識，要求學者以自己的學識分析，推理和考證，這
是理校法的精神。

〔註212〕陳垣：《日知錄校注》中冊，卷十二，頁707，708。
〔註213〕陳垣：《通鑑胡注表微》（北京：科學出版社，1958年，第1版），頁53。

第五章　史源考證

　　顧炎武不僅以經史考證開創了乾嘉歷史考據學派，而且其考史辨妄、以信作史中寓引古籌今之義。顧炎武在研究音韻訓詁和經史考證的過程中，發展出了一套完善的治學方法。顧炎武在《日知錄》中對政治制度、經濟狀況、社會風俗等情況特別注意並進行考察，他反對空疏，講求徵實，考證其他條目亦時用金石材料去證實，啓發了陳垣先生《日知錄校注》的研究。

　　道光初，黃汝成集諸家研究之大成，纂爲《日知錄集釋》。黃汝成《日知錄集釋》曾被稱爲「《日知錄》最爲精善的版本」，陳垣先生《日知錄校注》就是以《日知錄集釋》爲底本。《集釋》對讀者了解《日知錄》是有幫助的，陳垣先生在作校注時曾認眞閱讀過。陳垣先生注意到黃汝成曾經注意史源：

　　《日知錄・後魏田制》題下黃汝成案語云：

　　　　《周禮・閭師》：「任工以飭材師。今作餘材。考《魏書》同，恐誤脫。又貢其材，《周禮》作貢其物。」〔註1〕

　　陳智超於標題「後魏田制」後注說：

　　　　援庵批：「黃氏曾注意史源。」〔註2〕

顧炎武曾把寫《日知錄》比作「採銅於山」。現在，人們仍然常常用顧炎武「採銅於山」的比喻，說明歷史研究要重視第一手資料，可見其影響之深遠。《日知錄》追溯史源的思想也超越了當時。

　　陳垣先生追溯文獻史源強調引書當標原題，不標原題，或另造一題，其

〔註1〕　顧炎武：《日知錄集釋》，卷十（石家莊：花山文藝出版社，1990年，第1版），頁454。
〔註2〕　陳垣：《日知錄校注》中冊，卷十，頁575，576。

史源每不易尋找。顧炎武《日知錄》八〈屬縣〉條，引唐憲宗（公元 778～820 年）元和元年割屬東川六州制考，是不標原題，或另造一題，其史源每不易尋找的例子。

《日知錄‧屬縣》云：

自古郡縣之制，惟唐爲得其中。……憲宗元和元年，割屬東川六州制曰：「分疆設都，蓋資共理，形束壤制，亦在稍均。將懲難以銷萌，在立防而不素。故賈生之議，以楚益梁，宋氏之規，割荊爲郢，酌於前事，宜有變通。」此雖一時之言，亦經邦制郡之長策也。

陳垣先生於「割屬東川六州制」詞後注說：

《通鑑》二三七，元和元年十月，制割資、簡、陵、榮、昌、瀘六州隸東川，制詞不載。《會要》七一〈州縣改置門‧梓州〉條，以平劉闢割西川六州隸東川，四年正月復舊。故亭林以爲一時之言。《大詔令》九九〈建易州縣門〉不載，詞見一二四〈平亂門〉平劉闢詔中。《全唐文》五九。〔註3〕

另陳垣先生〈日知錄引唐割屬東川六州制考〉云：

引書當標原題，不標原題，或另造一題，其史源每不易尋找，如《日知錄》卷八〈屬縣〉條，引唐憲宗元和元年割屬東川六州制是也。

制云：分疆設都，蓋資共理，形束壤制，亦在稍均。將懲難以銷萌，在立防而不素。故賈生之議，以楚益梁；宋氏之規，割荊爲郢。酌於前事，宜有變通。

此制不見兩《唐書‧憲宗紀》，亦不見兩《唐書‧地理志》。《唐會要》、《通鑑》載其事，亦不載其詞。《通鑑》二三七〈憲宗紀〉云：

元和元年十月，制割資、簡、陵、榮、昌、瀘六州隸東川。《唐會要》七一〈州縣改置門‧梓州〉條云：元和元年十月，以平劉闢，乃割西川所管資、簡、陵、榮、昌、瀘六州隸東川。至四年正月，以東川所部，跨制太遠，武元衡論奏，復隸西川。《會要》所載，較《通鑑》爲詳，然皆非原制。此制蓋平劉闢詔中之一段，見《唐大詔令》一二四〈平亂門〉。《全唐文》五九憲宗文曾採之，非特有一割屬東川六州制也。故《詔令》九九〈建易州縣門〉不載。《日知錄》引此

────────────

〔註 3〕陳垣：《日知錄校注》上冊，前言，頁 447，448。

文，不冠以平劉闢詔，而單稱割屬東川六州制，實不可爲法。

吾嘗以尋找此制史源測驗同學，有經練者需時三二日，無經練者竟求之不得也。至其中字句，與今《適園叢書》本《大詔令》偶有不同，則所據本異耳。〔註4〕

陳垣先生要說的是標題應定爲〈平劉闢詔〉，而〈割屬東川六州制〉難尋史源。唐代西川節度副使劉闢（公元？～806年）上表求任他爲節度使，朝廷不允而劉闢抗命謀反，劉闢且發兵圍東川節度使於梓州。唐憲宗欲討劉闢，頒發命令文告，後始得擒殺劉闢並滅其族。就追尋史源的角度看，〈平劉闢詔〉是適當的題目。

又《日知錄・魁》云：

今人所奉魁星，不知始自何年。以奎爲文章之府，故立廟祀之。

陳智超注說：

援庵批語：「《新定續志》者，宋景定間《新定嚴州續志》也。原附紹興重修《嚴州圖經》之後，故曰《新定續志》，不著地名也。《四庫題要》〈地理〉一。錢語見《養新錄》十四。」〔註5〕

《新定續志》一書曾於《四庫全書總目》「地理類」下《景定嚴州續志》十卷（兩淮鹽政採進本）〔註6〕中被提到，屬輿記，性質大概記錄疆域。見《四庫全書總目》卷六十八，史部二十四・地理類一。盧錦堂〈詩情書意：《吳郡圖經續記》、《新定續志》〉（國家圖書館古籍善本雜詠之二）一文〔註7〕介紹說：

〔註4〕陳垣：《日知錄校注》下冊，附錄，頁1889，1890。

〔註5〕同上，卷三十二，頁1872，1873。

〔註6〕紀昀：《四庫全書總目》卷六八（北京：中華書局，1965年，第1版），頁600。《四庫全書總目》「地理類」下《景定嚴州續志》十卷（兩淮鹽政採進本）云：宋鄭瑤、方仁榮同撰。瑤時官嚴州教授，仁榮時官嚴州學錄，其始末則均未詳也。所紀始於淳熙，訖於咸淳。標題惟曰《新定續志》，不著地名。蓋刊附紹興舊志之後，而舊志今佚也。嚴州於宋爲遂安軍，度宗嘗領節度使。即位之後，升爲建德府。故卷首載立太子詔及升府省箚，體裁視他志稍殊。惟物產之外，別增瑞產一門，但紀景定麥秀四歧一條，鄉飲之外，別增鄉會一門，但紀楊王主會一條，則皆乖義例耳。然敘述簡潔，猶輿記中之有古法者。其戶口門中載寧宗楊皇后爲嚴人，而鄉會門中亦載主集者爲新安郡王永寧郡王。新安者楊谷，永寧者楊石，皆后兄楊次山之子也。而《宋史》乃云：「后，會稽人。」當必有誤。此可訂史傳之譌矣。

〔註7〕盧錦堂：〈詩情書意：《吳郡圖經續記》、《新定續志》〉（國家圖書館古籍善本雜詠之二）一文。

「《新定續志》十卷四冊／（宋）方仁榮、鄭瑤撰／宋景定間刊咸淳間增修本全書前四卷分節鎭、城關、坊市、郡官建置、稅賦、學校、人物、古跡等共33門，卷五以下則按屬縣分。」

地方文獻是某一地區自然、社會現象和群體活動方式的記錄。地方文獻中的方志、家譜，與正史一起構成中國史學三大支柱。〔註8〕

方志典藏有助於搜索證據。

第一節　考證的方法

一、比較法

陳垣先生的考據學有一個突出的特點，就是在廣泛材料的基礎上據歷史記載的差異進行考訂，以《日知錄校注》爲例很適合作比較。

《日知錄・停年格》原注云：

> 【原注】辛琡爲吏部尚書，上言：「黎元之命，繫於長吏，若使惟取年勞，不簡賢否，義均行雁，次若貫魚，執簿呼名，一吏足矣。數人而用，何謂銓衡。」書奏不報。〔註9〕

陳垣先生注說：

> 「辛琡」當作「薛琡」，《北齊書》廿六，《北史》廿五，此用《北齊書》。亦見《通典》十六〈選舉典〉。潘本已誤「辛」，《通典》又誤「淑」，並作「時爲吏部郎中」，蓋引《北史》也。《通考》卅六〈選舉考〉則循《通典》之誤。

陳垣先生亦曾就顧炎武的原注「辛琡爲吏部尙書，上言，黎元之命繫于長吏，若使惟取年勞，不簡賢否，義均行雁，次若貫魚，執簿呼名，一吏足矣。數人而用，何謂銓衡？書奏，不報。」檢索史源。他的考證見於〈日知

〔註8〕彭君華〈採山之銅刮垢磨光——陳垣先生《日知錄校注》編後〉歸結顧亭林尋繹線索、核查引據的功力，說：亭林先生予人書中，曾經將《日知錄》的纂輯，比做採山之銅。循此以論，援庵先生的校注尋繹線索，核查引據，校版本，比異同，定是非，詳人物履歷，敘撰述目錄，分析文法義例，注明版本行款、引文刪略、引文參用，乃至方志的典藏情況，可以說是對採山之銅進行刮垢磨光的加工。（彭君華：〈採山之銅刮垢磨光——陳垣先生《日知錄校注》編後〉，載「中華古籍網」總第444期。）

〔註9〕陳垣：《日知錄校注》上冊，卷八，頁484，485。

錄停年格條注引辛琡〉一文，文章收在《日知錄校注》後，說：

> 《日知錄》通行本有多種，然可大別爲二類：一潘耒遂初堂本，二
> 黃汝成集釋本。黃本即由潘本出，故潘本誤者，黃本多誤。若黃本
> 自誤，則覆刻黃本者更無不誤也。

> 《日知錄》八〈停年格〉條，注引吏部尚書辛琡言，不著朝代，遍檢
> 諸史無辛琡。惟反對停年格者有薛琡，「辛」蓋「薛」之譌。薛琡見
> 《北齊書》廿六，《北史》廿五，《日知錄》所引乃《北齊書》也。「薛」
> 何以誤「辛」？字闕左上旁，又涉下文《魏書》辛雄而誤耳。潘本先
> 誤，黃本未能校正，故僅據《史姓韻編》等工具書尋求辛琡，必無所
> 獲，非考其事之內容不可也。事之內容爲選舉，故可於選舉類求之。
> 然《通典》十六〈選舉典〉引《北史》，乃作「薛淑」，淑字疊珍，文
> 應從玉，參諸《魏書》四四〈薛野腊傳〉亦然，今從水誤也。

> 何以知《日知錄》所引爲《北齊》？《通典》所引爲《北史》？則以
> 《北齊》此傳較略，《北史》此傳較詳。《北齊》謂琡遷吏部尚書，請
> 廢崔亮停年格；《北史》謂琡遷吏部郎中，請廢前吏部尚書崔亮停年
> 格。《北史》所載，爲得其實，琡蓋先行洛陽令，免官復用，累遷吏
> 部郎中，今本《北齊書》蓋脫去郎中一節，遂誤琡爲吏部尚書，可以
> 《北史》校之也。《通鑑》一四九載此事，稱琡爲洛陽令，亦誤。因
> 崔亮奏立停年格，在魏孝明帝神龜中，薛琡請廢停年格，在孝昌改元
> 後，相距凡七八年。《通鑑》統敘其事於神龜二年，時琡固未爲吏部
> 郎中，亦未爲洛陽令也。鄭氏《通志》五九〈選舉略〉、《文獻通考》
> 三十六〈選舉考〉，稱淑爲吏部郎中，是矣。然誤「琡」爲「淑」，與
> 《通典》同，知其引自《通典》，非直接引自《北史》。是故一薛琡也，
> 《日知錄》誤其姓，《通典》、《通志》、《通考》誤其名，《北齊書》、《通
> 鑑》、《日知錄》誤其官，惟《北史》不誤，《通志》一五三〈列傳〉
> 引《北史》，亦不誤。〔載於《輔仁學誌》第十五卷第一、二合期（一九四七年
> 十二月）。〕〔註10〕

《日知錄》卷八〈停年格〉條是講北魏崔亮掌管吏部之時，由於官位少，而
求官者重，提拔人才無奈採取完全看年限和資歷，而不問能力和道德的辦法，

〔註10〕陳垣：《日知錄校注》下冊，頁 1890，1891。

這樣的選官給後世造成壞影響，此之謂停年格。陳垣先生檢索史源，認爲遍檢諸史無辛琡，反對停年格的有薛琡。薛琡字「曇珍」，基於古人名與字之間時相關，琡、珍均爲玉器，可證薛琡無誤。辛琡於《北齊書》說遷吏部尙書，於《北史》說遷吏部郎中，這吏部郎中和吏部尙書當中有官職升遷的時序差別。陳垣先生以爲應按《北史》來校誤。又陳垣先生指出《通典》、《北史》等書中的相關記載各有某些不同。可以說陳垣先生在考據過程中往往是以比較的方法入手，從而發現問題。

又《日知錄·部刺史》原注云：

> 唐開元中，或請選擇守令，停採訪使。姚崇奏：「十道採訪，猶未盡得人，天下三百餘州，縣多數倍，安得守令皆稱其職？」

陳垣先生於「唐開元中，或請選擇守令，停採訪使。姚崇奏：『十道採訪，猶未盡得人，天下三百餘州，縣多數倍，安得守令皆稱其職？』」段後注說：

> 《舊唐書》〈紀〉八，開元四年末停十道採訪使。注本《通鑑》二一一開元三年十二月條，作「停按察使」，非「採訪使」。採訪廿二年乃置，按察景龍三年置，見《會要》七七。但《通典》卅二作景雲二年置，《通鑑》同。姚崇，開元九年薨，《舊唐書》九六，《新唐書》一二四。〔註11〕

陳垣先生亦曾就顧炎武的原注「唐開元中，或請選擇守令，停採訪使。姚崇奏：『十道採訪，猶未盡得人，天下三百餘州，縣多數倍，安得守令皆稱其職？』」檢索史源。他的考證見於〈日知錄部刺史條唐置採訪使原委〉一文，文章收在《日知錄校注》後，說：

> 《日知錄》注謂：唐開元中或請選擇守令，停採訪使，姚崇奏十道採訪，猶未盡得人，云云，語本《通鑑》二一一開元三年十二月條。然《通鑑》原文作按察使，不作採訪使。採訪使始置於開元二十二年，姚崇已先於開元九年卒，安得有採訪未盡得人之奏，《日知錄》注蓋據《舊唐紀》而誤也。《舊紀》八開元四年十二月條，載停十道採訪使。「採訪」二字偶誤，二年復置時名按察使，不應於罷使時名採訪使也。《新書》四九下〈百官志〉乃因《舊紀》之異文，併稱爲按察採訪處置使，尤誤，可以《通鑑》校之。《通鑑》開元四年十二月條，實作「罷十道按察使」，不作「罷採訪使」，更不作「罷按察

採訪處置使」也。《日知錄》乃據《舊紀》而改《通鑑》，實爲失考。

〔載於《輔仁學誌》第十五卷第一、二合期（一九四七年十二月）。〕〔註12〕

陳垣先生在〈日知錄部刺史條唐置採訪使原委〉文中，從《通典》、《唐會要》、《冊府元龜》、《舊唐書》、《新唐書》、《資治通鑑》、《唐大詔令》、《文獻通考》中，輯錄關於唐朝置廢巡察使、按察使及設置採訪使的材料四十餘條。再根據設置時間、職稱，從史源學、校勘學等角度分析史料，找出多處年代、名稱上的錯誤。因謂開元四年十二月《舊唐紀》載作採訪使，《新唐書・百官志》載作按察使，至《日知錄》注則誤「按察」爲「採訪」。

二、求源法

陳垣先生重史源，探義例，以「毋信人言」爲治學金言，說考尋史源，有二句金言：「毋信人之言，人實誑汝。」〔註13〕爲此，他給學生開設史源學一門課程。

《日知錄》對經、史、子、文字學等作全面和系統，陳垣先生《日知錄校注》對經的部分少有研注，不過從以下的其他部分分析可見陳垣先生之治歷史，與顧炎武的認眞實是一脈。析言之，求源法在陳垣先生的考史中有三方面的作用。

1、據史源確定名物、典故的原意，以確切理解史料。

《日知錄・流品》云：

《世說》：「紀僧眞得幸於齊世祖，嘗請曰：『臣出自本縣武吏，遭逢聖時，階榮至此，無所須，惟就陛下乞作士大夫。』上曰：『此由江斅，謝瀹，我不得措意，可自詣之。』僧眞承旨詣斅，登榻坐定。斅顧命左右曰：『移吾牀遠客。』僧眞喪氣而退，以告世祖，世祖曰：『士大夫故非天子所命。』」《梁書・羊侃傳》：「有宦者張僧胤候侃，侃竟不前之，曰：『『我牀非閹人所坐。』」」

陳垣先生於「《世說》：」詞後注說：

「世說」二字誤，此引《南史》三六〈江斅傳〉，但「世祖」原作「武帝」。《齊書》〈江斅傳〉不載。〔註14〕

〔註12〕陳垣：《日知錄校注》下冊，頁1891，1892。
〔註13〕陳智超：《陳垣史源學雜文》前言（北京：三聯書店，2007年，第1版），頁9。
〔註14〕陳垣：《日知錄校注》中冊，卷十三，頁743，744。

《南史》卷三十六〈江斅傳〉云：

先是中書舍人紀僧眞幸於武帝，稍歷軍校，容表有士風。謂帝曰：「臣小人，出自本縣武吏，邂逢聖時，階榮至此。爲兒昏，得荀昭光女，即時無復所須，唯就陛下乞作士大夫。」帝曰「由江斅、謝瀹，我不得措此意，可自詣之。」僧眞承旨詣斅，登榻坐定，斅便命左右曰：「移吾牀讓客。」僧眞喪氣而退，告武帝曰：「士大夫故非天子所命。」時人重斅風格，不爲權倖降意。〔註15〕

顧炎武誤以《世說》爲《南史》。「（齊）世祖」當作「（齊）武帝」，爲「世祖」是廟號。

《日知錄・流品》云：

自萬曆季年搢紳之士不知以禮飭躬，而聲氣及於宵人。【原注】如汪文言一人，爲東林諸公大玷。詩字頒於輿皁，至於公卿上壽，宰執稱兒。而神州陸沈，中原塗炭，夫有以致之矣。

陳垣先生於「中原塗炭，」句後注說：

「塗炭」原作「左衽」。〔註16〕

《論語・憲問》云：

微管仲，吾其被髮左衽矣。〔註17〕

劉寶楠《論語正義》解釋云：

中夏禮服皆右衽，深衣則用對襟，對襟用直領，戎狄無禮服，亦無深衣，止隨俗所好服之，而多是左衽，故夫子舉爲言也。〔註18〕

春秋戰國時期，衣式早有左衽、右衽的區分，交領右衽爲中原華夏族的固有服飾特徵。中國古代某些少數民族的服裝衣襟向左，因以「左衽」之指少數民族。顧炎武立場堅定，反對由夷狄文化取代諸夏文化。不忍天下生靈受塗炭，淪爲左衽。

我們必須明白陳垣先生在《日知錄校注》中論述的「夷」，亦針對日本侵略者，與歷史上的華夷之辨及狹隘的大民族主義固當有所分別。陳垣先生比勘諸本，撰爲《舊五代史輯本發覆》三卷，並著清朝皇帝忌改之例，指出其

〔註15〕李延壽：《南史》第三冊，卷三十六（北京：中華書局，1975年，第1版），頁943。

〔註16〕陳垣：《日知錄校注》中冊，卷十三，頁743、744。

〔註17〕楊伯峻：《論語譯注》（北京：中華書局，1980年，第2版），頁151。

〔註18〕劉寶楠：《論語正義》（北京：中華書局，1990年，第1版），頁579。

所避「虜、戎、胡、夷狄、犬戎、蕃、酋、僞、賊、犯闕」諸字。我嘗試列出陳垣先生在《日知錄校注》中校對出的忌改字：

清帝所忌諸字	由 陳 垣 先 生 在 《 日 知 錄 校 注 》 中 列 出
虜	陳垣先生於《日知錄・宗室》原注「詔諸王率兵勤王。已而寇」句後注說：「原作『虜』。」（陳垣：《日知錄校注》上冊，卷九，頁536，537。）
	陳垣先生於《日知錄・交阯》「驅漠北殘寇」句後注說：「『漠』原作『漢』，『寇』原作『虜』。」（陳垣：《日知錄校注》下冊，卷三十一，頁1763～1765。）
戎	陳垣先生於《日知錄・外國風俗》「而知契丹之將亡。」句後注說：「自此以下，原作：『此固人情之所必至，而戎狄之敗特速於中華者，他日未嘗學問也。』（陳垣：《日知錄校注》下冊，卷二十九，頁1673，1674。）
	陳垣先生於《日知錄・冠服》「服飾之變，亦已多矣，」句後注說：「此下原有『卒至於裂冠毀冕而戎制之』十一字。」（陳垣：《日知錄校注》下冊，卷二十八，頁1617，1618。）
胡	陳垣先生於《日知錄・夫子之言性與天道》「劉石」詞後注說：「『劉石』原作『五胡』。」（陳垣：《日知錄校注》上冊，卷七，頁384，385。）
	陳垣先生於《日知錄・出身授官》「逐出彊寇，」字後注說：「『寇』原作『胡』。」（陳垣：《日知錄校注》中冊，卷二十九，頁972，973。）
夷狄	陳垣先生於《日知錄・楚吳書君書大夫》「《春秋》之於吳、楚，」句後注說：「『吳楚』原作『夷狄』。」（陳垣：《日知錄校注》上冊，卷四，頁189，190。）
	陳垣先生於《日知錄・藩鎮》「『郡縣削弱，則戎翟之禍烈矣。』」句後注說：「《困學紀聞》十〈古公事獯鬻〉條。『戎翟』原作『夷狄』。」（陳垣：《日知錄校注》上冊，卷九，頁544，545。）
犬戎	〔《日知錄》未見忌諱〕
蕃	陳垣先生於《日知錄・二字姓改一字》「使舉籍蕃」詞後注說：「『蕃』原作『胡』。」（陳垣：《日知錄校注》下冊，卷二十三，頁1275，1276。）
	陳垣先生於《日知錄・徙戎》「則狡寇」詞後注說：「『狡寇』原作『夷狄』，下文『外蕃』原作『四夷』，『戎人』原作『夷人』。」（陳垣：《日知錄校注》下冊，卷二十九，頁1678，1679。）
酋	陳垣先生於《日知錄・僞銀》「賞北蕃」詞後注說：「『北蕃』原作『虜酋』。」（陳垣：《日知錄校注》下冊，卷二十三，頁666，667。）
	陳垣先生於《日知錄・少林僧兵》「爲金」詞後注說：「『金』原作『虜酋』。」（陳垣：《日知錄校注》下冊，卷二十三，頁1666，1667。）
僞	〔《日知錄》未見忌諱〕
賊	〔《日知錄》未見忌諱〕
犯闕	〔《日知錄》未見忌諱〕

附註：此表的「合肥：安徽大學出版社，2007年，第1版）」出版資料從略。

陳垣先生的愛國行爲標準最高的是爲國捐軀，不能則堅拒爲侵略者服務。
《通鑑胡注表微·夷夏篇第十六》云：

> 夷夏者，謂夷與夏之觀念，在今語爲民族意識。《公羊》成十五年傳
> 「《春秋》內其國而外諸夏，內諸夏而外夷狄。」非尊己而卑人也，
> 內外親疏之情，出於自然，不獨夏對夷宜然，是之謂民族意識。當
> 國家承平及統一時，此種意識不顯也；當國土被侵陵，或分割時，
> 則此種意識特著，身之生民意識顯著之世，故能了解而發揮之，非
> 其世，讀其書，不知其意味之深長也。〔註19〕

魏晉同屬諸夏，蜀國也非夷狄，陳垣先生認爲稱昭烈爲先主不需要。政權是
否爲正統，完全是因爲他們所處的時代。另由陳垣先生在《舊五代史輯本發
覆》中列出，清帝所忌避「虜、戎、胡、夷狄、犬戎、蕃、酋、僞、賊、犯
闕」諸字。（陳垣：《陳垣學術論文集》第二集（北京：中華書局，1982 年，
第 1 版），頁 150。）清初刊寫書籍時，凡遇到「胡」、「虜」、「夷」、「狄」等
「違礙」字眼，多用墨釘或「鹵」、「彝」、「敵」等字代替。

2、據史源推斷史料的學術價值，以確定其可信程度。

史料的分類，主要依據其性質，但在實踐中不可避免地會出現分類重疊
的現象。就不同史料在研究領域的實際應用情況看，可能出現重疊現象。陳
垣先生的史源學首重懷疑精神，將要研究的文中人名、故事出處考出。史源
本身沒有錯誤，但引用者由於疏忽、誤解，把正確變成錯誤。史源本身無所
謂錯誤，但引用者未查核原文，僅據他人的誤引，結果是以訛傳訛。

《日知錄·禁兵器》云：

> 漢武帝時，公孫弘奏言，禁民毋得挾弓弩。吾丘壽王難之，以爲「聖
> 王務教化，而省禁防。今陛下昭明德，建太平，宇內日化，方外鄉

〔註19〕陳垣：《通鑑胡注表微》（北京：科學出版社，1958 年，第 1 版），頁 307。
另：牟潤孫先生《〈兩漢迄五代入居中國之蕃人氏族研究〉序》云：援庵師
語潤孫曰：「……夫我炎黃胄裔與邊疆諸族長期混凝，始有今日之中國。
春秋時戎狄固已合于諸夏，即自漢以降，無論其爲入主抑歸附之蕃人，陶
染既久，相率化于周禮，習中原禮樂，而貫用漢姓，或攀援漢魏郡望，或
依託唐宋舊門，世亦未嘗以軒轅子孫視之。吾人所以考尋其淵源，明其姓
氏之所自出者，非辨華夷之畛域也，惟求指明其融匯之踪迹，以證我華夏
爲一混合民族。質言之漢族之傳統雖久遠，是以剝極能復，歷危猶存也。」
（牟潤孫：《海遺叢稿》（初編）（北京：中華書局，2009 年，第 1 版），頁
321。）

風。然而盜賊猶有者，郡國二千石之罪，非挾弓弩之過也」。誠能明
教化之原，而帥之以爲善保家之道，則家有鶴膝，戶有犀渠。適足
以誇國俗之強，而不至導民以不祥之器矣。

陳垣先生於「適足以誇國俗之強，」句後注說：

注應在「犀渠」下。言二語見《舊唐書》卷百〈鄭惟忠傳〉引〈吳
都賦〉〔註20〕，左思撰，見《文選》五。潘本已誤。〔註21〕

《文選・吳都賦》云：

富中之旴，貨殖之選。乘時射利，財豐巨萬。競其區宇，則并疆兼
巷；矜其宴居，則珠服玉饌。趫材悍壯，此焉比廬。捷若慶忌，勇
若專諸。危冠而出，竦劍而趨。扈帶鮫函，扶揄屬鏤。藏鍦於人，
去戚自閻。家有鶴膝，戶有犀渠。軍容蓄用，器械兼儲。吳鉤越棘，
純鈞湛盧。〔註22〕

「家有鶴膝，戶有犀渠」是《文選・吳都賦》語。知此處《日知錄・禁兵器》
的原注語應移前。

又《日知錄・喪禮主人不得升堂》云：

《南史》孔秀之遺令曰：「世俗以僕妾直靈助哭，當緣喪主不能淳至，
欲以多聲相亂。魂而有靈，吾當笑之。」

陳垣先生於「《南史》孔」詞後注說：

「孔」當作「王」，元鈔本，潘本已誤作「孔」。〔註23〕《南史》二

〔註20〕陳致易〈評上世紀九十年代兩種《日知錄》校注本〉說：卷之十二《禁兵器》，
嶽本 p.49，甘本 p.57：此條最後用《舊唐書・鄭惟忠傳》中引〈吳都賦〉（左
思撰，見《文選》五）「家有鶴膝，戶有犀渠」。其實《日知錄》原注應在此
句後，語見《舊唐書》一〇〇《鄭惟忠傳》。上文「誠能明教化之原」，至下「適
足以誇國俗之強」是亭林語。潘本已誤，兩本均不考，使以爲皆《吳都賦》
文。（陳致易：〈評上世紀九十年代兩種《日知錄》校注本〉，《安徽大學學報》
（哲學社會科學版）第 31 卷第 1 期（2007 年 1 月），頁 79。）「嶽本」指嶽
麓書社秦克誠點校的《日知錄集釋》；「甘本」指甘肅民族出版社出版的，由
周蘇平和陳國慶點注的《日知錄》。
〔註21〕陳垣：《日知錄校注》中冊，卷十二，頁 701、702。
〔註22〕蕭統：《文選》卷五（上海：上海古籍出版社，1986 年，第 1 版），頁 220，
221。
〔註23〕陳致易〈評上世紀九十年代兩種《日知錄》校注本〉說：卷之十四《喪禮主
人不得升堂》：《南史》孔秀之遺令曰……「孔」當作「王」，見《南史》二四
本傳，原鈔本、潘本已誤作「孔」，嶽本 p.527，甘本 p.663 照誤。（陳致易：〈評
上世紀九十年代兩種《日知錄》校注本〉，《安徽大學學報：哲學社會科學版》

四本傳。《南齊書》四六不載。《全齊文》十三。〔註24〕

陳垣先生解釋《南史》「孔秀」是「王秀」之誤。

又《日知錄・列國官名》云：

> 春秋時列國官名，若晉之「中行」，宋之「門尹」，鄭之「馬師」，秦之「不更」、「庶長」，皆他國所無。而楚尤多，有「莫敖」、「令尹」、「司馬」、「太宰」、「少宰」、「御士」、「左史」、「右領」、「左尹」、「右尹」、「連尹」、「鍼尹」、「寢尹」、「工尹」、「卜尹」、「芊尹」、「藍尹」、「沈尹」、「清尹」、「薳尹」、「囂尹」、「陵尹」、「郊尹」、「樂尹」、「宮廄尹」、「監馬尹」、「揚豚尹」、「武城尹」，其官名大抵異於他國。

陳垣先生於「武城尹」詞後注說：

> 「莫敖」以下之楚官名，依次見於《左傳》桓公十一年、僖公三十五年、僖公二十八年、昭公二十一年、宣公十二年、襄公二十二年、哀公十七年、哀公十七年、宣公十一年、昭公十二年、宣公十二年、昭公四年、哀公十八年、宣公二十二年、昭公十三年、昭公七年、定公五年、襄公二十四年、成公七年、昭公二十七年、昭公十二年、昭公十二年、昭公十三年、定公五年、昭公元年、昭公三十年、襄公十八年、哀公十七年。注中之陳「芊尹蓋」，見哀公十五年。〔註25〕

陳垣先生於〈列國官名〉條把「莫敖」等楚國官名的史源說清楚。

3、據史源，以證史料轉引之誤。

如考證《日知錄集釋》中轉引史料之誤。有的錯誤，像不檢史源：

第1期（2007年1月），頁81。）

〔註24〕陳垣：《日知錄校注》中冊，卷十四，頁818。

〔註25〕陳垣：《日知錄校注》上冊，卷四，頁231，232。

《漢書》卷三十九〈蕭何曹參傳〉第九：「參功：凡下二國，縣百二十二；得王二人，相三人，將軍六人，大莫囂、郡守、司馬、候、御史各一人。〔一〕」如淳曰：「囂音敖。」張晏曰：「莫敖，楚卿號也。時近六國，故有令尹、莫敖之官。」（班固：《漢書》卷三十九，（北京：中華書局點校本，1962年，第1版），頁2017，2018．）

據《中國歷代官稱辭典》，「莫敖」是春秋楚國的高級執政官。（趙德義：《中國歷代官稱辭典》，（北京：團結出版社，1999年，第1版），頁268。）囂見《金石文字辨異・平聲・蕭韻・囂字》引〈唐道因法師碑〉。（邢澍：《金石文字辨異》卷四，刊於《石刻史料新編（二十九）》，（台北：新文豐出版公司，1986年，第1版），頁17。）

從而分析囂即敖。「囂」或據金文𡠼以至簡書或其他刻辭楷定標準。

《日知錄・三場》云：

> 明初三場之制，雖有先後，而無重輕。乃士子之精力多專於一經，略於考古。……宋嘉祐中，知諫院歐陽修上言：「今之舉人，以二千人為率，請寬其日限，而先試以策而考之。擇其文辭鄙惡者，文意顛倒重雜者，不識題者，不知故實略而不對所問者，誤引事跡者，雖能成文而理識乖誕者，雜犯舊格不考式者，凡此七等之人先去之，計二千人可去五六百。以其留者，次試以論，又如前法而考之，又可去其二三百。其留而試詩賦者，不過千人矣，於千人而選五百，少而易考，不至勞昏，考而精當，則盡善矣。縱使考之不精，亦當不至大濫，蓋其節抄剽盜之人，皆以先策論去之矣。比及詩賦，皆是已經策論，粗有學問理識，不至乖誕之人。縱使詩賦不工，亦可以中選矣。†如此，可使童年新學，全不曉事之人，無由而進。」〔註26〕

以下記錄《日知錄集釋》中條引「錢氏曰」整段以便分析，中間劍號加網的地方顯示為多出的「錢氏曰」文字：

> †【錢氏曰】鄉會試雖分三場，實止一場。士子所誦習，主司所鑑別，不過《四書》文而已。《四書》文行之四百餘年，場屋可出之題，士子早已預擬。每一榜出，鈔錄舊作，幸而得雋者，蓋不少矣。今欲革其弊，易以詩賦、論策，則識者必譁然阻之，以為聖賢之言不可不尊，士子所習難以驟改，其說必不行，其弊終難革也。竊謂宜以《五經》文為第一場，《四書》文為第二場。《五經》卷帙既富，題目難以預擬，均為八股之文，不得誣為末習，如此則研經者漸多，而勦襲雷同之弊庶幾稍息乎？

陳垣先生覺得《日知錄集釋》中〈三場〉條引「錢氏曰」一段，將歐公（歐陽修）之文橫腰截斷，過在不檢史源。〔註27〕歐陽修認為舉人考試應有全國統一的選拔標準，沒錢氏插入文章所說的瑣屑。個人覺得插入文章文字令傳整篇文章語氣不類。《日知錄校注》幫我們正確認識《日知錄》及《日知錄》

〔註26〕陳垣：《日知錄校注》中冊，卷十六，頁911，912。
〔註27〕顧炎武：《日知錄集釋》中冊，卷十六（上海：上海古籍出版社，2007年，第1版），頁943～945。
「錢氏曰」文字置於「縱使詩賦不工，亦可以中選矣。」與「如此可使童年新學全不曉事之人無由而進。」之間，確實有點突兀。欒保群呂宗力兩位的校點也注意到撿出「錢氏曰」文字，當然陳垣先生沒有不察覺的道理。

揭示的史源學和考證方法。陳垣先生創設的「史源學實習」課的目的，是要提高文史科學生閱讀史書、寫作論文的能力。

《日知錄・醫師》云：

> 《唐書》，許胤宗言：「古之上醫，惟是別脈。脈既精別，然後識病。夫病之與藥，有正相當者，惟須單用一味，直攻彼病，藥力既純，病即立愈。今人不能別脈，莫識病源，以情臆度，多安藥味。譬之於獵，未知兔所，多發人馬，空地遮圍，冀有一人獲之，術亦疏矣。假令一藥偶然當病，他味相制，氣勢不行，所以難差，諒由於此。」

陳垣先生注說：

> 《舊唐書》一九一〈方伎傳〉〈許胤宗傳〉載之，《新唐書》二〇四〈方伎傳〉已易其詞。〈許胤宗傳〉至此止。集釋引楊氏將原文截斷，不合。〔註28〕

陳垣先生把「史源」金針度與人，告訴自己的學生讀史與考史的基本方法。著作出版了，能讓我們通過親手實踐來逐步掌握這些方法，嘉惠後學。所謂史源學，主要講授如何尋找每一條史料的來源。因爲古人著書，大多隱括前賢言論，並沒有全文徵引的習慣。陳垣先生強調讀書時要重視史料的來源，只有檢查、核對史料的眞僞，才能判斷前人立論的可靠與否。

又《日知錄・座主門生》云：

> 《風俗通》記：「弘農太守吳匡，爲司空黃瓊所舉。班詔勸耕，道於澠池，聞瓊薨，即發喪制服，上病，載轝車還府。論之曰：剖符守境，勸民耕桑，肆省冤疑，和解仇怨，國之大事，所當勤恤。而猥顧私恩，傲狠自遂。若宮車晏駕，何以過茲？論者不察，而歸之厚。司空袁周陽舉苟慈明有道，太尉鄧伯條舉訾孟直方正。二公薨，皆制齊衰。【原注】《漢書・荀爽傳》：「司空袁逢舉有道，不應。及逢卒，爽制服三年。當世往往化以爲俗。」邵寶議之曰：「師喪以心，而舉主服三年，可乎？」

陳垣先生於「《漢書・荀爽傳》：」詞後注說：

> 《後漢書》九二。「後」字似不能省。〔註29〕

《日知錄校注》中〈座主門生〉條的注釋提到「漢書・荀爽傳」，陳垣先生辨明引書的來源是「《後漢書》九二。」且謂：「『後』字似不能省。」陳垣先生

〔註28〕陳垣：《日知錄校注》上冊，卷五，頁259。
〔註29〕陳垣：《日知錄校注》中冊，卷十七，頁964，965。

盡心把自己懂的傳授給讀者。「漢書‧荀爽傳」的寫法不對，「後漢書‧荀爽傳」的寫法才正確。

又《日知錄‧部刺史》原注云：

> 唐開元中，或請選擇守令，停採訪使。姚崇奏：「十道採訪，猶未盡得人，天下三百餘州，縣多數倍，安得守令皆稱其職？」

陳垣先生注說：

> 《舊唐書》〈紀〉八，開元四年末停十道採訪使。注本《通鑑》二一一開元三年十二月條，作「停按察使」，非「採訪使」。採訪廿二年乃置，按察景龍三年置，見《會要》七七。但《通典》卅二作景雲二年置，《通鑑》同。姚崇，開元九年薨，《舊唐書》九六，《新唐書》一二四。〔註30〕

陳垣先生謂引書的要分史料來源正確不正確。《日知錄》卷九〈部刺史〉條，顧炎武引開元廿二年二月置十道採訪處置使詔，陳垣先生校勘出各史書雜採折衷的情況。部刺史為中央派出的常駐監察官，採訪使是不定期監察各地的官員。

三、鉤稽法

所謂鉤稽法，是指在考證過程中鉤沉索隱、搜求相關史料，從多個角度出發，在多個層次上稽考史實的方法。這種方法需要考證者具備深厚的功力和敏銳的眼光，追尋史料，或由表及裏地連綴史料，考證整個史料的真偽。而任何史料都不可避免地要涉及一些人地時、數目、職官和制度等歷史要素。

《日知錄‧部刺史》云：

> 《史記‧萬石君傳》：「長子建，次子甲，次子乙，次子慶。」「甲」、「乙」非名也，失其名而假以名之也。〈韓安國傳〉：「蒙獄吏田甲。」〈張湯傳〉：「湯之客田甲。」《漢書‧高五王傳》：「齊宦者徐甲。」〈嚴助傳〉：「閩越王弟甲。」疑亦同此。【原注】〈孟嘗君傳〉：「田甲劫湣王。」當是其名。〈任安傳〉：「某子甲何為不來乎？」《三國志》注：「許攸呼魏太祖小字曰，某甲，卿不得我，不得冀州也。」《左傳》文十四年，齊公子元，不順懿公之為政也，終不曰「公」，曰「夫己氏」。

注：猶言某甲。【原注】《文選·爲齊明帝讓宣城郡公表》：「謹附某官某甲，奉表以聞。」〈宣德皇后令〉：「今遣某位某甲等。」

陳垣先生於「失其名而假以名之也」句後注說：

斷而後舉證。〔註31〕

〈孟嘗君傳〉中「田甲劫湣王。」的「田甲」不同《史記·萬石君傳》：「長子建，次子甲，次子乙，次子慶。」阿「甲、乙」兩兄弟的情況。「田甲」姓田，也許跟孟嘗君（孟嘗君，姓田名文，公元？～前279年）是田氏王族的成員，但地位當然不能相比，卻影響了名公子孟嘗君的命運，豈不諷刺？

又《日知錄·通鑑注》云：

劉肅《大唐新語》：「中宗宴興慶池，侍宴者並唱〈迴波詞〉。給事中李景伯歌曰：『迴波詞，持酒卮。微臣職在箴規，侍宴既過三爵，諠譁竊恐非儀。』」首二句三言，下三句六言，蓋〈迴波詞〉體也。今《通鑑》作「迴波爾時酒卮」，恐傳寫之誤。

陳智超注說：

援庵批語：「以不誤爲誤。古所謂訓詁學，今所謂語言學，皆重要。『爾時』自是當時語。」〔註32〕

〈迴波詞〉六言四句，開頭例有「迴波爾時」四字，故名。見《樂府詩集》卷八十〈迴波樂·題解〉。〈迴波樂·題解〉云：

〈迴波樂〉，商調曲。唐中宗時造，蓋出於曲水引流泛觴也。〈本事詩〉曰：「中宗之世，嘗因內宴，群臣皆歌〈迴波樂〉，撰辭起舞。時沈佺期以罪流嶺表，恩還舊官，而未復朱紱。佺期乃歌〈迴波樂〉辭以見意，中宗即以緋魚賜之，自是多求遷擢。」《唐書》曰：「景龍中，中宗宴侍臣，酒酣，令各爲〈迴波樂〉，眾皆爲諂佞之辭，及自要榮位。次至諫議大夫李景伯，乃歌此辭。後亦爲舞曲。」〔註33〕

「爾時」猶言其時或彼時，《樂府詩集》證〈迴波樂〉開頭有「迴波爾時」四字。沈佺期則係憑歌詞寄意。

陳垣先生擅長從考察人名、地名、職官、制度等歷史要素入手，由縱及

〔註31〕陳垣：《日知錄校注》下冊，卷二十三，頁1308，1309。

〔註32〕同上，卷二十七，頁1604。

〔註33〕郭茂倩：《樂府詩集》，卷八十（北京：中華書局，1979年，第1版），頁1133，1134。

橫地聯繫相關史料，從而考察某一段歷史記載的正誤，如《日知錄校注》附錄中的〈題蔡寬夫詩話〉條中多方查蔡啓的身分，過程有點像做偵探。

又〈題蔡寬夫詩話〉云：

> 〈題蔡寬夫詩話〉今佚，友人郭紹虞先生有輯本，刊《宋詩話輯佚》中，頗便檢閱。《日知錄》三十一〈江乘〉條所引，見《苕溪漁隱叢話》前集二十四。寬夫名居厚，《宋史》三五六有傳。《宋詩紀事》三十七引《梅磵詩話》，載其〈和人治字韻〉。《漁隱叢話》前集九亦載之，但稱為蔡寬夫啓。朱緒曾《開有益齋讀書志》六以此疑寬夫名啓；又據《南窗紀談》，謂寬夫曾官侍郎，與《宋詩紀事》所言歷官不合，不知《宋史》本傳明言居厚曾官戶部侍郎也。

> 且蔡啓何人，他書曾見其名否，似應注意。或以為蔡天啓，則「寬」字是衍文，「夫」字是「天」之訛，尚有可能。蔡天啓名肇，見《宋史》四四四，及《宋詩紀事》二十七。若蔡啓，則無是公烏有先生也。然此僅就〈治字韻〉詩言，若《蔡寬夫詩話》為蔡居厚作，本無疑義。朱緒曾疑《宋詩紀事》為誤，蓋不知蔡居厚《宋史》有傳耳。《宋詩話輯佚》序，乃信朱緒曾說，謂《蔡寬夫詩話》為蔡啓作。在朱固未免輕疑，《宋詩話輯佚》似亦未免輕信也。〔註34〕

陳垣先生指出郭紹虞在《宋詩話輯佚》將蔡寬夫之名「居厚」誤為「啓」，是郭紹虞沒有注意到蔡居厚在《宋史》卷三五六中有傳。陳垣先生不同意蔡寬夫名啓，傾向於相信蔡寬夫名居厚。

五代時期，繼承了唐代史館修史、宰相監修實錄和國史的制度，但沒有修出一部本國的國史。後晉修成的《舊唐書》，卻是現存最早的系統記錄唐代歷史的一部史籍。

又《日知錄・本朝》云：

> 古人謂所事之國為本朝。魏文欽降吳，表言：「世受魏恩，不能扶翼本朝，抱愧俛仰，靡所自厝。」又如吳亡之後，而蔡洪與刺史周浚書言「吳朝舉賢良」是也。……

> 《舊唐書》劉昫撰。昫為石晉宰相，而其《職官志》，稱唐曰「皇朝」、曰「皇家」、曰「國家」；《經籍志》，稱唐曰「我朝」。

〔註34〕陳垣：《日知錄校注》下冊，附錄，頁1895。

陳垣先生注說：

> 此等稱多承國史舊文。〈地理志〉稱「大唐」、「國初」，李吉甫、陸
> 贄傳稱「國朝」，唐臨、徐有功、澤王上金傳稱「今上」，〈穆宗紀〉
> 稱「本朝」。〔註35〕

「國初」，立國之初。舊時稱本朝爲「國朝」。帝制時代稱當代的君主爲「今上」。君主時代稱自己所處的朝代爲「本朝」。「大唐」（公元618～907年）係中國史上一國，叫大唐國，簡稱唐。《舊唐書》修成於後晉開運二年（公元945年），即唐亡國後三十九年‧是官修書。《舊唐書》的修撰，從籌集史料，到全書完成，經歷了梁、唐、晉三代，歷時二十五年。《舊唐書》的價值保存了大量原始材料，有史家認爲它編撰草率，像前半部分對史料不加考證、篩選，照抄原文，出現錯誤。比如〈職官志〉稱唐爲「皇朝」、「皇家」，〈經籍志〉稱唐爲「我朝」，明顯矛盾。

陳垣先生於《日知錄校注》收集國史舊文，考證史源，講述古人稱其事國制度的流變。顧炎武和陳垣先生在他們部分或全部的著作中或多或少都流露出「本朝淪沒」的遺民心態，不甘於成爲改朝易代後的前朝百姓，對「本朝」相關的名稱很重視。

第二節　考證的內容

《日知錄》是明末清初學者顧炎武的代表作品，陳垣先生於三十年代始作《日知錄校注》，做了大量校注工作。陳垣先生擅長組織材料，追蹤線索。他強調民族氣節，與顧炎武相同，但對顧炎武的意見卻不事事順從。這本書其實合了眾人的努力，陳垣先生祖孫三代均以治史聞名，陳垣先生先將《日知錄》所引之文一一找出或核實其出處，不過要注意的是，除了版本的問題外，陳垣先生少直接回應顧炎武的自注及其他學者的注釋，而陳智超等的後繼者較注意顧炎武及其他學者注釋的錯誤，爲讀者解釋。某類古書尤其是數術書幾乎盡歸亡佚，其中的語句今天能爲別的學者襲用，這學術的源流彌足珍貴，陳智超不厭其煩地告訴我們，是要我們了解學術的源流。

《日知錄校注》根據的底本是黃汝成的《日知錄集釋》，有些人不明白《日知錄校注》爲甚麼不收《日知錄集釋》的內容。陳垣先生並非疏忽，而是經過

〔註35〕陳垣：《日知錄校注》中冊，卷十三，頁788，789。

深思熟慮。顧炎武以經史考證的成績，被普遍認爲是乾嘉學派的奠基人，顧炎武倡「左圖右史」，陳垣先生鼓勵他的學生照樣做，學寫文章也要學顧炎武的。

陳垣先生講授如何尋找每一條史料的來源，必須查引書的要分史料來源正確不正確。查正史是必要的，正史不止一本，相關的史料查證必須靠不同的書。陳垣先生熟知版本，點明顧炎武哪處兼採相關的史書。

《日知錄集釋》的致誤，分析注者何以受批評，如引書注文不分，內容產生訛誤脫衍，不一而足。陳垣先生很了解基本文體和語言特點，分析文體流變一點不外行。不鼓勵學生作八股，但陳垣先生竟曾考科舉，熟悉八股。雖是史學家，陳垣先生特重語法修辭。個人認爲《日知錄校注》一書並非入門的史學導讀，略懂學術門徑的讀者看了可能更有好處。

一、對前人注文的糾謬

古人引用古書常常經傳不分，正文和注文不分。

《日知錄・選補》云：

> 于愼行《筆麈》言：「太宰富平孫公丕揚患中人請託，難於從違，大選外官，立爲掣籤之法。一時宮中相傳，以爲至公，下逮閭巷，翕然稱誦，而不知其非體也。古人見除吏條格，卻而不視，以爲一吏足矣。奈何衡鑑之地，自處於一吏之職，而無所秉成，亦已陋矣。至於人才長短，各有所宜，資格高下，各有所便，地方繁簡，各有所合，道理遠近，各有所準，乃一付之於籤，是掩鏡可以索照，而折衡可以坐揣也。從古以來，不聞此法。」

陳垣先生於「而不知其非體也」句後注說：

> 集釋置楊氏之言於此，以爲于言止於此。〔註36〕

以上「以爲于言止於此」的「于」，指著《穀山筆麈》的于愼行。

《日知錄集釋・選補》云：

> 于愼行《筆麈》言：「太宰富平孫公丕揚，患中人請托，難於從違，大選外官，立爲掣籤之法，一時宮中相傳，以爲至公，下逮閭巷，翕然稱誦，而不知其非體也。 †【楊氏曰】富平之爲此，一時之權宜也。如崔亮之停年，或且以爲聖人矣。非深識之士，烏知其極哉。古人見除吏條格，卻而

〔註36〕陳垣：《日知錄校注》上冊，卷八，頁477，478。

不視，以爲一吏足矣。奈何衡鑑之地，自處於一吏之職，而無所秉成，
亦已陋矣。至於人才長短，各有所宜；資格高下，各有所便；地方繁
簡，各有所合；道里遠近，各有所準。乃一付之於籤，是掩鏡可以索
照，而折衡可以坐揣也。從古以來，不聞此法。」〔註37〕

于愼行《穀山筆麈》卷五云：

關中太宰孫公丕揚，……又患內人請托，難以從違，大選外官，立
爲掣籤之法，一時宮中相傳以爲至公，下逮小民閭巷翕然稱誦，而
不知其非體也。‡古人見除吏條格，卻而不視，以爲一吏足矣。奈何
衡鑑之地，自處於一吏之職，而無所秉成，亦已陋矣。至於人才長
短，各有所宜；資格高下，各有所便；地方繁簡，各有所合；道里
遠近，各有所準。乃一付之於籤，是掩鏡可以索照，而折衡可以坐
揣也。從古以來，不聞此法。〔註38〕

于愼行《穀山筆麈》卷五這段說的掣籤法與明代銓選制度有關。吏部尚書孫
丕揚創建了掣籤法，貪污鑽營無從，但選擇人才從此靠抽籤，選賢任能的重
大職責，轉交給了一堆竹籤。《穀山筆麈》中的「關中太宰孫公丕揚，……又
患內人請托，難以從違，大選外官，立爲掣籤之法，一時宮中相傳以爲至公，
下逮小民閭巷翕然稱誦，而不知其非體也。」與「古人見除吏條格，卻而不
視，以爲一吏足矣。奈何衡鑑之地，自處於一吏之職，而無所秉成，亦已陋
矣。至於人才長短，各有所宜；資格高下，各有所便；地方繁簡，各有所合；
道里遠近，各有所準。乃一付之於籤，是掩鏡可以索照，而折衡可以坐揣也。
從古以來，不聞此法。」之間的確不應該加注。顧炎武原注亦不都加在整段
之後；陳垣先生之說，大抵以理推之。行文語氣不合情理，陳垣先生通過比
較，得出「集釋置楊氏之言於此，以爲于言止於此。」的結論。以上《日知
錄集釋·選補》文中‡號後顯示多出了的「楊氏曰」一段，爲于愼行《穀山筆
麈》卷五文中的‡號後所無。

又《日知錄·灅程》云：

《山堂考索》載唐灅制：「凡陸行之程，馬日七十里，步及驢五十里，
車三十里。水行之程，舟之重者泝河日三十里，江四十里，餘水四

十五里；空舟泝河四十里，江五十里，餘水六十里。沿流之舟，則
輕重同制，河日一百五十里，江一百里，餘水七十里。」轉運徵斂
送納，皆準程節其遲速。其三峽、砥柱之類，不拘此限。此法可以
不盡人馬之力，而亦無逗留之患。今之過淮、過洪及回空之限，猶
有此意，而其用車驢，則必窮日之力而後止，以至於人畜兩弊，豈
非後人之急迫，日甚於前人也與，然其效可睹矣。

　　陳垣先生於「此法可以不盡人馬之力，而亦無逗留之患。今」段後注說：

今，亭林之言也。集釋以爲「俊卿所述」，殊可笑。章如愚字俊卿。
〔註39〕

漕運指漕糧運輸一日的行程。漕糧屬於田賦的一種，先徵儲於各州府或省的倉
庫，再轉送京師。顧炎武讀了《山堂考索》，把唐代和明代的漕運狀況一比較，
發現了大問題。《山堂考索》又名《群書考索》。今翻《山堂考索後集》卷五十
五「財賦門・漕運類」，找不到「今之過淮、過洪及回空之限，猶有此意」的話。

　　唐代國家對漕運是有嚴格管制的。陸路、水路都有嚴格規定。如果是經
過三峽這些特殊地段，則國家不規定具體的速度。爲甚麼要有這種規定呢？
袁輝〈歷史與空間：明清變遷中反省細節〉一文分析說：

顧炎武說，這可以讓人和交通工具的運輸能力發揮得恰到好處，既
不會過於疲憊，也不會因爲太慢而導致交通堵塞。但是到了明代，
國家除了一些方面還延續唐朝制度外，大體已不作規定和管理，導
致人困馬乏。顧炎武感到奇怪：「豈非後人之急迫，日甚於前人也
與？」後來的人，爲甚麼那麼急躁呢？一個國家如果漫無限制地追
求速度，不加以理性的管理，反而會欲速不達。〔註40〕

陳垣先生評黃汝成加的案語「可笑」，是因爲黃汝成誤以顧炎武的話爲《山堂
考索》作者章如愚所述。

二、對史書義例的考證

　　「義例」是著書的主旨和體例，總結古籍的義例可以解釋疑難。

　　《日知錄・密疏》云：

〔註39〕陳垣：《日知錄校注》中冊，卷十，頁602，603。
〔註40〕袁輝：〈歷史與空間：明清變遷中反省細節〉，載香港文匯報「文匯園」專欄，
　　　　2006年11月8日。

> 自萬曆末年，章疏一切留中，抄傳但憑閣揭。天啓以來，讒慝弘多，嘖言彌甚。予嘗親見大臣之子，追改其父之疏草而刻之，以欺其人者。欲使蓋棺之後，重爲奮筆之文，逭遺議於後人，侈先見於前事，其爲誣罔，甚於唐時。故志之於書，俾作史之君子詳察而嚴斥之也。〔註41〕

陳垣先生於「以欺其人者」句後注說：

> 家集、家譜不盡可信。

歷史文獻記述不準確就沒作用。「家集」，家人的著作集子。「家譜」，家族記載本族世系和重要人物事跡。修家集、家譜是一種追宗念祖的方式，明清以後，家譜的修纂盛況空前。秘密的奏疏跟家集、家譜都不能盡信。

又《日知錄・術有序》云：

> 《學記》：「術有序。」注：「術，當爲遂，聲之誤也。《周禮》，萬二千五百家爲遂。」按《水經注》引此作「遂有序」，《周禮》：遂人之職，「五家爲鄰，五鄰爲里，四里爲酇，五酇爲鄙，五鄙爲縣，五縣爲遂，皆有地域溝樹之，使各掌其政令。」又按〈月令〉「審端經術」，注：「『術』，《周禮》作『遂』。夫間有遂，遂上有徑，徑小溝也。」《春秋》文公十二年，「秦伯使術來聘」，《公羊傳》、《漢書・五行志》並作遂。《管子・度地篇》：「百家爲里，里十爲術，術十爲州。」「術」音遂。此古「術」、「遂」二字通用之證。陳可大《集說》改「術」爲「州」，非也。

陳垣先生注說：

> 元陳澔《禮記集說》。《集說》所集各家之說，非陳氏自改也。〔註42〕

陳澔（公元 1260～1341 年），字可大，著有《禮記集說》十卷，是明代科舉取士的經典。《禮記集說》的特色是不廢漢唐注疏，兼採宋儒義理之說。

孫希旦《禮記集解・學記》云：

> 愚謂遂有序者，言六遂之中，縣鄙之屬有序也。六鄉之中，閭側有塾，州、黨有序，鄉有庠，則六遂之中，里側有塾，縣鄙有序，遂有庠。此於鄉但言「黨」，於遂但言「術」〔註43〕，略舉而互見之也。

〔註41〕陳垣：《日知錄校注》中冊，卷十八，頁 1004，1005。

〔註42〕陳垣：《日知錄校注》上冊，卷六，頁 345，346。

〔註43〕李亞明〈《周禮・考工記》度量衡比例關係考〉引〈匠人〉篇「一耦之伐，

〔註44〕

又《日知錄‧王正月》云：

趙伯循曰：「天子常以今年冬班明年正朔於諸侯。諸侯受之，每月奉
月朔甲子以告於廟，所謂稟正朔也，故曰『王正月』。」

陳垣先生注說：

趙伯循，名匡，唐人。此引趙匡語，見陸淳《春秋集傳纂例》卷二
「告月祝朔例」。陸淳述其師友啖助、趙匡之說。〔註45〕

陸淳熟讀經學，少師事啖助，與趙匡友好。由啖趙陸三人形成一個學派，陸
淳總其成。至於陸淳《春秋集傳纂例》是不是與啖助、趙匡之說都義例一貫，
倒是個有意義的課題。

又《日知錄‧柏梁臺詩》云：

又按〈百官公卿表〉：「郎中令，武帝太初元年更名光祿勳。典客，
景帝中六年，更名大行令，武帝太初元年，更名大鴻臚。治粟內史，
景帝後元年，更名大農令，武帝太初元年，更名大司農。中尉，武
帝太初元年，更名執金吾。內史，景帝二年分置左內史，右內史，
武帝太初元年，更名京兆尹，左內史更名左馮翊。主爵中尉，景帝
中六年，更名都尉，武帝太初元年，更名右扶風。」凡此六官，皆
太初以後之名，不應預書於元封之時。又按〈孝武紀〉，太初元年冬
十一月乙酉，柏梁臺災。夏五月，正曆，以正月爲歲首，定官名。
則是柏梁既災之後，又半歲而始改官名。而大司馬、大將軍青，則
薨於元封之五年，距此已二年矣。反復考證，無一合者。蓋是後人
擬作，剟取武帝以來官名，及〈梁孝王世家〉乘輿駟馬之事以合之，
而不悟時代之乖舛也。

陳垣先生於《日知錄》卷二十一〈柏梁臺詩〉「又按〈百官公卿表〉」
句後注曰：

廣尺，深尺，謂之畖；田首倍之，廣二尺，深二尺，謂之遂。」等材料來
解釋「尺」等於「10寸」，間接說明「遂」是一種度量衡單位。(李亞明：《〈周
禮‧考工記〉度量衡比例關係考》《東華漢學》第5期（2007年6月），頁
5，6。)

〔註44〕孫希旦：《禮記集解》卷三十六（北京：中華書局，1989年，第1版），頁957
～959。

〔註45〕陳垣：《日知錄校注》上冊，卷四，頁168。

以下利用官制以考眞僞。〔註46〕

〈百官公卿表〉是班固首創的記載漢代中央職官歷任情況的史表。陳垣先生所述「以下利用官制以考眞僞」的「以下」，分別考正了「郎中令、典客、治粟內史、中尉、內史、主爵中尉」六個官名。郎中令，負責皇帝的保衛和傳達。典客，掌諸侯與少數民族部族首領朝覲事務、接待諸郡縣上計吏。治粟內史，掌諸穀物、金玉之貯，相當於國庫司庫。中尉，負責京師保衛。內史，治國民。主爵中尉，掌諸侯以下諸爵的封贈及賓客祭祀饗食等事務。武帝改漢郎中令爲光祿勳，中尉爲執金吾，內史爲京兆尹。

又《日知錄·對人稱臣》云：

> 齊梁以後，王官仍復稱臣，【原注】《隋書·百官志》：「諸王公侯國官皆稱臣，
> 上於天朝，皆稱陪臣。」

陳垣先生注說：

> 《隋書》廿六。此指梁制。〔註47〕

《隋書》在「五代史」中是眞正意義上的官修前代史，由魏徵與顏師古、孔穎達等修撰。

又《日知錄·破題用莊子》云：

> 崇禎時，始申舊日之禁，而士大夫皆幼讀時文，習染已久，不經之
> 字，搖筆輒來。正如康崑崙所受鄰舍女巫之邪聲，非十年不近樂器，
> 未可得而絕也。

陳垣先生注說：

> 康崑崙見《樂府雜錄》，《類函·樂部》引之，且注：崑崙不近樂器
> 十數年，使忘其本領，然後可教。莊嚴寺段師善本語。〔註48〕

《樂府雜錄·琵琶》云：

> 貞元中有康崑崙，第一手。始遇長安大旱，詔移南市祈雨。及至天
> 門街，市人廣較勝負，及鬬聲樂。即街東有康崑崙琵琶最上，必謂
> 街西無以敵也。遂令崑崙登綵樓，彈一曲新翻羽調〈錄腰〉。其街西
> 亦建一樓，東市大誚之。及崑崙度曲，西市樓上出一女郎，抱樂器，
> 先云：「我亦彈此曲，兼移在楓香調中。」及下撥，聲如雷，其妙入

〔註46〕陳垣：《日知錄校注》中冊，卷二十一，頁1161，1162。
〔註47〕陳垣：《日知錄校注》下冊，卷二十四），頁1379，1380。
〔註48〕陳垣：《日知錄校注》中冊，卷十八，頁1021，1022。

神。崑崙即驚駭，乃拜請爲師。女郎遂更衣出見，乃僧也。蓋西市豪族，厚賂莊嚴寺僧善本姓段，以定東廛之聲。翊日，德宗召入，令陳本藝，異常嘉獎，乃令教授崑崙。段奏曰：「且請崑崙彈一調。」及彈，師曰：「本領何雜？兼帶邪聲。」崑崙驚曰：「段師神人也。臣小年，初學藝時，偶於鄰舍女巫授一品絃調，後乃易數師。段師精鑑如此元妙也！」段奏曰：「且遣崑崙不近樂器十年，使忘其本領，然後可教。」詔許之。後果盡段之藝。〔註49〕

〈錄腰〉即《綠腰》。《樂府雜錄》關於康崑崙等人的描述跡近神怪。長安莊嚴寺法名善本的僧人琵琶技藝高超，化身爲女郎演奏，技壓康崑崙。考證史書義例須查找史源，陳垣先生的注對非常有用。

又《日知錄‧茶》云：

《唐書‧陸羽傳》：「羽嗜茶著經三篇，言茶之原、之法、之具尤備，天下益知飲茶矣。有常伯熊者，因羽論復廣著茶之功，其後尚茶成風。時回紇入朝，始驅馬市茶。」

陳垣先生注說：

《新唐書》一九六〈隱逸傳〉，至「始驅馬市茶」止。《舊唐書》無傳。〔註50〕

《日知錄‧廉恥》云：

杜子美詩，安得廉頗將，三軍同晏眠。」一本作「廉恥將」。詩人之意，未必及此，然吾觀《唐書》言：「王似爲武靈節度使。先是吐蕃欲成烏蘭橋，每於河壖先貯材木，皆爲節帥遣人潛載之，委於河流，終莫能成。蕃人知似貪而無謀，先厚遺之，然後并役成橋，仍築月城守之。自是朔方禦寇不暇，至今爲患。」由似之黷貨也。故貪夫爲帥，而邊城晚開。得此意者，郢書燕說，或可以治國乎？

陳垣先生於「然吾觀《唐書》」後注說：

《舊唐書》一三三，《新唐書》一五四。引《舊唐書》而不加「舊」字，與前例不一。〔註51〕

〔註49〕段安節：《樂府雜錄》，載於《學海類編》第四十九冊，頁9，10。
　　　　段安節：《樂府雜錄》，載於《墨海金壺》子部，清嘉慶十三年（公元1808年），（不記頁碼）。
〔註50〕陳垣：《日知錄校注》上冊，卷七，頁433。
〔註51〕陳垣：《日知錄校注》中冊，卷十三，頁742。

在顧炎武看來，《唐書》既可指《舊唐書》或《新唐書》，甚至兼舉兩者。《舊唐書》多保存唐代原始文獻的面貌，而《新唐書》較多刪節。《舊唐書》和《新唐書》所記載的眾多隱士中，除了陸羽、崔覲兩個人眞的一輩子沒當過官，其他都談不上乾淨。

三、發掘從前受人輕視的典籍，介紹適用版本

1、利用《冊府元龜》作考證

《冊府元龜》收集有大量的《舊唐書》史料，由於《舊唐書》失佚已久，要復原此書，必須大量引用《冊府元龜》。直至近代，始爲著名史學家陳垣先生所肯定。譬如薛居正《五代史》，大部分也可由《冊府元龜》輯出。

《日知錄校注》相關學科與相關文獻涵蓋曆法、官制、姓氏名號、避諱各方面。

中國古代曆法是一門很專門的學問，是古天文學的一個分支，內容豐富。陳垣先生應用曆法糾正《日知錄》，像：

《日知錄·河渠》云：

> 黃河載之〈禹貢〉「東過洛汭，至于大伾；北過洚水，至于大陸；又北播爲九河，同爲逆河，入于海」者，其故道也。漢元光中，河決瓠子東南，注鉅野，通于淮泗。武帝自臨，發卒數萬人塞之。築宮其上，名曰宣防。導河北行，復禹舊迹，而梁、楚之地復寧，無水災。自漢至唐，河不爲害，幾及千年。《五代史》：「晉開運元年五月丙辰，滑州河決，浸汴、曹、濮、單、鄆五州之境，環梁山合于汶水。」

陳垣先生注說：

> 《新五代史》九。五月壬申朔，無丙辰，六月辛丑朔，丙辰十六日也。「五月」應是「六月」，是《日知錄》誤。〔註52〕

「朔」，初一。陳垣先生考證五月無丙辰，《日知錄·河渠》說的「五月丙辰」自然於理不合。

又《日知錄·正五九月》云：

> 《冊府元龜》：「德宗貞元十五年九月乙巳詔：自今二月一日、九月九日，每節前，放開屠一日。」

〔註52〕陳垣：《日知錄校注》中冊，卷十二，頁707，708。

陳垣先生注說：

> 《冊府元龜》六四〈發號令門〉，無「乙巳」二字。九月壬寅朔，四月乙巳。然《舊紀》作「己巳」，廿八日也。上有丙辰十五日，下有辛酉二十日，則此「己巳」當爲丁巳十六，或己未十八之譌。《會要》四一不載。〔註53〕

《冊府元龜》

丙辰　　十五日

丁巳　　十六日
戊午

己未　　十八日
庚申

辛酉　　二十日

「己未」廿八日應爲「丁巳」十六日或「己未」十八日之譌，陳垣先生的解釋明白。

又《日知錄・停喪》云：

> 又考《實錄》「永樂七年七月甲戌，仁孝皇后喪，再期。皇太子以母喪未葬，禫後仍素服視事，至几筵，仍衰服」。八年七月乙巳，仁孝皇后忌日，以未葬，禮同大祥。

陳垣先生注云：

> 《太宗實錄》七一。「乙巳」當作「己巳」，丙寅朔，己巳四日。

〔註54〕

丙寅　　朔〔初一〕

丁卯
戊辰

己巳　　四日

由簡單的推算可以得出「乙巳」當作「己巳」的結論。

又《日知錄・短陌》云：

> 漢隱帝時，「王章爲三司使，聚斂刻急。舊制錢出入，皆以八十爲陌，

〔註53〕陳垣：《日知錄校注》下冊，卷三十，頁 1725，1726。
〔註54〕陳垣：《日知錄校注》中冊，卷十五，頁 859，860。

章始令入者八十，出者七十七，謂之省陌。」

陳智超注說：

援庵批：「王說見《商榷》九六，《薛史》輯本見一四六，第三頁。《冊
府》五〇一〈錢幣門〉第廿四頁作天成二年七月度支奏，《輯本》誤
作同光二年也。此自是亭林未引或不引。未見《薛史》，獨未見《冊
府》邪？王氏據《輯本》誤文，不如據《冊府》矣。」〔註55〕

薛居正（公元 912～981 年），北宋大臣、史學家。薛居正《舊五代史》編成
於宋初，但到清初就已失傳。保存《舊五代史》文獻最多的，要算《永樂大
典》和《冊府元龜》。陳垣先生有以《冊府元龜》系統地校《薛史》輯本的意
念。陳垣先生據《冊府元龜》五〇一〈錢幣門〉第廿四頁作「天成二年七月度
支奏」，糾正《薛史》輯本的錯誤，以爲「同光二年」不對。薛居正編的《五
代史》，因後出的歐陽修《五代史記》而被稱爲《舊五代史》，而且逐漸湮沒
不見用；元、明以後，更少流傳。清乾隆年間開四庫全書館，館臣從《永樂
大典》中輯出《薛史》，詔頒佈於學官，是爲《薛史》輯本。陳垣先生曾根據
《冊府元龜》、歐陽修私修的《五代史記》、《資治通鑑》等書，把《薛史》輯
本中改竄的字句校勘出來，恢復其本來面目，並於 1937 年撰成《舊五代史輯
本發覆》。陳垣先生善於考核《冊府元龜》、《薛史》輯本等較爲人輕視的典籍，
揚沙瀝金，發揮他的整合功力。

又《日知錄・內典》云：

古之聖人，所以教人之說，其行在孝弟忠信，其職在灑埽應對進退，
其文在《詩》、《書》、《禮》、《易》、《春秋》，其用之身，在出處、去
就、交際，其施之天下，在政令、教化、刑罰。雖其和順積中，而
英華發外，【原注】《樂記》。亦有體用之分，然竝無用心於內之說。自
老莊之學行於戰國之時，而外義者告子也，外天下外物外生者莊子
也。於是高明之士，厭薄詩書，以爲此先王所以治天下之糟粕。而
佛氏晚入中國，其所言清淨慈悲之說，適有以動乎世人之慕嚮者。
六朝諸君子從而好之。由清淨自在之說而極之，以至於不生不死，
入於涅槃，則楊氏之爲我也。由慈悲利物之說而極之，以至於普度
眾生，超拔苦海，則墨氏之兼愛也。天下之言不歸楊，則歸墨，而
佛氏乃兼之矣。其傳寖盛，後之學者遂謂其書爲內典。【原注】「內典」

〔註55〕陳垣：《日知錄校注》中冊，卷十一，頁 658～660。

字見《冊府元龜》引《唐會要》：「開成二年二月，王彥進準宣索《內典目錄》十二卷。」推其立言之旨，不將內釋而外吾儒乎？夫內釋而外吾儒，此自緇流主語，豈得士人亦云爾乎？

陳垣先生於「『內典』字見《冊府元龜》引《唐會要》：『開成二年二月，王彥進準宣索《內典目錄》十二卷。』」句後注云：

《冊府元龜》五二〈崇釋氏門〉。「王彥」，據《舊唐書》十七下開成二年正、二、九月各條，應作「王彥威」，《冊府》漏「威」字。梁元帝有《內典博要》百卷。今《釋藏》有《大唐內典錄》。《新唐書》五九《藝文志・道家類》附釋氏書，有《內典博要》三十卷、《大唐貞觀內典錄》十卷。〔註56〕

《舊唐書》卷一五七有〈王彥威傳〉。

又《日知錄・聖節》云：

上於三殿置道場，以宮人爲佛菩薩，力士爲金剛神王，召大臣膜拜、圍繞。自後相沿以爲故事，命沙門、道士講論於麟德殿。德宗貞元十二年，復命以儒士參之。此齋醮之所起也。【原注】《冊府元龜》：「開元二十三年八月癸巳千秋節，命諸學士及僧道，講論三教同異。」

則玄宗時先行之。

陳垣先生於上「《冊府元龜》：『開元二十三年八月癸巳千秋節，命諸學士及僧道，講論三教同異。』」句後注曰：

《冊府》二〈誕聖門〉作「開元二十三年八月五日千秋節宴群臣」。無講論三教同異。開元二十三年八月甲申朔，癸巳，十日，不合。

〔註57〕

唐玄宗把自己的生日八月初五定爲「千秋節」，據說自古以來沒有先例。

2、介紹適用參考版本

陳垣先生列出某些作者所著書的目錄版本，我們逐一追溯便能究明所述學者的學問大概。

《日知錄・朱子周易本義》云：

《周易》自伏羲畫卦，文王作彖辭，周公作爻辭，謂之經。經分上下二篇。孔子作十翼，謂之傳。傳分十篇，〈彖傳〉上下二篇，〈象

〔註56〕陳垣：《日知錄校注》中冊，卷十八，頁1011。
〔註57〕同上，卷十四，頁805，807。

傳〉上下二篇，〈繫辭傳〉上下二篇，〈文言〉、〈說卦傳〉、〈序卦傳〉、〈雜卦傳〉各一篇。自漢以來，爲費直、鄭玄、王弼所亂，取孔子之言，逐條附於卦爻之下，程正叔傳因之。及朱元晦《本義》，始依古文。故於《周易·上經》條下云：「中間頗爲諸儒所亂。近世晁氏始正其失，而未能盡合古文。呂氏又更定，著爲經二卷，傳十卷，乃復孔氏之舊云。」洪武初，頒《五經》天下儒學，而《易》兼用程、朱二氏，亦各自爲書。永樂中修《大全》，乃取朱子卷次，割裂附之《程傳》之後。

陳垣先生在「逐條附於卦爻之下，程正叔傳」後注曰：

《程氏易傳》，《四庫》本四卷，金陵刊本八卷，《古逸叢書》六卷。〔註58〕

《程氏易傳》，北宋程頤撰，四卷。《程氏易傳》亦名《周易程氏傳》、《伊川易傳》或《周易程傳》。程頤（公元 1033～1107 年），字正叔，又稱伊川先生。程頤受王弼、胡瑗以義理解易影響，摒棄象數，借《周易》卦爻辭闡明義理。

《伊川易傳》今有上海古籍出版社，是於 1987 年景印文淵閣《四庫全書》成冊；台北成文出版社於 1976 年印行《無求備齋易經集成》，《周易程氏傳》據光緒十年（1884 年）「古逸叢書」景元至正九年（1272 年）積德堂刊本影印。亦有同治金陵書局刻本。

又《日知錄·己日》云：

「革，巳日乃孚」。「六二，巳日乃革之」。朱子發讀爲戊己之「己」。天地之化，過中則變。日中則昃，月盈則食，故《易》之所貴者中。十干則戊己爲中，至於己，則過中而將變之時矣，故受之以庚，庚者，更也。天下之事，當過中而將變之時，然後革而人信之矣。古人有以「己」爲變改之義者。《儀禮·少牢饋食禮》「日用丁己」，注：「內事用柔日，必丁己者，取其令名，自丁寧，自變改，皆爲謹敬。」而《漢書·律曆志》亦謂：「理紀於己，斂更於庚。」是也。【原注】納甲之法，〈革〉下卦〈離〉，納己。王弼謂：「即日不孚，巳日乃孚。」以「巳」爲「巳事遄往」之「巳」，恐未然。

陳垣先生於「朱子發讀爲戊己之『己』」句後注曰：

朱震，字子發，有《漢上易集傳》十一卷，《叢說》一卷。《四庫·

易類》二著錄。有《通志堂》及《湖北先正遺書》本。〔註59〕
今《通志堂經解》本收南宋朱震撰《漢上易傳》十一卷，附《漢上易卦圖》
三卷、《漢上易叢說》一卷。清納蘭性德輯清康熙十九年通志堂刻本，含一百
四十種，一千八百六十卷。另見盧靖輯《湖北先正遺書》，民國十二年沔陽盧
氏愼始基齋景印本 16 帙 180 冊的版本。

第三節　考證手段極爲豐富

　　李瑚〈勵耘書屋受業偶記〉記述老師陳垣先生的話：
　　　　考證爲史學方法之一，欲實事求是，非考證不可。〔註60〕
作爲史學研究的方法之一，作爲「實事求是」的保障性手段，考證對於任何
一個嚴謹求實的治史者來說，都是不可或缺的。所以，陳垣先生強調，對於
到手的材料，必須逐條核對，若有一手材料，拒用二手材料；此書早於彼書，
信此而必疑彼。這一史料徵引原則，顯係承自乾嘉歷史考據學派的王鳴盛、
錢大昕等人。其所不同的是，陳垣先生推陳出新、精益求精，開創了一門新
學科——「史源學」，其目的是探尋史料的源頭及其演變情況以明史料之眞
僞。如果治史者在對待史料問題上，不問來源，盲目徵引，那將極易使研究
成果減色甚至會因誤引誤用而使研究徒勞無功。陳垣先生將探尋史源上升到
「學」的高度，這充分體現了他對史料考辨的重視程度。陳垣先生的考證有
力，而且目的明確。「史源學」的創設，是陳垣先生對史料建設的一個重大貢
獻，也使他的史學成就超乎乾嘉史家之上。

　　陳垣先生以自己的治史實踐說明，史學研究必須建立在豐富而翔實的史
料基礎之上。他引用資料與考證史實，強調史源，他後來提出史源學的概念，
其中也應有仰慕錢大昕的學問，源於乾嘉樸學的啟示在內。陳垣先生開創的
史源學，目的是探尋史料的源頭及其演變情況，以判別史料的眞僞。如果治
史者在對待史料問題上，不問來源，盲目徵引，那將極易使研究成果褪色，
甚至會因誤引誤用而使研究徒勞無功。陳垣先生將探尋史源上升到「學」的
層面，這充分體現了他對史料考辨的重視程度。「史源學」的創設，是陳垣先
生對建設史料的貢獻，也使他的史學見識能與乾嘉史家並列。

〔註59〕陳垣：《日知錄校注》上冊，卷一，頁 26。
〔註60〕陳智超：《勵耘書屋問學記》，（北京：三聯書店 1982 年版，第 1 版），第 114 頁。

一、利用學術史知識考證

《日知錄‧停年格》原注云：

> 辛琡爲吏部尚書，上言：「黎元之命，繫於長吏。若使惟取年勞，不簡賢否，義均行雁，次若貫魚，執簿呼名，一吏足矣，數人而用，何謂銓衡。」書奏不報。

陳垣先生注說：

> 「辛琡」當作「薛琡」，《北齊書》廿六，《北史》廿五，此用《北齊書》。亦見《通典》十六《選舉典》。潘本已誤「辛」，《通典》又誤「淑」，並作「時爲吏部郎中」，蓋引《北史》也。《通考》卅六《選舉考》則循《通典》之誤。〔註61〕

另陳垣先生有〈日知錄停年格條注引辛琡〉一文可作補充，文章收在《日知錄校注》後，文章是這樣說的：

> 《日知錄》通行本有多種，然可大別爲二類：一潘耒遂初堂本，二黃汝成集釋本。黃本即由潘本出，故潘本誤者，黃本多誤。若黃本自誤，則覆刻黃本者更無不誤也。

又說：

> 《日知錄》八〈停年格〉條，注引吏部尚書辛琡言，不著朝代，遍檢諸史無辛琡。惟反對停年格者有薛琡，「辛」蓋「薛」之譌。薛琡見《北齊書》廿六，《北史》廿五，《日知錄》所引乃《北齊書》也。「薛」何以誤「辛」？字闕左上旁，又涉下文《魏書》辛雄而誤耳。潘本先誤，黃本未能校正，故僅據《史姓韻編》等工具書尋求辛琡，必無所獲，非考其事之內容不可也。事之內容爲選舉，故可於選舉類求之。然《通典》十六〈選舉典〉引《北史》，乃作「薛淑」，淑字曇珍，文應從玉，參諸《魏書》四四〈薛野䐗傳〉亦然，今从水誤也。
>
> 何以知《日知錄》所引爲《北齊》？《通典》所引爲《北史》？則以《北齊》此傳較略，《北史》此傳較詳。《北齊》謂琡遷吏部尚書，請廢崔亮停年格；《北史》謂琡遷吏部郎中，請廢前吏部尚書崔亮停年格。《北史》所載，爲得其實，琡蓋先行洛陽令，免官復用，累遷吏部郎中，今本《北齊書》蓋脫去郎中一節，遂誤琡爲吏部尚書，

〔註61〕陳垣：《日知錄校注》上冊，卷一，卷八，注四，頁485，486。

可以《北史》校之也。《通鑑》一四九載此事，稱琡為洛陽令，亦誤。因崔亮奏立停年格，在魏孝明帝神龜中，薛琡請廢停年格，在孝昌改元後，相距凡七八年。《通鑑》統敘其事於神龜二年，時琡固未為吏部郎中，亦未為洛陽令也。鄭氏《通志》五九〈選舉略〉、《文獻通考》三十六〈選舉考〉，稱淑為吏部郎中，是矣。然誤「琡」為「淑」，與《通典》同，知其引自《通典》，非直接引自《北史》。是故一薛琡也，《日知錄》誤其姓，《通典》、《通志》、《通考》誤其名，《北齊書》、《通鑑》、《日知錄》誤其官，惟《北史》不誤，《通志》一五三〈列傳〉引《北史》，亦不誤。〔載於《輔仁學誌》第十五卷第一、二合期（一九四七年十二月）。〕〔註62〕

《北齊書》在流傳過程中殘缺嚴重，現在只有十七卷保持原貌，其他都是後人用《北史》等著作增補。顧炎武《日知錄》八〈停年格〉條，注引吏部尚書辛琡言。但陳垣先生遍尋史籍，找不到辛琡的生平，懷疑辛琡即薛琡。再經考察，斷定《北史》沒誤薛琡的姓。停年格是北魏選官制度。停年格制度關乎用人標準、國家命運。不問人才高下，專以年資淺深為標準，當時有人評論以為制度不合理。

　　輔助學科與中國歷史、文學等學科的整合很重要，會目錄學心中有數，必要先學好目錄。陳垣先生認為懂得目錄學，則對中國歷史書籍，大體上能心中有數。

《日知錄・文不貴多》云：

　　秦延君 說〈堯典〉篇目，兩字之說，十餘萬言，但說「曰若稽古」三萬言。【原注】桓譚《新論》。此顏之推《家訓》所謂鄴下諺云：「博士買驢，書券三紙，未有驢字」者也。【原注】陸游詩：「文辭博士書驢券，職事參軍判馬曹。」

陳垣先生注說：

　　《漢書》三十〈藝文志・六藝總論〉，師古注引桓譚《新論》作「秦近君」；八八〈儒林・張山拊傳〉作「秦恭延君」，名恭。《文心雕龍・論說篇》作「君延」。王伯厚《漢志考證》已辨之。〔註63〕

〔註62〕陳垣：《日知錄校注》下冊，頁1890，1891。
〔註63〕陳垣：《日知錄校注》中冊，卷十九，頁1045。

《日知錄·文不貴多》條中談到秦延君一人，陳垣先生引四種書論證分別爲「秦近君」、「秦恭延君」、「秦君延」等名稱。陳垣先生核對人名，作校改。並舉四書，指出所據及各自訛誤。不熟翻目錄工具書，不能作判斷。校改宜從目錄學入手。爲清楚分辨陳垣先生引四種書論證的各人名，分別以實線框、虛線框、虛線框附強調標記及實線框附強調標記，來表示「秦延君」、「秦近君」、「秦恭延君」和「君延」等。

桓譚《新論·正經第九》云：

秦近君能說《堯典》，篇目兩字之說，至十餘萬言，但說「曰若稽古」，三萬言。〔註64〕

《漢書·藝文志·六藝略序》云：

後世經傳既已乖離，博學者又不思多聞闕疑之義，而務碎義逃難，便辭巧說，破壞形體。說五字之文，至於二三萬言。後進彌以馳逐，故幼童而守一藝，白首而後能言。安其所習，毀所不見，終以自蔽。此學者之大患也。

顏師古於「說五字之文，至於二三萬言。」句後注云：

言其煩妄也。桓譚《新論》云：「秦近君能說《堯典》篇目兩字之說，至十餘萬言，但說曰若稽古三萬言。」〔註65〕

桓譚、班固均爲東漢主要古文經學家，桓譚的生卒年爲公元前？～前56年，班固爲公元32～92年。

顧實《漢書藝文志講疏》於「桓譚《新論》云：『秦近君能說《堯典》篇目兩字之說，至十餘萬言，但說曰若稽古三萬言。』」句後注說：

《新論》曰「秦近君」者，秦延君之訛也。此指章句鄙儒而言也。〔註66〕

秦延君（生卒不詳），西漢學者。《漢書·藝文志·六藝略序》顏師古注說：秦延君解釋，用了十多萬字。光光解釋《尚書·堯典》篇目兩字，一個名叫秦延君的儒師就可以講十幾萬字。

《文心雕龍·論說》云：

〔註64〕桓譚：《桓子新論》（上海：龍谿精舍叢書，1917年，第1版），頁4。

〔註65〕張舜徽：《廣校讎略漢書藝文志通釋》，（武漢：華中師範大學出版社，2004年，第1版），頁255。

〔註66〕顧實：《漢書藝文志講疏》，（臺北：商務印書館，1927年，第3版），頁97。

若夫注釋爲詞，解散論體，雜文雖異，總會是同；若 秦延君 之注《堯典》，十餘萬字；朱普之解《尚書》，三十萬言：所以通人惡煩，羞學章句。

詹鍈《文心雕龍義證》於「若 秦延君 之注《堯典》，十餘萬字」後注說：

黃注：「《漢（書）儒林傳》：張山拊事小夏侯建，爲博士，論石渠，授信都秦恭延君，恭增師法至百萬言。桓譚《新論》： 秦延君 但說『粵若稽古』，即三萬言。」范注：「《藝文志・六藝敍》曰：『博學者又不思多聞闕疑之義，而務碎義逃難，便辭巧說，破壞形體，說五字之文，至於二三萬言。』顏師古注曰：『言其煩妄也。桓譚《新論》（按見《正經》第九）云： 秦近君 （近字誤，當作延）能說《堯典》篇目，兩字之說，至十餘萬言；但說「曰若稽古」三萬言。』（《御覽》學部引作二萬言。）」〔註67〕

陳拱《文心雕龍本義》於「若 秦延君 之注〈堯典〉，十餘萬字」句後亦注說：

秦延君 ，《新書》：「原作秦 君延 ，梅從楊改。（《梅本》、《凌本》、《梅六次本》、《鍾本》、《梁本》引楊俱作 延君 ）。案《玉海》（四二）正作 秦延君 。」……桓譚《新論》云，秦□（按應作 延 ） 君 能說《堯典》。篇目兩字之說，至十餘萬言。但說「曰若稽古」三萬言。」按彥和此處所言之《堯典》，十餘萬字，即就篇目兩字而言者。〔註68〕

綜上所論，知「 秦近君 」爲「 秦延君 」之誤。

又《日知錄・七八九六》云：

趙汝楳《易輯聞》曰：「揲著策數，凡得二十八，雖爲〈乾〉亦稱七；凡得三十二，雖爲〈坤〉亦稱八。」

陳垣先生注說：

趙汝楳《周易輯聞》六卷，《四庫・易類》三，亦見朱彝尊《經義考》卷卅六。汝楳，善湘子，善湘《宋史》四一三有傳，著述見《四庫提要》者二種。趙汝楳言《易》之書，尚有《易雅》一卷，《筮宗》

〔註67〕詹鍈：《文心雕龍義證》（上海：上海古籍出版社，1994年，第1版），頁701～703。

〔註68〕陳拱：《文心雕龍本義》（台北：台灣商務印書館，2007年，第1版），頁429，451，452。

三篇。此所引見《筮宗》第三篇，非《周易輯聞》也。〔註69〕

及此引見《筮宗》第三篇，當中有言：

且謂此法合於二篇之策，不知二篇之策非揲著策數。……〔註70〕

南宋趙汝楳為宋皇裔，精於易學，《筮宗》是他其中一種易學著作。

陳垣先生少時習《四庫提要》。從目錄學入手，了解是人是著，容易校改出處。像陳垣《中國佛教史籍概論》對自西元五世紀至十八世紀所完成的三十五種佛教史籍底內容逐一詳細介紹，補正《四庫全書總目提要》。陳垣先生傳授其目錄學和版本學研究所得，教導初學者讀書門徑。

二、利用文獻語言的時代特點考證

詩文語言質樸，有人倡文不貴多的原則。《日知錄・文不貴多》云：

文以少而盛，以多而衰。以二漢言之，東都之文多于西京，而文衰矣。以三代言之，春秋以降之文多于《六經》，而文衰矣。《記》曰：「天下無道，則言有枝葉。」

陳垣先生於「以二漢言之，東都之文多于西京，而文衰矣。」句後注說：

是說不盡然，時代不同也。〔註71〕

陳垣先生圖作注解釋文獻語言。

《日知錄・古人必以日月繫年》原注云：

長洲文待詔徵明以庚寅歲生，刻一印章曰：「維庚寅吾以降。」意謂與屈大夫同年，非也。屈子之云庚寅者，日也。使以歲言，無論古人不以甲子名歲，且使屈子生於庚寅，至楚懷王被執於秦，壬戌之歲，年僅三十有三，何以云「老冉冉其將至」乎？

陳垣先生注說：

曹丕〈與吳質書〉云：「已成老翁，但未白頭耳。」時年三十餘。

〔註72〕

前人推算屈原生年，未局限於《離騷》中「攝提貞于孟陬兮，惟庚寅吾以降。」這一句所指的「寅年、寅月、寅日」，不過沒忽略同篇的「老冉冉其將至兮」。

〔註69〕陳垣：《日知錄校注》上冊，卷一，頁54。

〔註70〕趙汝楳：《筮宗》，載紀昀主編《四庫全書》第十九冊，經部易類叢書中。（上海：上海古籍出版社，1987年，第1版），頁339。

〔註71〕陳垣：《日知錄校注》中冊，卷十九，頁1045。

〔註72〕同上，頁1104。

三十多歲不算是老翁，陳垣先生的注言不在多，可已說明一切。老翁、衰翁等的字眼常見於古詩文中，當時只是作者一時感喟吧，當不得真。若過分認真，「銀河直落三千尺」沒有根據，更會懷疑「白髮三千丈」是一派胡言。

曹丕〈與吳質書一首〉云：

> 行年已長大，所懷萬端，時有所慮，至通夜不瞑。志意何時，復類昔日？已成老翁，但未白頭耳，光武言：「年已三十餘，在兵中十歲，所更非一。」吾德不及之，年與之齊矣。〔註73〕

魏文帝曹丕（公元187～226），字子桓，三國時期著名的政治家、文學家，魏朝的開國皇帝。曹丕〈與吳質書一首〉寫於建安二十二年（217年），推算當時曹丕年三十二，陳垣先生說曹丕寫〈與吳質書〉「時年三十餘」大致不錯。看曹丕〈與吳質書一首〉，作者的年紀不算老，心態近「譬如朝露，去日苦多」。同樣苦於人生短暫，感嘆人生時光如白駒過隙，眨眼消逝。

杜甫〈石壕吏〉云：

> 暮投石壕村，有吏夜捉人。老翁踰牆走，老婦出看門。吏呼一何怒，婦啼一何苦。聽婦前致詞，三男鄴城戍。一男附書至，二男新戰死。存者且偷生，死者長已矣。室中更無人，惟有乳下孫。有孫母未去，出入無完裙。老嫗力雖衰，請從吏夜歸。急應河陽役，猶得備晨炊。夜久語聲絕，如聞泣幽咽。天明登前途，獨與老翁別。〔註74〕

張一平〈《杜甫〈石壕吏〉中的老翁和石壕吏》辨訛〉一文考證老翁《石壕吏》中老翁的年齡到底應該有多大呢？他的理由是：

> （一）杜甫的〈石壕吏〉作於肅宗乾元二載（公元759年）是學術界的共識。時杜甫本人已經四十八周歲了。從常理來分析，他不可能稱呼僅比自己大兩三歲的人為「老翁」的。因為「翁」字是對長輩帶有褒義的尊稱。……所以遲文（指遲乃鵬《杜甫〈石壕吏〉中的老翁和石壕吏》）推論老翁的歲數為「五十左右」是不近情理的。
>
> （二）唐代稱普通百姓為「老」有著嚴格的規定。官府登記註冊的「老」才是真正的「老」，不可隨意稱呼。〔註75〕

〔註73〕 蕭統：《昭明文選》卷四二（北京：中華書局，1977年，第1版），頁592。
〔註74〕 杜甫：《杜詩詳注》卷七（北京：中華書局，1979年，第1版），頁528～530。
　　　　劉濬：《杜詩集評》卷二（台北：大通書局，1972年，第1版），頁237，238。
〔註75〕 張一平：〈《杜甫〈石壕吏〉中的老翁和石壕吏》辨訛〉，《文學遺產》第5期（2004年），頁126。

張一平〈《杜甫〈石壕吏〉中的老翁和石壕吏》辨訛〉一文考證嫌過於認真，抒懷文章「老」的想法往往心態重於法律規定。在浩如煙海的中國古代的詩文裏，有許多描寫歷史事件，抒發個人見解，反映現實的詩文。這些詩文，從文人個人的角度記錄了他們親歷的歷史事件，有一定的史料價值。但是，有些詩文不乏浪漫述懷的作品。因此，怎樣從古詩文中選擇可靠的、能夠反映歷史真實情況的材料，是運用個人學識進行考證的先決條件。

三、利用時間推算考證

陳垣先生教導我們利用時間推算考證難題，注意相關事實的比證，務使考據能夠通過考證貫通史實，說明不同歷史現象內在的聯繫。

《日知錄・史書一年兩號》云：

> 《晉書・武帝紀》，上書魏「咸熙三年十一月」，下書「泰始元年十二月景寅」。……〈玄宗紀〉，上書「先天二年十二月庚寅朔」，下書「開元元年十二月己亥」。韓文公《順宗實錄》，上書「貞元二十一年八月庚子」，下書「永貞元年八月辛丑」。若此之類，竝是據實而書。至司馬溫公作《通鑑》，患其棼錯，乃創新例，必取末後一號，冠諸春正月之前，當時已有譏之者。

陳垣先生於「《晉書・武帝紀》，上書魏『咸熙三年十一月』，下書『泰始元年十二月景寅』。」句後注說：

> 《晉書》三，「三」原作「二」，咸熙無三年。〔註76〕

咸熙（公元264年5月～265年）是三國時期曹魏的君主魏元帝曹奐的第二個年號，共計2年。這也是曹魏政權的最後一個年號。咸熙二年十二月，曹奐被迫禪位於司馬炎。推算方法是：確定魏元帝曹奐的第二個年號，國祚維持多久，比對政權年號的資料。

又《日知錄・聖節》原注云：

> 《冊府元龜》：「開元二十三年八月癸巳千秋節，命諸學士及僧道，講論三教同異。」則玄宗時先行之。

陳垣先生於〈聖節〉條「《冊府元龜》：『開元二十三年八月癸巳千秋節，命諸學士及僧道，講論三教同異。』」句後注說：

〔註76〕陳垣：《日知錄校注》中冊，卷二十，頁1118，1119。

《冊府》二〈誕聖門〉作「開元二十三年八月五日千秋節宴群臣」。
無講論三教同異。開元二十三年八月甲申朔，癸巳，十日，不合。
〔註77〕
開元二十三年八月癸巳爲十日，不是五日。

　　曆法在古時是基礎知識，今天眞正懂的人可能不多。

甲申	朔
乙酉	二日
丙戌	三日
丁亥	四日
戊子	五日
己丑	六日
庚寅	七日
辛卯	八日
壬辰	九日
癸巳	十日

四、根據史料產生的時間先後考證

　　一般認爲越早的記載越接近事實，也就越爲可信，這是在比較史料中的
信古特點，但當然也不能遽下斷語。

　　前人對《春秋》「夫人孫于齊」的「孫」解釋不一，或謂夫人跑到齊國。
以下看《日知錄·夫人孫于齊》記載。

《日知錄·夫人孫于齊》云：

　　劉原父曰：「《左氏》曰：『夫人孫于齊，不稱姜氏，絕不爲親，禮也。』
　　謂魯人絕文姜不以爲親，乃中禮爾。然則母可絕乎？宋襄之母，獲
　　罪於君，歸其父母之國。及襄公即位，欲一見而義不可得，作〈河
　　廣〉之詩以自悲。然宋亦不迎而致也，爲嘗獲罪於先君，不可以私
　　廢命也。孔子論其詩而著之，以爲宋姬不爲不慈，襄公不爲不孝。
　　今文姜之罪大，絕不爲親，何傷於義哉？」

陳垣先生注說：

　　《春秋權衡》三。黃汝成《日知錄集釋》云：「說本胡文定而闡發其
　　義。」胡安國在劉原父之後，何謂「說本胡文定」乎？蓋誤以劉敞

之說爲顧炎武之說也。〔註78〕

黃汝成《日知錄集釋》云：

> 劉原父曰：「《左氏》曰：『夫人孫於齊。不稱姜氏，絕不爲親，禮也。』謂魯人絕文姜，不以爲親，乃中礼爾。然則母可絕乎？宋襄之母獲罪於君，歸其父母之國。及襄公即位，欲一見而義不可得，作〈河廣〉之詩以自悲。然宋亦不迎而致也，爲嘗獲罪於先君，不可以私廢命也。孔子論其詩而著之，以爲宋姬不爲不慈，襄公不爲不孝。今文姜之罪大，絕不爲親，何傷於義哉！【汝成案】說本胡文定面闡發其義。〔註79〕

劉敞《春秋權衡》云：

> 左氏曰：「夫人孫于齊，不稱姜氏，絕不爲親，禮也。」……魯絕文姜不以爲親，乃中禮。……宋襄之母，獲罪於君，歸其父母之國。及襄即位，欲一見之而義不可得，作〈河廣〉之詩以自悲。然宋亦不迎而致也，爲嘗獲罪於先君，不可以私廢命也。孔子論其詩而著之，以爲宋姬不爲不慈，襄公不爲不孝。況文姜之罪大，絕不爲親，何嫌於義哉？〔註80〕

劉敞（公元 1019～1068 年），字原父。《日知錄》原文於「魯人絕文姜不以爲親，乃中禮爾。」與「宋襄之母，獲罪於君，歸其父母之國。」之間有「然則母可絕乎？」一句，爲劉敞《春秋權衡》所無。

胡安國（公元 1074～1138 年），謚文定。陳垣先生通過他校發現異文。查書除了找出具體位置，還進而上溯更早的文獻。

又《日知錄·池魚》云：

> 東魏杜弼檄梁文曰：「楚國亡猿，禍延林木。城門失火，殃及池魚。」後人每用此事。《清波雜志》云：「不知所出。以意推之，當是城門失火，以池水救之，池竭而魚死也。《廣韻》：『古有池仲魚者，城門失火，仲魚燒死，故諺云：城門失火，殃及池魚。』」

〔註78〕 陳垣：《日知錄校注》上冊，卷四，頁 186，187。

〔註79〕 顧炎武：《日知錄集釋》上冊，卷四（上海：上海古籍出版社，2006 年，第 1 版），頁 209。

黃汝成《日知錄集釋》於此處犯的錯誤也真明顯了些。

〔註80〕 劉敞：《春秋權衡》，載紀昀主編《四庫全書》第一四七冊，經部春秋類叢書中（臺灣：商務印書館，1983 年，第 1 版），頁 194。這是乾隆敕輯版本，臺灣商務印書館影印文淵閣寫本。

陳垣先生注說：

> 《清波雜志》九。《廣韻》乃《雜志》所引。〔註81〕《廣韻》說亦引
> 自《風俗通》。《風俗通》說，見《藝文類聚》九六〈魚類〉。《太平
> 御覽》四六六〈水族類〉引。〔註82〕

《風俗通義》亦稱《風俗通》，作者東漢應劭。

王利器校注《風俗通義》說：

> 城門失火，禍及池中魚。俗說：司門尉姓池，名魚，城門火，救之，
> 燒死，故云然耳。謹案：《百家書》：「宋城門失火，因汲取池中水以
> 沃灌之，池中空竭，魚悉露見，但就取之，喻惡之滋，並中傷良謹
> 也。」（《類聚》八〇、九六、《意林》、《廣韻・五支》、《事類賦》八、
> 《御覽》八六九、九三五、《太平廣記》四六六、《類說》三六、《五
> 色線》上、《群書通要》丁六、《通鑑注・梁紀》十六）器案：《漢書・
> 藝文志・諸子略》小說：「《百家》，百三十九卷。」應劭所引，當即
> 其書。《淮南・說山》篇：「宋君亡其珠，池中魚爲之殫。」〔註83〕

《藝文類聚》卷九十六「鱗介部上・魚」：

> 《風俗通》曰：城門失火，禍及池中魚。舊說池中魚，人姓李。○
> 太平御覽九百三十五作字。居近城，城門失火，延及其家，仲災燒
> 死。謹百家書曰：宋城門失火。〔註84〕

《太平御覽》卷四六六似不見「水族類」。

《日知錄・大原》云：

> 幽王六年，「命伯士帥師伐六濟之戎，王師敗逋」。於是關中之地，
> 戎得以整居其間，而陝東之申侯，至與之結盟而入寇。【原注】自遷戎

〔註81〕彭君華〈採山之銅・刮垢磨光——評陳垣先生《日知錄校注》〉說：卷二十五
　　　《池魚》條：顧言《清波雜志》引《廣韻》：「……城門失火，殃及池魚。」
　　　校注：「《清波雜志》九。《廣韻》乃《雜志》所引。《廣韻》說亦引自《風俗
　　　通》。《風俗通》說，見《藝文類聚》九六《魚類》。《太平御覽》四六六《水
　　　族類》引。」詳《清波雜志》具體位置，進而上溯更早文獻，又檢三書。（彭
　　　君華：〈採山之銅刮垢磨光——評陳垣先生《日知錄校注》〉，見《古籍整理出
　　　版情況簡報》2008 年第 2 期），總 444 期。）
〔註82〕陳垣：《日知錄校注》下冊，卷二十五，頁 1416，1417。
〔註83〕應劭：《風俗通義校注》，王利器校注「佚文」，（北京：中華書局，1981 年，
　　　第 1 版），頁 608。
〔註84〕歐陽詢：《藝文類聚》卷九十六，（上海：上海古籍出版社，1985 年，第 1 版），
　　　頁 1671，1672。

至此，一百七十六年。《周語》：「申繒西戎方强，王室方騷。」

陳垣先生注說：

《國語》十六《鄭語》。元鈔本、潘刻本均誤作《周語》。〔註85〕

《國語‧鄭語》云：

褒人褒姁有獄，而以爲入於王，王遂置之，而嬖是女也，使至於爲后，而生伯服。天之生此久矣，其爲毒也大矣，將俟淫德而加之焉。毒之酋腊者，其殺也滋速。申、繒、西戎方彊，王室方騷，將以縱欲，不亦難乎？〔註86〕

這時糾正了兩種版本的錯誤。爲查核原書，上溯更早的文獻，自然而然糾正版本的錯誤，版本也不限一個。引《國語‧鄭語》是對的，《國語‧周語》則不合。

〔註85〕陳垣：《日知錄校注》上冊，卷三，頁138。
〔註86〕徐元誥：《國語集解》卷三（北京：中華書局，2002年，第1版），頁474，475。

第六章　《日知錄校注》有關注校史源的體例歸納

　　陳垣先生治學，善於從複雜的史料中，尋求並歸納類例。陳垣先生吸收了中西學術，能對之相互取長補短。陳垣先生指出研究學問，要專門讀通一些書，這就是專精，也就是深入細緻，要求甚解。只有有了寬廣的專業知識，才能融會貫通，舉一反三。

　　牟潤孫先生在《勵耘書屋問學回憶——陳援庵先生誕生百年紀念感言》說：

> 先師對葉昌熾的《藏書記事詩》頗爲愛好，但批評它說：「葉氏找到
> 了這麼多材料，卻用詩表示出來，未免減低了價值。」陳先生對葉
> 德輝的《書林清話》，也説：「書是很好，只是體例太差。」〔註1〕

　　以陳垣先生對葉昌熾《藏書記事詩》及葉德輝《書林清話》的評論，可以推論陳垣先生非常著重著書的體例，他對注《日知錄》必然有個人的想法，只是因種種原因未能後續完成。其實在《日知錄》中，顧炎武已將一些相似的或有聯繫的内容進行歸類、整理。

　　陳垣先生言道、言僧、言史、言考據點染輪廓外一層，實則體現著他在民族危亡的緊要關頭對自己國家、民族的熱愛。

　　陳垣先生著意的是校後歸納所得的說明，不是校前所假定的依據。人們批評胡適方法論倡導的「大膽假設，小心求證」粗疏，假設不等如結論，「方法先行」容易生先入爲主的假象，假設要有創意，求證要有根據，不是每個

〔註 1〕 陳智超：《勵耘書屋問學記：史學家陳垣的治學》（北京：三聯書店，1982 年，
　　　　 第 1 版），頁 88。

人都有胡適的聰明才智。陳垣先生要求學生熟讀幾本書，打好基礎，不刻意爲成名而急急發表自己的文章。

趙光賢在《回憶我的老師援庵先生》說：

> 先生在研究所開的一門課，名「清代史學考證法」，辦法是教我們讀《日知錄》。同學五、六人，每人買一本《日知錄》，從卷八開始（卷八以前是關於經學的，先生從不搞經學，故從卷八開始），要我們自己讀，主要工作是要我們將書中每條引文都找出原書查對一遍，並寫出筆記。查原書出處，有的很容易，比如在正史裏的；有的則很難，比如只有一個人名，年代、籍貫、行事、著述全不知道，簡直像大海撈針。我們每讀一卷，即翻檢群書一遍，然後寫出筆記。〔註2〕

材料鑑別是史學研究的基礎。陳垣先生在材料的選擇和考辨上十分愼重和講究。牟潤孫先生在〈勵耘書屋問學回憶——陳援庵先生誕生百年紀念感言〉說：

> 先師教學生作研究工作，最重要的是尋求史源。如果研究唐以前的歷史，學生引了《資治通鑑》，他一定要問爲什麼不引正史，是否只見於《資治通鑑》而正史中沒有？或者研究南北朝時期的歷史，引用《南北史》而不檢對八書，他一定不通過。即使研究唐史，引《通鑑》而不檢尋兩《唐書》及別的書，又不說明那段材料確不見於兩《唐書》、《唐會要》、《唐大詔令》、《冊府元龜》等書，也不能通過。
> 〔註3〕

《日知錄·夏謙澤》云：

> 《晉書·載記》：「慕容寶盡徙薊中府庫北趨龍城，魏石河興引兵追及之于夏謙澤。」胡三省《通鑑注》：「夏謙澤，在薊北二百餘里。」恐非。

陳垣先生於「《晉書·載記》：『……魏石河興引兵追及之于夏謙澤。』」句後注說：

> 《晉書》一二四《慕容寶載記》無，此實引《通鑑》一〇九。〔註4〕

〔註2〕 同上，頁157。
〔註3〕 陳智超：《勵耘書屋問學記：史學家陳垣的治學》（北京：三聯書店，1982年，第1版），頁86。
〔註4〕 陳垣：《日知錄校注》下冊，卷三十一，頁1767，1768。

〈日知錄停年格條注引辛琡考〉說：

《日知錄》通行本有多種，然可大別爲二類：一潘耒遂初堂本，二黃汝成集釋本。黃本即由潘本出，故潘本誤者，黃本多誤。若黃本自誤，則覆刻黃本者更無不誤也。〔註5〕

又說：

《日知錄》八〈停年格〉條，注引吏部尚書辛琡言，不著朝代，遍檢諸史無辛琡。惟反對停年格者有薛琡，「辛」蓋「薛」之譌。薛琡見《北齊書》廿六，《北史》廿五，《日知錄》所引乃《北齊書》也。「薛」何以誤「辛」？字闕左上旁，又涉下文《魏書》辛雄而誤耳。潘本先誤，黃本未能校正，故僅據《史姓韻編》等工具書尋求辛琡，必無所獲，非考其事之內容不可也。事之內容爲選舉，故可於選舉類求之。然《通典》十六〈選舉典〉引《北史》，乃作「薛淑」，淑字曇珍，文應从玉，參諸《魏書》四四〈薛野腊傳〉亦然，今从水誤也。

何以知《日知錄》所引爲《北齊》？《通典》所引爲《北史》？則以《北齊》此傳較略，《北史》此傳較詳。《北齊》謂琡遷吏部尚書，請廢崔亮停年格；《北史》謂琡遷吏部郎中，請廢前吏部尚書崔亮停年格。《北史》所載，爲得其實，琡蓋先行洛陽令，免官復用，累遷吏部郎中，今本《北齊書》蓋脫去郎中一節，遂誤琡爲吏部尚書，可以《北史》校之也。《通鑑》一四九載此事，稱琡爲洛陽令，亦誤。因崔亮奏立停年格，在魏孝明帝神龜中，薛琡請廢停年格，在孝昌改元後，相距凡七八年。《通鑑》統敘其事於神龜二年，時琡固未爲吏部郎中，亦未爲洛陽令也。鄭氏《通志》五九〈選舉略〉、《文獻通考》三十六〈選舉考〉，稱淑爲吏部郎中，是矣。然誤「琡」爲「淑」，與《通典》同，知其引自《通典》，非直接引自《北史》。是故一薛琡也，《日知錄》誤其姓，《通典》、《通志》、《通考》誤其名，《北齊書》、《通鑑》、《日知錄》誤其官，惟《北史》不誤，《通志》一五三〈列傳〉引《北史》，亦不誤。〔載於《輔仁學誌》第十五卷第一、二合期（一九四七年十二月）。〕〔註6〕

〔註5〕陳垣：《日知錄校注》下冊，附錄，頁1890，1891。
〔註6〕同上，頁1890，1891。

《日知錄》八〈停年格〉條原注：

> 辛琡為吏部尚書，上言：「黎元之命，繫於長吏。若使惟取年勞，不
> 簡賢否，義均行雁，次若貫魚，執簿呼名，一吏足矣，數人而用，
> 何謂銓衡。」
> 書奏不報。

〈日知錄停年格條注引辛琡考〉中針對《日知錄》卷八〈停年格〉條而論述，〈停年格〉條講北魏崔亮掌管吏部之時，由於官位少，而求官者眾，無奈採取完全看年限和資歷，卻不問能力和道德的辦法選官，給後世造成很壞的影響。

陳垣先生就《日知錄》卷八〈停年格〉條的「辛琡」及「吏部尚書」提出修正的建議。陳垣先生即對這條檢索史源，第一根據版本異同，記載先後作判斷。歷史上反對停年格的有吏部郎中薛琡，卻無辛琡此人。薛琡在《北齊書》卷廿六、《北史》卷廿五有傳。《日知錄》引用的是較略的《北齊書》。至於「薛琡」誤作「辛琡」，原因是古「薛」字缺左上旁而作「辛」。另外，下文引《魏書》有辛雄對於停年格的批評，更易生誤。

再者，《通典》卷十六《選舉典》引《北史》，惟誤作「薛琡」。跟著《通志》、《文獻通考》亦誤。還有一個證據可證薛琡是對的，薛琡字曇珍，文應從玉，為的是古代名和字有關聯，「珍」是玉，「琡」也是玉。

陳垣先生所找錯誤還指出《北齊書》作吏部尚書不正確，當時的吏部尚書另有其人。

有關吏部郎中薛琡的身分，由陳垣先生作結：《日知錄》作辛琡，誤人的姓；《通典》、《通志》、《文獻通考》作薛琡，誤人名；《北齊書》、《通鑑》、《日知錄》作吏部尚書薛琡，誤官名；惟《北史》不誤。可見正確的官職及姓名實為吏部郎中薛琡。

陳垣先生於《日知錄》的注雖簡短，基本引證仍在。以上我根據陳先生的指點，嘗試用史源學的辦法，恢復陳垣先生的論證過程。

陳垣先生的大貢獻是總結出整理文獻的類例方法。這方法是先環繞某個專題蒐集所有能找到的資料，然後選擇具代表的典型例子區別分類，抽引推求一定範圍內的通例，最後撮寫成文。陳垣先生善於從繁複的歷史材料中，求得並歸納類例，通過列舉典型歷史具例，條析說明史學上的一個法則，讀者循此可以了解歷史的脈絡，更能認識和理解歷史的分析技巧。陳垣先生的《校勘學釋例》、《史諱舉例》，甚至《通鑑胡注表微》都是運用類例法寫成的。

《史諱舉例》8 卷，歸納了 82 個例，去說明歷代避諱所用的方法、避諱的種類、怎樣利用避諱學。

我仿效《史諱舉例》的做法解剖《日知錄》的內容，把有關歷朝諱例再重新排比列出，方便說明。以下根據《史諱舉例》與《日知錄校注》，綜合分析並酌附己見，冀貫通二書中陳垣先生的意見，能夠看出特別是《日知錄校注》關於避諱的一些道理來。《史諱舉例》有關避諱的道理已成系統，只是《日知錄校注》的還未得以發揮。

第一節　歷朝避諱撮引表（以《史諱舉例》比照《日知錄校注》）

	世次	帝號	所出	名諱	舉　例	陳垣先生總結出避甚麼諱	陳垣先生總結出如何避諱	分朝評論
秦	秦一	始皇	趙姬	嬴政	避諱在中國有長久的歷史，所涉及的內容自然相當廣泛，要掌握其變化規律，必須詳盡地佔有資料，深入進行研究。避諱，即避名諱，指言語中不直呼，行文時不直書所要諱稱者之名，而以其他種種方式曲爲之避。爲此，陳垣廣泛查閱和研究了歷代學者有關避諱的大量論述和眾多古籍，僅《史諱舉例·徵引書目略》所列書目，就多達 117 部。陳垣把自己收集到的大量實例，採用歸納法，科學地概括爲「避諱所用之方法」、「避諱之種類」、「避諱改史實」、「因避諱而生之訛異」、「避諱學應注意之事項」、「不講避諱學之貽誤」、「避諱學之利用」、「歷朝諱例」等八類，逐一舉例說明。有人認爲秦稱楚爲荊，是爲了避莊襄王子楚的諱。 漢承秦制，亦有改字法。避諱的問題前人論述不少，《日知錄》卷二十二有一些。	秦初避諱，方法比較疏略	不能以後代的歸納情況量度秦代	避諱對中國的學術有相當大的影響

| 漢 | 漢一 | 高祖 | 劉氏 | 邦 | 《日知錄·前代諱》云:「楊阜，魏明帝時人也，其疏引《書》『協和萬國』，猶避漢高祖諱。韋昭，吳後主時人也，其解《國語》，凡『莊』字皆作『嚴』，猶避漢明帝諱。唐長孫無忌等撰《隋書》，易『忠節傳』以『誠節』，稱『苻堅』為『苻永』，固亦避隋文帝及其考諱。【原注】後漢應劭作《風俗通》，有諱舊君之議。自古相傳忠厚之道如此，今人不知之矣。」(陳垣:《日知錄校注》下冊，卷二十三(合肥:安徽大學出版社，2007年，第1版)，頁1300。)(此表以下省略「(合肥:安徽大學出版社，2007年，第1版)」的出版資料。) | 非厚舊君，不知為諱 | 若想回復原書樣子，把原要避諱的「協和萬國」改回「協和萬邦」就可以了 | 陳垣先生提出顧炎武不知「厚舊君」，「非為諱」的道理。 |
| 漢 | 北魏八 | 宣武帝 | 孝文子 | 恪 | 《史諱舉例》卷五·第五十三〈南北朝父子不嫌同名例〉云:「晉王羲之子知名者五人:曰玄之，凝之，徽之，操之，獻之。徽之子楨之，獻之嗣子靜之。祖孫父子，皆以之為名，不以為嫌也。……前燕慕容皝字元真，其子恪又字元恭。」(陳垣:《史諱舉例》卷五(北京:科學出版社，1958年，第1版)，頁91，92。)(此表以下省略「(北京:科學出版社，1958年，第1版)」的出版資料。)又《史諱舉例》卷八·第五十三〈南北朝諱例〉云:「《魏書》稱慕容恪字曰元恭。」(陳垣:《史諱舉例》卷八，頁142。)《日知錄·史家誤承舊文》云:「《北史·魏彭城王勰傳》:『帝謂勰曰:諱是何人，而敢久違先敕。』」陳垣先生注說:「《北史》十九。殿本『諱』作『恪』。『恪』是魏宣帝諱。」(陳垣:《日知錄校注》下冊，卷二十六，頁1452，1453。) | 避魏宣帝諱 | 南北朝父子不嫌同名，跟唐朝相比較寬鬆 | 南北朝的諱禁不嚴，父子不嫌同名，君主、平民都沒限制。不是父子則另當別論。前燕王慕容皝(公元297年～348年)，鮮卑族。北魏王朝建都平城百年間(公元398～495)佛教驟興，向中原遷移的北魏鮮卑民族算已完成了全盤接受漢化的過程，而以中國正統自居了。 |

| 唐 | 唐十 | 憲宗 | 順宗子 | 純初名淳 | 《史諱舉例》卷八·第七十六〈南北朝父子不嫌同名例〉云：「唐制，不諱嫌名，二名不偏諱。故唐時避諱之法令本寬，而避諱之風尚則甚盛。……《會要》廿三言：憲宗爲太子時，王純以與同名，請改名紹，君子非之。時韋純爲監察御史，獨不請改。既而下詔以陸淳爲給事中，改名質。純不得已，乃上疏改名貫之。《日知錄》以爲韋淳事，非，淳不爲監察御史。」（陳垣：《史諱舉例》卷八，頁 146。）《日知錄·嫌名》云：「憲宗諱純，凡姓淳于者改姓于，唯監察御史韋淳不改。既而有詔以陸淳爲給事中，改名質，淳不得已，改名處厚。」陳垣先生注說：「韋貫之本名純，以字稱。見《舊唐書》一五八，《新唐書》一六九。韋處厚本名淳，改名見《舊唐書》一五九，《新唐書》一四二。改名處厚者非監察御史，監察御史乃韋純，改名貫之，見《唐會要》廿三。是貫之事，非處厚事，但二人同時。」（陳垣：《日知錄校注》下冊，卷二十三，頁 1295。） | 避憲宗諱 | 唐代士大夫普遍心態是非於不得已才改名求避諱，改是無可奈何 | 改名貫之的是韋純，監察御史；改名處厚的是韋淳，不是監察御史。韋純與韋淳同時。陳垣先生以爲《日知錄》說改名處厚的是監察御史，不對。 |
| | 宋一 | 一 | 曾祖琰 | 琰 | 《史諱舉例》卷四·第三十〈因避諱缺筆而致誤例〉云：「兩《唐書·姚班傳》稱：班曾祖察，撰《漢書訓纂》，班乃撰《漢書紹訓》四十卷，以發明舊義。《漢書紹訓》，《舊唐志》不載，《新唐志》作姚琰撰。琰或作庭，宋初避諱缺末筆，後遂訛爲班。據《舊書·姚思廉傳》：「思廉子處平，處平子璹、琰，別有傳。班傳即琰傳也。」（陳垣：《史諱舉例》卷四，頁 52。）又《史諱舉例》卷八·第七十八〈南北朝父子不嫌同名例〉云：「《唐書》姚琰，缺筆誤作姚班。」（陳垣：《史諱舉例》卷八，頁 154。） | 避宋先祖諱 | 缺末一筆諱 | 缺筆避諱有缺末一筆二筆，這裏缺末筆。 |

					《日知錄・竊書》云：「《舊唐書》：『姚班嘗以其曾祖察所撰《漢書訓纂》，多爲後之注《漢書》者隱沒名字，將爲己說，班乃撰《漢書紹訓》四十卷，以發明舊義，行於代。』吾讀有明弘治以後經解之書，皆隱沒古人名字，將爲己說者也。」陳垣先生注說：「『班』應作『琔』，宋諱缺末筆。《舊唐書》八九。」（陳垣：《日知錄校注》中冊，卷十八，頁 1037。）			
宋	宋二	眞宗	太宗子	恒初名德昌改元休，又改元侃	《史諱舉例》卷六・第五十九〈已避諱而以爲未避例〉云：「唐以前避諱，多用改字法；唐以後避諱，改字缺筆，二法兼用。既有缺筆之法，則臨文較前方便。然古書展轉傳寫雕板，則原文缺筆與否，無由得知。《避諱錄》譏《史通》不避唐諱，安知非後人校改，而必斷定今所傳本爲知幾原文耶！《日知錄》廿三引謝肇淛曰：「宋眞宗名恒，而朱子於書中恒字獨不諱。蓋當寧宗之世，眞宗已祧。」竹汀先生曰：「此說非是。朱文公注《論語》《孟子》，正文遇廟諱，則缺筆而不改字，注則無不避者，其注《易》亦然。見於趙順孫《四書纂疏》及吳革所刊《易本義》，班班可考。謝在杭未見眞宋本，故有此言，豈可依據！考宋寧宗之世，太廟自太祖至光宗，九世十二室，亦未嘗祧眞廟，顧氏偶未審耳。」逌龢案：錢說見《養新錄》十四。」（陳垣：《史諱舉例》卷六，頁 103，104。）又《史諱舉例》卷八・第五十九〈宋諱例〉云：「恒改爲常，恒山改鎮山，恒農縣改虢略，畢士安本名士元。」（陳垣：《史諱舉例》卷八，頁 154。）《日知錄・已祧不諱》云：「謝肇淛曰：『宋眞宗名恒，而朱子	原文或缺筆	或已缺筆的情況需要進仔細研究才好說	我們同樣不能確知非後人校改，而必斷定今所傳本爲朱熹原文。

				於書中『恆』字獨不諱。』蓋 當寧宗之世，眞宗已祧。」陳 垣先生注說：「末二句，亭林 語。或已缺筆。」（陳垣：《日 知錄校注》下冊，卷二十三， 頁 1288。）		

避諱缺筆，當起於唐高宗（李治，公元 628～683 年。）之世。乾德（公元 963～968 年）是北宋太祖匡胤的年號，宋代似不用避諱「民」字。顧炎武以爲「其於舊君之禮，何其厚與！」實因年代湮遠，不知其爲避諱而諱。查陳垣先生的《史諱舉例》卷八第 78〈宋諱例〉條亦找不到須避「民」字的證據。〔註7〕

再者，北宋眞宗趙恒（公元 968～1022 年）比南宋寧宗趙擴（公元 1168～1224 年）早九世，所以顧炎武云「蓋當寧宗之世，眞宗已祧。」見《日知錄・已祧不諱》：

> 謝肇淛曰：「宋眞宗名恒，而朱子於書中『恆』字獨不諱。」蓋當寧宗之世，眞宗已祧。

陳垣先生在「蓋當寧宗之世，眞宗已祧。」句後注曰：

> （朱子書中「恒」字）或已缺筆。〔註8〕

陳垣先生以爲避諱缺筆之例始於唐。〔註9〕唐代有，宋代想也有避諱缺筆了。凡遇到需要避諱的字，就在原字基礎上缺漏筆劃，多爲末一二筆。朱子（熹）（公元 1130～1200 年）生當宋寧宗之時，不過看《朱子語類》感覺他對要避宋始祖玄朗諱頗疑惑。

《朱子語類》卷一二八：

> 「玄朗」諱起於眞廟朝，王欽若之徒推得出，這也無玅竟處。某常疑本朝諱得那舊諱無謂。且如宣帝舊名病已，何曾諱？平帝舊名亦不曾諱。虜中諱得又嶢崎，偏旁皆諱：謂諱「敬」字，「立人」傍底也諱，下面著「言」字底也諱。近日朝廷祧了幾箇祖諱卻是，然「玄朗」卻不祧。那聖祖莫較近似宣祖些麼？〔註10〕

〔註 7〕陳垣：《史諱舉例》卷一第 3（上海：上海書店出版社，1997 年，第 1 版），頁 5。

〔註 8〕陳垣：《日知錄校注》下冊，頁 1289。

〔註 9〕陳垣：《史諱舉例》卷一第 3，頁 4。

〔註10〕黎靖德：《朱子語類》第八冊（北京：中華書局，1985 年，第 1 版），頁 3066。

宋真宗想為一位據稱的始祖供奉宗廟，欲進宗廟就需要廟諱，真宗為趙家始祖取了名字喚作「玄朗」。北宋與遼（契丹）訂立的和約。1004 年，遼軍南下深入宋境，宋宰相寇準力主抗戰，勸真宗親征，真宗勉強至澶州（今河南濮陽）督戰。宋軍取勝，1005 年 1 月，宋遼訂和約：宋每年向遼輸銀十萬兩，絹二十萬匹。澶州又名澶淵郡，史稱「澶淵之盟」。宋遼澶淵之盟的結果，引發真宗一般君臣本打算以這尊貴的祖先，來掩飾因澶淵之盟帶來的恥辱，結果只招來像朱熹般有識之士的批評。

宋代司馬光（公元 1019～1086 年）編撰《資治通鑑》是「經世史學」的表表者。宋末元初的學者胡三省（字身之）（1203 年～1302 年）畢生精力研覃史學，歷三十餘年，完成史學巨著《資治通鑑音注》。全書二百九十四卷，與《資治通鑑》正文相當，對於《通鑑》涉及的名物、制度、地理、職官以及記事，進行大量的注解，詮釋其音義，考訂其異同，校勘其訛脫，辨明其史實，所引資料皆注明來源，考證詳備，不僅增補大量史實，也為閱讀《通鑑》提供極大的便利，具有極高的學術價值。到抗日戰爭期間，陳垣先生撰寫《通鑑胡注表微》，根據胡三省《資治通鑑注》的內容，歸納重點，尋覓胡氏寄寓其中的微旨，分別加以表彰，陳古證今，借古代史事，推求後代的史事。

陳垣先生在《通鑑胡注表微・本朝篇》中的小序說：

> 本朝謂父母國。人莫不有父母國，觀其對本朝之稱呼，即知其對父母國之厚薄。胡身之今本《通鑑注》，撰於宋亡以後，故《四庫提要》稱之為元人。然觀其對宋朝之稱呼，實未嘗一日忘宋也。大抵全書自四十卷至二百三十二卷之間，恒稱宋為「我朝」或「我宋」，而前後則率稱「宋」或「宋朝」，吾頗疑為元末鏤版時所改，其作內詞者，身之原文也。〔註11〕

陳垣先生閱讀胡注，體會到胡三省當日的遭遇和心情，用了三年時間，撰寫成《通鑑胡注表微》一書。全書計二十篇，前十篇為本朝、書法、校勘、解釋、避諱、考證、辨誤、評論、感慨、勸戒，是關於史法的；後十篇為治術、臣節、倫紀、出處、邊事、夷夏、民心、釋老、生死、貨利，是關於史事的。全書選取胡注精句七百五十餘條，引證的書籍除正史外，達二百種之多，共二十餘萬字。

《通鑑胡注表微》的撰作為表露胡三省念念不忘父母國的忠心，例如《通

〔註11〕陳垣：《通鑑胡注表微》（北京：科學出版社，1958 年，第 1 版），頁 1。

鑑胡注表微》引《通鑑》卷二八：

> 漢元帝初元二年，賈捐之棄珠崖疏。

胡三省於其下注曰：

> 採珠蜑丁，死於採珠者多矣，此我太祖皇帝所以罷劉氏媚川都也。

《通鑑胡注表微》論證說：

> 媚川都南漢劉氏置，定其課，令人入海五百尺採珠，見《宋史》四
> 八一南漢世家。宋太祖罷之。此稱宋太祖爲「我太祖」，身之之忠於
> 宋，可謂深切著明矣，夫誰得而元之！〔註12〕

又《通鑑胡注表微》引《通鑑》卷七一：

> 魏明帝太和二年，吳王以呂范忠誠，厚見信任，以周谷能欺更簿書，
> 不用也。

胡三省於其下注曰：

> 周世宗之待周美，我朝太祖之重竇儀，事亦類此。

《通鑑胡注表微》考證說：

> 竇儀見《宋史》二六三，竇燕山五子之一。此「我朝」不得指爲元
> 矣。〔註13〕

一個處於宋末元初的人，他稱「我朝」爲宋爲元，可能被看作忠於哪個朝代。
胡三省爲宋末元初人，他稱「我朝」爲宋爲元，就被陳垣先生看作忠於哪個
朝代的證據，事實上胡三省就以宋人自命。「宋太祖」或稱「我太祖」，語氣
感情大不同。

又《通鑑胡注表微》引《通鑑》卷一〇二：

> 晉海西公太和四年，大司馬溫至金鄉。

胡三省於其下注曰：

> 金鄉縣後漢屬山陽郡；晉屬高平郡；隋屬濟陰郡；唐屬兗州；我宋
> 屬濟州。

《通鑑胡注表微》詮釋說：

> 全注稱「我宋」者始見於此。以前文例之，此「我」字亦刊削未盡
> 者。〔註14〕

〔註12〕陳垣：《通鑑胡注表微》，頁2，3。
〔註13〕同上，頁4。
〔註14〕同上，頁4，5。

元刻《資治通鑑》「我」字亦刊削未盡者，鏤版時改「我朝」、「我宋」爲「宋朝」、「宋」，但元末政治形勢較寬鬆，致時見「我朝」、「我宋」，又「宋朝」、「宋」的情況。

陳垣先生考察全注對宋朝的稱謂後總結說：

> 大抵全書自四十卷至二百三十二卷之間，恒稱宋爲「我朝」或「我宋」，而前後則率稱「宋」或「宋朝」，吾 頗疑 爲元末鏤版時所改，其作内詞者，身之原文也。〔註15〕

陳垣先生具體地證明胡三省注集中在卷四十到二三二之間，常稱宋爲「我宋」或「我朝」，但卷四十到二三二以外的前前後後文章，既有稱「宋朝」或「宋」的，是胡三省的立場飄忽嗎？是體例不一致嗎？以陳垣先生平素行文的謹慎，他說「頗疑」實具大把握！從胡三省稱宋太祖爲「我太祖」，即說明胡三省對宋朝表的忠誠。

《通鑑胡注》鏤版的情況可以爲研究《日知錄》作者顧炎武對明朝的忠誠作佐證。

另試看《日知錄・本朝》的敘述：

> 宋胡三省注《資治通鑑》，書成於元至元時，注中凡稱宋，皆曰「本朝」、曰「我宋」，其釋地理皆用宋州縣名。惟一百九十七卷，蓋牟城下，注曰「大元遼陽府路」；遼東城下，注曰「今大元遼陽府」。二百六十八卷，順州下曰：「大元順州，領懷柔、密雲二縣。」二百八十六卷，錦州下曰：「陳元靚曰：『大元於錦州置臨海節度，領永樂、安昌、興城、神水四縣，屬大定府路。』」二百八十八卷，建州下曰：「陳元靚曰：『大元建州領建平、永霸二縣，屬大定府路。』」以宋無此地，不得已而書之也。

陳垣先生《日知錄校注》於「書成於元至元時，注中凡稱宋，皆曰『本朝』、」後注曰：

> 胡注全部稱「本朝」者二次：一九一、二○一。〔註16〕

陳垣先生的論證見於《通鑑胡注表微》、《日知錄校注》二書按理說可以互補：若我能夠證明顧炎武《日知錄》普遍地稱明爲「我朝」、「我明」，從顧炎武平素愛國，深以作爲明人爲榮，再加上尊崇明太祖爲「我太祖」，諸證據加起來，

〔註15〕陳垣：《通鑑胡注表微》，頁1。
〔註16〕陳垣：《日知錄校注》中册，卷十三，頁789。

順理成章地能證明顧炎武忠於明朝。

　　《日知錄校注》竭力恢復《日知錄》的本貌，《通鑑》胡注的面世情況跟《日知錄》相近，屢受鏤版改動。在時，陳垣先生校注《日知錄》，於注釋中沒提到顧炎武自己說「我朝」一詞，也沒見發現「我明」一詞有改作「明」的。幸虧《日知錄》稱明太祖爲「我太祖」的有 4 次，足證顧炎武仍深愛父母國。

　　《日知錄・職官受杖》云：

　　　　《黃氏日鈔》：「讀韓文公〈贈張公曹〉詩云：『判司卑官不堪說，未
　　　　免捶楚塵埃間。』然則唐之判司、簿尉類然與？然唐人之待卑官雖
　　　　嚴，而卑官猶得以自申其法。如劉仁軌爲陳倉尉，擅殺折衝都尉魯
　　　　寧是也。我朝判司、簿尉以待新進士，而筦庫監當，不以辱之，視
　　　　唐重矣。乃近日上官苦役苛責，甚於奴僕。官之辱，法之屈也，此
　　　　事關繫世道。」

　　陳垣先生《日知錄校注》在「《黃氏日鈔》：」句後注說：

　　　　南宋黃震撰。

　　又在「擅殺折衝都尉魯寧是也。我朝」句後注說：

　　　　我朝，宋也。〔註17〕

必須留意的說《日知錄》中有由其他人文中提到「我朝」一詞，不過只是轉述他人的話，並不是出自顧炎武個人的想法。話出自南宋黃震的《日鈔》，與顧炎武無涉。

　　《日知錄》稱明太祖爲「我太祖」的記錄如下。《日知錄・言利之臣》云：

　　　　《孟子》曰：「無政事則財用不足。」古之人君，未嘗諱言財也。所
　　　　惡於興利者，爲其必至於害民也。昔明太祖嘗黜言利之御史，而謂
　　　　侍臣曰：「君子得位，欲行其道；小人得位，欲濟其私。欲行道者，
　　　　心存於天下國家；欲濟私者，心存於傷人害物。」

　　陳垣先生《日知錄校注》在「爲其必至於害民也。昔明」句後注說：

　　　　「明」原作「我」。〔註18〕

　　陳垣先生據鈔本及潘本改。說見黃季剛先生《日知錄校記》：「昔明太祖，鈔本明作我，潘本作我。」〔註19〕

〔註17〕陳垣：《日知錄校注》下冊，頁 1632。
〔註18〕陳垣：《日知錄校注》中冊，頁 677。
〔註19〕顧炎武：《日知錄集釋》（外七種），（上海：上海古籍出版社，1985 年第 1 版），

又《日知錄·禁錮姦臣子孫》云：

唐太宗詔禁錮宇文化及、司馬德戡、裴虔通等子孫，不令齒敘。武后令楊素子孫不得任京官及侍衛。至德中，兩京平，大赦，惟祿山支黨及李林甫、楊國忠、王鉷子孫不原。宋高宗即位，詔蔡京、童貫、王黼、朱勔、李彥、梁師成、譚稹皆誤國害民之人，子孫更不收敘，而章惇子孫亦不得仕於朝。明太祖有天下，詔宋末蒲壽庚、黃萬石子孫不得仕宦。

陳垣先生《日知錄校注》在「而章惇子孫亦不得仕於朝。明」後注說：

「明」原作「我」。〔註20〕

陳垣先生據鈔本改。說見黃季剛先生《日知錄校記》：「明太祖有天下，鈔本明作我。」〔註21〕

《日知錄》的「明太祖」應為「我太祖」。

又《日知錄·元史》云：昔宋吳縝言：「方《新書》來上之初，若朝廷付之有司，委官覆定，使詰難糾駁，審定刊修，然後下朝臣博議可否。如此，則初修者必不敢滅裂，審覆者亦不敢依違，庶乎得為完書，可以傳久。」乃歷代修史之臣，皆務苟完，右文之君，亦多倦覽，未有能行其說者也。洪武中嘗命解縉修正《元史》舛誤，其書留中不傳。

陳垣先生《日知錄校注》在「未有能行其說者也。洪武中」句後注說：

「洪武中」原作「惟我太祖」。〔註22〕

陳垣先生據鈔本改。說見黃季剛先生《日知錄校記》：「洪武中，鈔本作惟我太祖。」〔註23〕

同樣於《日知錄·元史》云：

〈張楨傳〉有〈復擴廓帖木兒書〉曰：「江左日思薦食上國。」此謂明太祖也。晉陳壽〈上諸葛孔明集表〉曰：「伏惟陛下，遠蹤古聖，蕩然無忌，故雖敵國誹謗之言，咸肆其辭，而無所革諱，所以明大

頁3390。

〔註20〕陳垣：《日知錄校注》中冊，頁760，761。

〔註21〕顧炎武：《日知錄集釋》（外七種），頁3392。

〔註22〕陳垣：《日知錄校注》下冊，頁1473，1474。

〔註23〕顧炎武：《日知錄集釋》（外七種），（上海：上海古籍出版社，1985年第1版），頁3407。

通之道也。」於此書見之矣。

陳垣先生《日知錄校注》在「『江左日思薦食上國。』此謂明」句後注說：

「明」原作「我」。〔註24〕

陳垣先生據鈔本改。說見黃季剛先生《日知錄校記》：「此謂明太祖，鈔本明作我。」〔註25〕

因而可以明白《日知錄》的「明太祖」爲「我太祖」。

除了《日知錄》稱明太祖爲「我太祖」的有 4 次，足以說明顧炎武心繫父母國外，《日知錄》有多處把原爲「先帝」的地方更改爲「崇禎」的，個人以爲顧炎武確實感念崇禎，故而尊重稱呼已故的君主崇禎爲「先帝」。崇禎（公元 1628～1644 年）是明朝皇帝明思宗朱由檢的年號，顧炎武（公元 1613～1682 年）生當由明轉清的年代。

《日知錄‧邊縣》云：

有國家者，能於閒暇之時而爲此寓兵於農之計，可不至如崇禎之末，課責有司以修練儲備之紛紛矣。

陳垣先生於《日知錄校注》在「能於閒暇之時而爲此寓兵於農之計，可不至如崇禎」句後注說：

「崇禎」原作「先帝」。〔註26〕

又《日知錄‧進士得人》云：

資格與朋黨，二者牢不可破，而國事大壞矣。至於翰林之官，又以清華自處，而鄙夷外曹。崇禎中，天子忽用推知考授編檢，而眾口交譁，有「適從何來，遽集於此」之誚。

陳垣先生《日知錄校注》在「崇禎中，天子忽用推知考授編檢」句後注說：

「天子」原作「先帝」，「編檢」原避諱作「編簡」。〔註27〕

又《日知錄‧三朝要典》云：

門戶之人，其立言之指，各有所借，章奏之文，互有是非。作史者兩收而竝存之，則後之君子，如執鏡以炤物，無所逃其形矣。……此國論之所以未平，而百世之下，難乎其信史也。崇禎帝批講官李

〔註24〕陳垣：《日知錄校注》下冊，頁 1475。
〔註25〕顧炎武：《日知錄集釋》（外七種），頁 3407。
〔註26〕陳垣：《日知錄校注》上冊，頁 552，553。
〔註27〕陳垣：《日知錄校注》中冊，頁 944，945。

明睿之疏曰：「纂修實錄之法，惟在據事直書，則是非互見。」大哉
王言，其萬世作史之準繩乎？

陳垣先生在《日知錄校注》「難乎其信史也。崇禎」句後注說：

「崇禎」原作「先」。〔註28〕

即「崇禎帝」實指「先帝」。

最後《日知錄・貼黃》云：

章奏之冗濫，至萬曆、天啓之間而極。至一疏而薦數十人，累二三
千言不止，皆枝蔓之辭。崇禎帝英年御宇，屬精圖治，省覽之勤，
批答之速，近朝未有。乃數月之後，頗亦厭之，命內閣爲貼黃之式。

陳垣先生在《日知錄校注》「皆枝蔓之辭。崇禎」句後注說：「崇禎」
原作「先」。〔註29〕

陳垣先生的《通鑑胡注表微》把胡注認爲顧炎武的愛國材料集中分析，
他於體例歸納的造詣有助解決困難。陳垣先生的每本著作都有不同體例，不
同的面目。從《日知錄校注》中似乎較難看出陳垣先生很講究對繁雜材料和
前人著述的體例歸納上，也沒表現在他對自己著述的體例安排上。個人覺得
陳垣先生最好的是不但盡力將材料合在一起，把體例歸納出來，給人看出當
中的規律，而且他更讓讀者明白，他是怎樣從浩瀚書海中選取適合的材料，
抽繹出一些規律，能糾正前人的錯誤，去解決紛擾的難題。

《日知錄校注》比較像傳統的箋注典籍，不像《通鑑胡注表微》般把《資
治通鑑》的內容重組分類，有較強烈的個人感情色彩。但從《日知錄校注》
的校注中都能領略到陳垣先生校勘學、避諱學、年代學和版本學等知識，略
嫌於經學、小學等比較少論及。《日知錄校注》解說的文字簡約，原爲作者備
課做準備之用，有時難免晦澀難解。陳垣先生應該想《日知錄校注》深入前
人的著述，把系統、體例歸納出來，讓讀者通過規律的掌握，更好地理解著
述的內容。《日知錄校注》或許是一部簡約，沒突顯自我、張揚個性的好書吧。

作爲史家，陳垣先生有意識地通過歷史表述自己的政治觀點，反映他深
沉的愛國思想。以史書撰著寄託思想，陳垣先生不爲考據而考據，而是以考
據爲手段，彰惡癉善，通史以經世致用，斥責降敵，鋪陳不附從日僞的道理
與歷史依據。

〔註28〕陳垣：《日知錄校注》中冊，頁 1003，1004。
〔註29〕同上，頁 1005。

　　以下以陳垣先生「史書要刪」的治史方法嘗試歸納《日知錄》的「引用」法、「櫽括」法運用。

第二節　以「史書要刪」的治史方法爲準則，觀察《日知錄》「引用」法、「櫽括」法的運用

一、以陳垣先生「史書要刪」的治史方法爲準則，觀察《日知錄》「引用」法運用的設想

用陳垣先生《日知錄校注》爲主要舉證		
兼用《新唐書》、《舊唐書》；二書參用（用《唐書》名，《新、舊唐書》參用）	《日知錄·保舉》（值得注意的是陳垣先生加了符號○△，說明那處用《新唐書》名，那處用《舊唐書》）（陳垣：《日知錄校注》上冊，卷九，頁505。）	《日知錄校注》中冊，卷十四，頁812。）
《新舊、唐書》名稱不注重	《日知錄·立言不爲一時》（陳垣：《日知錄校注》中冊，卷十九，頁1051，1052。）	
以《新唐書》改《舊唐書》；實引《舊唐書》	《日知錄·文人求古之病》（陳垣：《日知錄校注》中冊，卷十九，頁1066。）	《日知錄·財用》（陳垣：《日知錄校注》中冊，卷十二，頁670。）
不選《南齊書》、引用《南史》	《日知錄·重厚》（陳垣：《日知錄校注》中冊，卷十三，頁747。）	
概括言之；引大意	《日知錄·武學》（陳垣：《日知錄校注》中冊，卷十七，頁983。）《日知錄》概括撮引《山堂考索》。	《日知錄·陳思王植》〈蘇則傳〉（陳垣：《日知錄校注》中冊，卷十二，頁785。）引《三國志·魏志十六》大意
二書參用（用《宋書》名，兼採《宋書》、《南史》）；採《宋》參《南》	《日知錄·流品》（陳垣：《日知錄校注》中冊，卷十三，頁741，744。）	《日知錄校注》中冊，卷十三，頁742，744。）
引用太略	《日知錄·古器》（陳垣：《日知錄校注》中冊，卷二十一，頁1196，1197。）略引《容齋隨筆》	

註：「合肥：安徽大學出版社，2007年，第1版）」的出版資料在出現一次後省略。

　　顧炎武引用法的運用跟陳垣先生的大不同。顧炎武有時很隨意，有時會概括說明。偶爾改寫得較工整。陳垣先生則改寫精審簡約。

　　兼用《新唐書》、《舊唐書》的例子：

《日知錄校注・保舉》云：

> 《唐書》：「崔祐甫爲相，薦舉惟其人○不自疑畏○推至公以行○日除十數人。未逾年，除吏幾八百員○多稱允當△帝嘗謂曰：『人言卿擬官多親舊，何邪○』對曰：『陛下令臣進擬庶官○夫進擬者必悉其才行○若素不知聞△何繇得其實○』帝以爲然○」以德宗之猜忌而猶能聽之，愈乎近代之人主也。

陳垣先生於「《唐書》：『帝以爲然○』」句後注說：

> 此段兼用《舊唐書》一一九、《新唐書》一四二。句末用○號者用《新唐書》，用△號者用《舊唐書》。〔註30〕

參看下面由我整理的表格，加深色網強調的，是與上述《日知錄》一段相同，兼用《新唐書》、《舊唐書》的文字的例子：

《新唐書》卷一四二云：

> 及崔祐甫，則薦舉惟其人，不自疑畏，推至公以行，未逾年，除吏幾八百員，莫不諧允。帝嘗謂曰：「人言卿擬官多親舊，何邪？」對曰：『陛下令臣進擬庶官，夫進擬者必悉其才行，如不與聞知，何由得其實？帝以爲然。」

（歐陽修：《新唐書》第一五冊，卷一百四十二（北京：中華書局，1975年，第1版），頁4667，4668。）

《舊唐書》卷一一九云：

> 及崔祐甫代衰，薦延推舉，無復疑滯，日除十數人。作相未逾年，凡除吏幾八百員，多稱允當。上嘗謂曰：「有人謗卿所除擬官，多涉親故，何也？」祐甫奏曰：「臣頻奉聖旨，令臣進擬庶官，進擬者必須語其才行。臣若與其相識，方可粗語，若素不知聞，何由知其言行？獲謗之由，實在於此。」上以爲然。

（劉昫：《舊唐書》第十冊（北京：中華書局點校本，1959年，第1版），頁3440。）

「兼用」是並用、共用。比較了《日知錄》分別與《舊唐書》、《新唐書》，我以爲這裏顧炎武多參考的是《新唐書》。

下文所錄，是顧炎武的引文，「*斜體*」文字，是得陳垣先生注釋的提示爲顧炎武《日知錄》所增；「**黑體**」文字，是我據《舊唐書》的原文補上去的，

〔註30〕陳垣：《日知錄校注》上冊，卷九，頁505。

以明白顧炎武剪裁材料的用心：

> 《唐書》：「**及**崔祐甫爲相，薦延推舉惟其人，不自疑畏，推至公以
> 行，日除十數人。**作相未逾年，凡除吏幾八百員，多稱允當。**帝嘗
> 謂曰：『人言**有人**謗卿所除擬官，多涉親舊，何邪？』祐甫對曰：『陛
> 下令臣進擬庶官，夫進擬者必須悉其才行。**臣若與其相識，方可粗
> 諳，**若素不知聞，何緣得其實？**獲謗之由，實在於此。**』帝以爲然。」

衮，古代最高的官穿的禮服。「代衮」，引申爲登朝入仕，意思與「作相」相
似。「薦舉」與「薦延推舉」意思差不多。顧炎武見《舊唐書》前面說崔祐甫
當上了高位，未及一年就起用了八百個官員，所以把多出的「（崔祐甫）作相」
一詞除去。「凡除吏幾八百員」的「凡」自可不要，「多涉親舊」中減去「涉」
當然好，「必須悉其才行」拿掉「須」字道理也不難明白。「臣若與其相識，
方可粗諳，」與「獲謗之由，實在於此。」不加不算甚麼問題。

　　又下文所錄，是顧炎武的引文，*斜體*文字，是得陳垣先生注釋的提示
爲顧炎武《日知錄》所增；「**黑體**」文字，是我據《新唐書》的原文補上去的，
以明白顧炎武剪裁材料的用心：

> 《唐書》：「**及**崔祐甫爲相，則薦舉惟其人，不自疑畏，推至公以行，
> 日除十數人。未逾年，除吏幾八百員，多稱允當。帝嘗謂曰：『人言
> 卿擬官多親舊，何邪？』對曰：『陛下令臣進擬庶官，夫進擬者必悉
> 其才行，若素不知聞，何緣得其實？帝以爲然。」

「日除十數人」，大半年就得幾百之數，跟「未逾年，除吏幾八百員」得出的
其實沒兩樣，顧炎武採用《舊唐書》重複幾百之數是爲強調。崔祐甫做宰相
有他一套，不到兩百天，就引薦任用了八百人，好聽是「廣結善緣」，不好聽
是「私相授受」。有一天，皇帝問他：「有人投訴你所用的人往往是他的親朋
戚友，你有甚麼解釋沒有？」崔祐甫直認不諱，皇帝竟接受他的解釋。

　　針對崔祐甫用人的做法，司馬光《資治通鑑》卷第二百二十五云：

> 崔祐甫代之，欲收時望，推薦引拔，常無虛日；作相未二百日，除
> 官八百人，前後相矯，終不得其適。上嘗謂祐甫曰：「人或謗卿，所
> 用多涉親故，何也？」對曰：「臣爲陛下選擇百官，不敢不詳慎，苟
> 平生未之識，何以諳其才行而用之。」上以爲然。

司馬光在記述這件事後作了評論：

> 臣光曰：臣聞用人者，無親疏、新故之殊，惟賢、不肖之爲察。其人

未必賢也，以親故而取之，固非公也；苟賢矣，以親故而捨之，亦非
公也。夫天下之賢，固非一人所能盡也，若必待素識熟其才行而用之，
所遺亦多矣。古之為相者則不然，舉之以眾，取之以公。眾曰賢矣，
己雖不知其詳，姑用之，待其無功，然後退之，有功則進之；所舉得
其人則賞之，非其人則罰之。進退賞罰，皆眾人所共然也，己不置豪
髮之私於其間。苟推是心以行之，又何遺賢曠官之足病哉！〔註31〕

司馬光認為任用人才，沒有親疏、新舊之別，只以賢能和無能作為考察對象。
某人並非賢能，因為是親朋故舊的關係而被任用，這固然不公正；如果某人
賢能，因為親朋故舊的關係而捨棄，這也是不公正的。

何繇得其實○　左邊的這句，《新唐書》第一五冊，卷一百四十二，
點校本作「何由得其實」。繇同由。

從上《日知錄校注‧保舉》一段撮寫《舊唐書》、《新唐書》，成了○○○○△○○
○△○○四句《新唐書》、一句《舊唐書》、三句《新唐書》、一句《舊唐書》，再
兩句《舊唐書》的模式，與陳垣先生主史書要刪，鍛鍊個人的寫作能力不同。

陳垣先生發覺顧炎武引《唐書》會兼採新舊版本，像《日知錄》卷九〈保
舉〉條，校對細心如陳垣先生的，現在已是鳳毛麟角。

《日知錄》作「為相」，意跟《舊唐書》作「代衰」意義相似；《日知錄》
作「薦舉」和《舊唐書》作「薦延推舉」意思近若。《日知錄》作「不自疑畏，
推至公以行，」比《舊唐書》作「無復疑滯，」刻畫來得深刻些。《日知錄》把
「作相未逾年」省作「未逾年」，是簡潔些而於義無損。《舊唐書》的「臣若與
其相識，方可粗諳」與「獲謗之由，實在於此。」等補充文字值得加上。「諧允」
解為協調允當，《日知錄》作「多稱允當」意跟《新唐書》作「莫不諧允」意義
相似；《日知錄》作「若素不知聞」和《新唐書》作「如不與聞知」意思近若。

二書參用（用《唐書》名，《新、舊唐書》參用）的例子：

《日知錄‧君喪》云：

若夫君喪之禮，自戰國以來，固己久廢。文帝乃特著之為令，以干
百姓之譽，而反以蒙後代無窮之譏。至唐玄宗、肅宗之喪，遂改為
初崩之後，二十七日。【原注】《唐書‧崔祐甫傳》載常衰之議云：「禮為君斬
衰二年，漢文帝權制三十六日。我太宗文皇帝崩，遺詔亦三十六日。群臣不忍既葬

〔註31〕司馬光：《資治通鑑》卷二百二十五（北京：中華書局，1954年，第1版），
頁7258。

而除,略盡四月。高宗崩,如漢故事。武太后崩亦然。及玄宗、肅宗崩,始變天子
喪爲二十七日。」蓋變而逾短,而亦不無追咎夫漢文之作俑矣。

陳垣先生於「禮爲君斬衰二年……始變天子喪爲二十七日。」句後注說:
　　《新唐書》一四二,《舊唐書》一一九。《新》、《舊》參用。〔註32〕
此段參用《舊唐書》一一九、《新唐書》一四二。句末用○號者用《新唐書》,
用△號者用《舊唐書》。另看下面由我整理的表格,深色網強調的,是與《日
知錄》相同,參用《新唐書》、《舊唐書》的文字的例子:
　　然而哀帝綏和二年,博士弟子,父母死,予寧三年。【原注】師古曰:
　　寧謂處家持喪服。《漢書》本紀。而應劭言:「漢律,不爲親行三年服,不
　　得選舉。」【原注】〈楊雄傳〉注。是其所以訓之臣庶者,未嘗不以三年
　　爲制也。若夫君喪之禮,自戰國以來,固己久廢。文帝乃特著之爲
　　令,以干百姓之譽,而反以蒙後代無窮之譏。【原注】平帝時,王莽令吏
　　六百石以上皆服喪三年。至唐玄宗、肅宗之喪,遂改爲初崩之後,二十
　　七日。【原注】平帝時,王莽令吏六百石以上皆服喪三年。至唐玄宗、肅宗之
　　喪,遂改爲初崩之後,二十七日。【原注】《唐書·崔祐甫傳》載常衮之議
　　云:「禮爲君斬衰二年,漢文帝權制三十六日。○我太宗文皇帝崩,○遺詔亦三十
　　六日。○△群臣不忍既葬而除,○略盡四月。○高宗崩,△如漢故事。△武太后崩
　　亦然。△及玄宗、肅宗崩,△始變天子喪爲二十七日。△」蓋變而逾短,而亦
　　不無追咎夫漢文之作俑矣。

《新唐書》卷一百四十二,列傳第六十七云:
　　帝崩,衮與禮官議:「禮,爲君斬衰三年。漢文帝權制三十六日。我
　　太宗文皇帝崩,遺詔亦三十六日,群臣不忍,既葬而除,略盡四月。
　　高宗如漢故事。玄宗以來,始變天子喪爲二十七日。乃者,遺詔雖
　　曰『天下吏民,三日釋服』,群臣宜如皇帝服二十七日乃除。」祐甫
　　曰:「遺詔無臣、庶人之別,是皇帝宜二十七日,而群臣三日也。」
　　衮曰:「賀循稱,吏者,官長所署,非公卿百官也。」祐甫對:「《傳》
　　曰『委之三吏』,乃三公也。史稱循吏、良吏,豈胥吏歟?」衮曰:
　　「禮非天降地出,人情而已。且公卿大臣贋受寵祿,今與黔首同,
　　信宿而除,於公安乎?」祐甫曰:「若遺詔何?詔而可改,孰不可改?」

意象殊屬。袞方入臨，遺從吏扶立殿墀上，祐甫指之謂眾曰：「臣哭君前，有扶禮乎？」袞不勝怒，乃劾祐甫率情變禮，橈國典，請貶潮州刺史。德宗以爲重，改河南少尹。始肅宗時，天下務劇，宰相更直掌事，若休沐還第，非大詔命，不待徧曉，則聽直者代署以聞。是時郭子儀、朱泚俱以平章事當署敕尾，而不行宰相事。帝新即位，袞如故事代署。子儀、泚入，言祐甫不宜貶，帝曰：「卿向何所言？今云非邪？」二人對初不知。帝怒，以袞爲罔上。是日，群臣甫経立月華門外，即兩換職，以袞河南少尹，而拜祐甫門下侍郎、同中書門下平章事。俄改中書侍郎。

（歐陽修：《新唐書》第一五冊，卷一百四十二（北京：中華書局，1975 年，第 1 版），頁 4666，4667。）

《舊唐書》卷一一九〈崔祐甫傳〉云：

代宗初崩，發哀於西宮，袞以獨受任遇，哀逾等禮。例，晨夕臨者，皆十五舉音，而袞輒哀慟涕泗，或中墀返哭，顧慕若不能去，同列者皆不悦。及袞與禮司議群臣喪服，曰：「案《禮》，爲君斬衰三年。漢文權制，猶三十六日。國家太宗崩，遺詔亦三十六日，而群臣延之，既葬而除，約四月也。高宗崩，服絕輕重，如漢故事，武太后崩亦然。及玄宗、肅宗崩，始變天子喪爲二十七日。且當時遺詔雖曰『天下吏人三日釋服』，在朝群臣實服二十七日而除，則朝臣宜如皇帝之制。」祐甫執曰：「伏準遺詔，無朝臣庶人之別，但言『天下人吏，敕到後出臨，三日皆釋服』，則朝野中外，何非天下？凡百執事，誰非吏職？則皇帝宜二十七日而群臣當三日也。」袞曰：「案賀循注義，吏者，謂官長所署，則今胥吏耳，非公卿百僚之例。」祐甫曰：「《左傳》云：『委之三吏。』則三公也。史稱循吏、良吏者，豈胥徒歟？」袞曰：「禮，非天降地出，人情而已。且公卿大臣，榮受殊寵，故宜異數。今與黔首同制，信宿而除之，於爾安乎？」祐甫曰：「若遺詔何？詔旨可改，孰不可？」袞堅諍不服，而聲色甚屬，不爲禮節。又袞方哭於鈎陳之前，而袞從吏或扶之，祐甫指示於眾曰：「臣哭於君前，有扶禮乎？」袞聞之，不堪其怒。乃上言祐甫率情變禮，輕議國典，請謫爲潮州刺史。內議太重，改爲河南少尹。

（劉昫：《舊唐書》第十冊（北京：中華書局點校本，1959 年，第 1 版），頁 3439。）

「參用」是間雜而用。比較了《日知錄》分別與《舊唐書》、《新唐書》，我以爲這裏顧炎武前段多參考的是《新唐書》，後段多參考的是《舊唐書》。

《舊唐書》卷一一九〈崔祐甫傳〉云：

> 代宗初崩，發哀於西宮，袞以獨受任遇，哀逾等禮。例，晨夕臨者，皆十五舉音，而袞輒哀慟涕泗，或中墀返哭，顧慕若不能去，同列者皆不悦。及袞與禮司議群臣喪服，曰：「案《禮》，爲君斬衰三年。漢文權制，猶三十六日。國家太宗崩，遺詔亦三十六日，而群臣延之，既葬而除，約四月也。高宗崩，服絕輕重，如漢故事，武太后崩亦然。及玄宗、肅宗崩，始變天子喪爲二十七日。且當時遺詔雖曰『天下吏人三日釋服』，在朝群臣實服二十七日而除，則朝臣宜如皇帝之制。」祐甫執曰：「伏準遺詔，無朝臣庶人之別，但言『天下人吏，敕到後出臨，三日皆釋服』，則朝野中外，何非天下？凡百執事，誰非吏職？則皇帝宜二十七日而群臣當三日也。」袞曰：「案賀循注義，吏者，謂官長所署，則今胥吏耳，非公卿百僚之例。」祐甫曰：「《左傳》云：『委之三吏。』則三公也。史稱循吏、良吏者，豈胥徒歟？」袞曰：「禮，非天降地出，人情而已。且公卿大臣，榮受殊寵，故宜異數。今與黔首同制，信宿而除之，於爾安乎？」祐甫曰：「若遺詔何？詔旨可改，孰不可？」袞堅諍不服，而聲色甚屬，不爲禮節。又袞方哭於鉤陳之前，而袞從吏或扶之，祐甫指示於眾曰：「臣哭於君前，有扶禮乎？」袞聞之，不堪其怒。乃上言祐甫率情變禮，輕議國典，請謫爲潮州刺史。内議太重，改爲河南少尹。
> 〔註33〕

下文所錄，是顧炎武的引文，「*斜體*」文字，是得陳垣先生注釋的提示爲顧炎武《日知錄》所增；「**黑體**」文字，是我據《舊唐書》的原文補上去的：

> 然而哀帝綏和二年，博士弟子，父母死，予寧三年。【原注】師古曰：寧謂處家持喪服。《漢書》本紀。而應劭言：「漢律，不爲親行三年服，不得選舉。」【原注】〈楊雄傳〉注。是其所以訓之臣庶者，未嘗不以三年爲制也。若夫君喪之禮，自戰國以來，固己久廢。文帝乃特著之爲令，以干百姓之譽，而反以蒙後代無窮之譏。【原注】平帝時，王莽令吏六百石以上皆服喪三年。至唐玄宗、肅宗之喪，遂改爲初崩之後，二十

〔註33〕劉昫：《舊唐書》第十冊（北京：中華書局點校本，1959 年，第 1 版），頁 3439。

七日。【原注】《唐書·崔祐甫傳》載常衮之議云：「**案**《禮》，爲君斬衰三年，漢文**帝權制，猶**三十六日。「**國家我太宗文皇帝崩，遺詔亦三十六日。群臣不忍既葬而除，略盡四月。高宗崩，服絕輕重，如漢故事。武太后崩亦然。及玄宗、肅宗崩，始變天子喪爲二十七日。」蓋變而逾短，而亦不無追咎夫漢文之作俑矣。**

《新唐書》卷一百四十二，列傳第六十七云：

帝崩，衮與禮官議：「禮，爲君斬衰三年。漢文帝權制三十六日。我太宗文皇帝崩，遺詔亦三十六日，群臣不忍，既葬而除，略盡四月。高宗如漢故事。玄宗以來，始變天子喪爲二十七日。乃者，遺詔雖曰『天下吏民，三日釋服』，群臣宜如皇帝服二十七日乃除。」祐甫曰：「遺詔無臣、庶人之別，是皇帝宜二十七日，而群臣三日也。」衮曰：「賀循稱，吏者，官長所署，非公卿百官也。」祐甫對：「《傳》曰『委之三吏』，乃三公也。史稱循吏、良吏，豈胥吏歟？」衮曰：「禮非天降地出，人情而已。且公卿大臣膺受寵祿，今與黔首同，信宿而除，於公安乎？」祐甫曰：「若遺詔何？詔而可改，孰不可改？」意象殊屬。衮方入臨，遺從吏扶立殿墀上，祐甫指之謂眾曰：「臣哭君前，有扶禮乎？」衮不勝怒，乃劾祐甫率情變禮，橈國典，請貶潮州刺史。德宗以爲重，改河南少尹。始肅宗時，天下務劇，宰相更直掌事，若休沐還第，非大詔命，不待徧曉，則聽直者代署以聞。是時郭子儀、朱泚俱以平章事當署敕尾，而不行宰相事。帝新即位，衮如故事代署。子儀、泚入，言祐甫不宜貶，帝曰：「卿向何所言？今云非邪？」二人對初不知。帝怒，以衮爲罔上。是日，群臣苴絰立月華門外，即兩換職，以衮河南少尹，而拜祐甫門下侍郎、同中書門下平章事。俄改中書侍郎。〔註34〕

常衮性情急躁剛強，在爲唐代宗李豫（公元726～779年）服喪的問題上，與中書舍人崔祐甫發生激烈爭執。常衮事後生氣，就上奏彈劾崔佑甫隨意更改古代禮制，要求將其貶爲潮州刺史。唐德宗李适（唐代宗長子）（742～805年）認爲處罰太重，把崔祐甫貶爲河南少尹。崔祐甫在赴任途中，新的詔書又來了：任命崔祐甫爲門下侍郎、同平章事。原來，出身世家大族的崔祐甫被貶

〔註34〕歐陽修：《新唐書》第一五冊，卷一百四十二（北京：中華書局，1975年，第1版），頁4666，4667。

之後，郭子儀、朱泚兩人上奏爲他辯護。李适這才知道常袞以宰相名義彈劾崔祐甫的奏章上，郭子儀、朱泚兩人的名字是常袞找人代簽的。換言之常袞犯欺君罪。於是，常袞被貶爲潮州刺史，崔祐甫當了宰相。唐太宗也叫文皇帝，《晉書》一百三十卷，題「唐太宗文皇帝御撰」。《舊唐書》多了「服絕輕重，」句。

又下文所錄，是顧炎武的引文，「*斜體*」文字，是得陳垣先生注釋的提示爲顧炎武《日知錄》所增；「**黑體**」文字，是我據《新唐書》的原文補上去的：

> 然而哀帝綏和二年，博士弟子，父母死，予寧三年。【原注】師古曰：寧謂處家持喪服。《漢書》本紀。而應劭言：「漢律，不爲親行三年服，不得選舉。」【原注】〈楊雄傳〉注。是其所以訓之臣庶者，未嘗不以三年爲制也。若夫君喪之禮，自戰國以來，固已久廢。文帝乃特著之爲令，以干百姓之譽，而反以蒙後代無窮之譏。【原注】平帝時，王莽令吏六百石以上皆服喪三年。至唐玄宗、肅宗之喪，遂改爲初崩之後，二十七日。【原注】《唐書‧崔祐甫傳》載常袞之議云：「禮，爲君斬衰三年，漢文帝權制三十六日。我太宗文皇帝崩，遺詔亦三十六日。群臣不忍既葬而除，略盡四月。高宗*崩*，如漢故事。*武太后崩亦然。及玄宗、肅宗崩***以來***，始變天子喪爲二十七日。*」*蓋變而逾短，而亦不無追咎夫漢文之作俑矣。*

爲君斬衰，《日知錄》、《新、舊唐書》都作三年。帝王去世，太子繼位得服喪三年（三十六月），後來漢文帝改爲三十六日即釋服終喪，因稱「以日易月」。一說謂二十七日釋服，並將之列爲定制。《新、舊唐書》都沒有「蓋變而逾短，而亦不無追咎夫漢文之作俑矣。」這幾句，是顧炎武的嘆喟。

《新舊、唐書》名稱不注重的例子：

《日知錄‧立言不爲一時》云：

> 《唐書》：「李叔明爲劍南節度使，上疏言道佛之弊。請本道定寺爲三等，觀爲二等，上寺留僧二十一，上觀道士十四，每等降殺以七，皆擇有行者，餘還爲民。德宗善之，以爲可行之天下。詔下尚書省議，已而罷之。」至武宗會昌五年，「併省天下寺觀，敕上都、東都兩街，各留二寺，每寺留僧三十人。天下節度、觀察使治所，及同、華、商、汝州，各留一寺，分爲三等：上等留僧二十人，中等留十人，下等五人。凡毀寺四千六百餘區，歸俗僧尼二十六萬五百人，

大秦穆護祆僧二千餘人。」

陳垣先生注說：

《舊唐書》十八〈武帝紀〉、《新唐書》五二〈食貨志〉參用。又《通鑑》二四八，七月。〔註35〕

以出家人自行歸返俗家生活者，稱爲歸俗。

《新唐書》卷五十八，〈食貨〉二云：

武宗即位，廢浮圖法，天下毀寺四千六百、招提蘭若四萬，籍僧尼爲民二十六萬五千人，奴婢十五萬人，田數千萬頃，大秦穆護、祆二千餘人。上都、東都每街留寺二，每寺僧三十人，諸道留僧以三等，不過二十人。膄田鬻錢送戶部，中下田給寺家奴婢丁壯者爲兩稅戶，人十畝。以僧尼旣盡，兩京悲田養病坊，給寺田十頃，諸州七頃，主以耆壽。〔註36〕

又下文所錄，是顧炎武的引文，「*斜體*」文字，是得陳垣先生注釋的提示爲顧炎武《日知錄》所增；「**黑體**」文字，是我據《新唐書》的原文補上去的：

《唐書》：「李叔明爲劍南節度使，上疏言道佛之弊。請本道定寺爲三等，觀爲二等，上寺留僧二十一，上觀道士十四，每等降殺以七，皆擇有行者，餘還爲民。德宗善之，以爲可行之天下。詔下尚書省議，已而罷之。」至武宗會昌五年，「併省天下寺觀，敕上都、東都*兩街*，各留二寺，每寺留僧三十人，天下節度、觀察使治所，及同、

〔註35〕陳垣：《日知錄校注》中冊，卷十九，頁1050～1052。

〔註36〕歐陽修：《新唐書》第五冊，卷五十八（北京：中華書局，1975年，第1版），頁1361。

林怡君說：「（中唐德宗、憲宗時）在佛教鼎盛時期寺院大約有四萬所，僧尼約有二十六萬五千餘人。」（林怡君：〈韓愈送別文學研究〉，台灣國立中正大學碩士論文。2005年，頁109。）時間、數字與《新唐書》的吻合。唐德宗李适（公元742年～805年），唐憲宗李純（778～820年），唐武宗李瀍（814～846年）。對僧尼貫之以籍帳，也就是說，將俗民的戶籍管理辦法使用於僧尼，定制將僧尼名籍簿冊編訂呈送官府的做法，是中國古代戶籍管理中的一個特殊內容。

參白文固：〈唐代僧籍管理制度〉，《普門學報》2003年5月，第15期，頁3。摩尼教見周菁葆〈西域摩尼教的樂舞藝術〉。（周菁葆：《西域摩尼教的樂舞藝術〉，《西域研究》，2005年，第1期，頁90。）陳垣先生補充說於武宗沒後、禁令漸放寬之際，火祆教祆祠仍保存著。（陳垣：〈火祆教入中國考〉，載於《陳垣史學論著選》，上海人民出版社，1981年，頁109。）

> *華、商、汝州，各留一寺，***諸道留僧***分爲三等：上等留僧二十人，中等留十人，下等五人。凡毀寺四千六百餘區，歸俗僧尼二十六萬五百人，大秦穆護、祆***僧***二千餘人。」

唐初邊將，文武迭用。唐代中期，節度使權得勢盛，漸有尾大不掉之勢。互相討伐，民不聊生。安史亂後，節度使濫封，不聽命於中央。節度使己成爲實際之地方行政長官外，儼如一國之君。李叔明，代爲豪族。天寶末爲京兆尹、劍南節度使。兄弟並涉學，輕財好施。叔明初爲劍南節度使楊國忠判官。李叔明批評當時社會迷信道佛的教說，到處興建寺觀。招提蘭若是私人建造的寺院。大秦即景教，穆護即摩尼教的傳教師，祆僧即波斯祆教僧人。至唐武宗時的會昌禁佛，倒楣的不光是佛教，連同祆教、摩尼教一併遭殃，祆祠被拆毀，祭司勒令還俗。顧炎武在這裏補充了《新唐書》留僧方面未說的一些資料。

《舊唐書》本紀第十八上云：

> 朕聞三代已前，未嘗言佛，漢、魏之後，像教寖興。是由季時，傳此異俗，因緣染習，蔓衍滋多。以至於蠹耗國風，而漸不覺；誘惑人意，而衆益迷。洎於九州山原，兩京城闕，僧徒日廣，佛寺日崇。勞人力於土木之功，奪人利於金寶之飾，遺君親於師資之際，違配偶於戒律之間。壞法害人，無逾此道。且一夫不田，有受其飢者；一婦不蠶，有受其寒者。今天下僧尼，不可勝數，皆待農而食，待蠶而衣。寺宇招提，莫知紀極，皆雲構藻飾，僭擬宮居。晉、宋、齊、梁，物力凋瘵，風俗澆詐，莫不由是而致也。況我高祖、太宗，以武定禍亂，以文理華夏，執此二柄，足以經邦，豈可以區區西方之教，與我抗衡哉！貞觀、開元，亦嘗釐革，剗除不盡，流衍轉滋。朕博覽前言，旁求輿議，弊之可革，斷在不疑。而中外誠臣，協予至意，條疏至當，宜在必行。懲千古之蠹源，成百王之典法，濟人利衆，予何讓焉。其天下所拆寺四千六百餘所，還俗僧尼二十六萬五百人，收充兩稅戶，拆招堤、蘭若四萬餘所，收膏腴上田數千萬頃，收奴婢爲兩稅戶十五萬人。隸僧尼屬主客，顯明外國之教。勒大秦穆護、祆三千餘人還俗，不雜中華之風。於戲！前古未行，似將有待；及今盡去，豈謂無時。驅游惰不業之徒，已逾十萬；廢丹雘無用之室，何啻億千。自此清淨訓人，慕無爲之理；簡易齊政，成一俗之功。將使六合黔黎，同歸皇化。尚以革弊之始，日用不知，

下制明廷，宜體予意。〔註37〕

　　下文所錄，是顧炎武的引文，「*斜體*」文字，是得陳垣先生注釋的提示爲顧炎武《日知錄》所增；「**黑體**」文字，是我據《舊唐書》的原文補上去的：

　　《唐書》：「李叔明爲劍南節度使，上疏言道佛之弊。請本道定寺爲三等，觀爲二等，上寺留僧二十一，上觀道士十四，每等降殺以七，皆擇有行者，餘還爲民。德宗善之，以爲可行之天下。詔下尚書省議，已而罷之。」至武宗會昌五年，「併省天下寺觀，敕上都、東都兩街，各留二寺，每寺留僧三十人。天下節度、觀察使治所，及同、華、商、汝州，各留一寺，分爲三等：上等留僧二十人，中等留十人，下等五人。凡毀寺四千六百餘區，*歸俗僧尼二十六萬五百人*，**勒**大秦穆護、祆*僧二千餘人***還俗*。」

　　《資治通鑑》卷二百四十八云：

　　祠部奏括天下寺四千六百，蘭若四萬，僧尼二十六萬五百。【胡注】祠部掌僧尼，故使括之。若，人者翻。《釋氏要覽》曰：蘭若者，梵言阿蘭若，唐言無諍也；《四分律》云，空靜處；《智度經》云，遠離處；《大悲經》云，離諸惡。〔註38〕

下文所錄，是顧炎武的引文，「*斜體*」文字，是得陳垣先生注釋的提示爲顧炎武《日知錄》所增；「**黑體**」文字，是我據《資治通鑑》的原文補上去的：

　　《唐書》：「李叔明爲劍南節度使，上疏言道佛之弊。請本道定寺爲三等，觀爲二等，上寺留僧二十一，上觀道士十四，每等降殺以七，皆擇有行者，餘還爲民。德宗善之，以爲可行之天下。詔下尚書省議，已而罷之。」至武宗會昌五年，「併省天下寺觀，敕上都、東都兩街，各留二寺，每寺留僧三十人。天下節度、觀察使治所，及同、華、商、汝州，各留一寺，分爲三等：上等留僧二十人，中等留十人，下等五人。**祠部奏括**天下凡毀寺四千六百餘區，*歸俗僧尼二十六萬五百人*，大秦穆護祆僧二千餘人。」

以上《日知錄》的文字跟《新唐書》稍接近，但大都不成句子。

〔註37〕劉昫：《舊唐書》第二冊（北京：中華書局點校本，1959 年，第 1 版），頁 605，606。主客，職官名。掌管接待外國使節的事，至清末廢。

〔註38〕司馬光：《資治通鑑》卷二百四十八（北京：中華書局，1954 年，第 1 版），頁 8015，8016。

以《新唐書》改《舊唐書》的例子：

《日知錄・文人求古之病》云：

> 以今日之地爲不古，而借古地名；以今日之官爲不古，而借古官名；
> 舍今日恒用之字，而借古字之通用者：皆文人所以自蓋其俚淺也。《唐
> 書》：「鄭餘慶奏議，類用古語，如『仰給縣官馬萬蹄』，有司不曉何
> 等語，人訾其不適時。」

陳垣先生注說：

> 《舊唐書》一五八，《新唐書》一六五。原文已爲《新》所改，此引
> 《新》。〔註39〕

《舊唐書》卷一百五十八，列傳第一百八：

> 憲宗嗣位之月，又擢守本官平章事。未幾，屬夏州將楊惠琳阻命，
> 宰臣等論奏，多議兵事。餘慶復以古義上言，夏州軍士皆仰給縣官，
> 又有「介馬萬蹄」之語。時議以餘慶雖好古博雅而未適時。有主書
> 滑渙，久司中書簿籍，與内官典樞密劉光琦情通。宰相議事，與光
> 琦異同者，令渙達意，未嘗不遂所欲。宰相杜佑、鄭絪皆姑息之。
> 議者云佑私呼爲滑八，四方書幣貲貨，充集其門，弟泳官至刺史。
> 及餘慶再入中書，與同僚集議，渙指陳是非，餘慶怒其僭，叱之。
> 尋而餘慶罷相，爲太子賓客。其年八月，渙贓污發，賜死。上寖聞
> 餘慶叱渙事，甚重之，乃改爲國子祭酒，尋拜河南尹。三年，檢校
> 兵部尚書，兼東都留守。六年四月，正拜兵部尚書。〔註40〕

鄭餘慶（公元 748～820 年）大曆十一年中進士，貞元十四年（798 年），拜中
書侍郎，同中書門下平章事。永貞元年（805 年）八月同平章事，元和元年（806
年）五月罷相。因爲不肯屈服於滑渙狐假虎威的囂張氣燄而叱責他，但卻落
得罷相的下場。

此段參考《舊唐書》一五八，《新唐書》一六五。原文已爲《新唐書》所
改，此引《新唐書》。句末用○號者用《新唐書》。

> 以今日之地爲不古，而借古地名；以今日之官爲不古，而借古官名；
> 舍今日恒用之字，而借古字之通用者：皆文人所以自蓋其俚淺也。

〔註39〕陳垣：《日知錄校注》中冊，卷十九，頁 1066。

〔註40〕劉昫：《舊唐書》第十三冊（北京：中華書局點校本，1959 年，第 1 版），頁
4164。

《唐書》:「鄭餘慶奏議,類用古語,○如『仰給縣官馬萬蹄』,○有司不曉何等語,○人嗤其不適時。○」

《新唐書》卷一百六十五,列傳第九十:

餘慶少砥礪,行己完潔。仕四朝,其祿悉賙所親,或濟人急,而自奉粗狹,至官府,乃開肆廣大,常語人曰:「祿不及親友而侈僕妾者,吾鄙之。」大抵中外姻嫁,其禮獻皆親閱之。後生內謁,必引見,諄諄教以經義,務成就儒學。自至德後,方鎮除拜,必遣內使持幢節就第,至則多饋金帛,且以媚天子,唯恐不厚,故一使者納至數百萬緡。憲宗每命餘慶,必誡使曰:「是家貧,不可妄求取。」議者或詆其沽激,餘慶不屑也。奏議類用古言,如「仰給縣官」、「馬萬蹄」,有司不曉何等語,人嗤其不適時。與從父絪家昭國坊,絪第在南,餘慶第在北,世謂「南鄭相」、「北鄭相」云。

(歐陽修:《新唐書》第十六冊,卷一百六十五(北京:中華書局,1975年,第1版),頁5061。)

下文所錄,是顧炎武的引文,「*斜體*」文字,是得陳垣先生注釋的提示爲顧炎武《日知錄》所增;「**黑體**」文字,是我據《舊唐書》的原文補上去的:

以今日之地爲不古,而借古地名;以今日之官爲不古,而借古官名;舍今日恒用之字,而借古字之通用者,皆文人所以自蓋其俚淺也。

《唐書》:「**時議以**鄭餘慶奏議,類用古語,*如***夏州軍士皆**『仰給縣官』,**又有**『介馬萬蹄』*之語*,有司不曉何等語,人嗤其不適時。」

仰給,依賴。介馬,披甲的戰馬。馬,自古以來跟人們的關係就很密切。在中國古代,發生戰爭,需要用馬與車輛組成的戰車;運輸人與物品,也需要用馬或馬車。給馬披上鐵甲,驅馬追擊是時候了。這裏的馬是用於戰爭的。《左傳・成公二年》就有「不介馬而馳之」(十三經注疏委員會:《十三經注疏》本,第七冊,《春秋左傳正義》(北京:北京大學出版社,2000年,第1版),頁797。)的敘述,意思是說不給馬披上鐵甲,就驅馬進擊。從上文知道「仰給縣官」、「介馬萬蹄」曾是流行古語,於顧炎武時或通行作「仰給縣官馬萬蹄」。

又下同一篇所錄,是顧炎武的引文,「*斜體*」文字,是得陳垣先生注釋的提示爲顧炎武《日知錄》所增;「**黑體**」文字,是我據《新唐書》的原文補上去的:

以今日之地爲不古，而借古地名；以今日之官爲不古，而借古官名；
舍今日恒用之字，而借古字之通用者：皆文人所以自蓋其俚淺也。《唐
書》：「鄭餘慶**沽激**，奏議，類用古語，如『仰給縣官』、『馬萬蹄』，
有司不曉何等語，人訾其不適時。」〔註41〕

「沽激」二字雖承《新唐書》上句而來，但描繪鄭餘慶凡事「不屑也」的性
格於下文也適合。《舊唐書》共有 200 卷。原名爲《唐書》，自宋代歐陽修、
宋祁等編寫的《新唐書》問世後，才改稱《舊唐書》。《舊唐書》較多保存唐
代原始文獻的面貌，而《新唐書》語多刪節。以上顯示，《新唐書》的原文大
概只較《日知錄》多出了「不屑也」幾個字，故陳垣先生推論以上《日知錄》
原文已爲《新唐書》所改，那段引的是《新唐書》。「不屑也」等字還是承上
文而來，刪去無妨。《舊唐書》說人們批評「鄭餘慶好古博雅而未適時」，想
來不離事實。鄭餘慶（公元 748～820 年），少時即善寫文章，後爲宰相。鄭
餘慶不喜歡奢華的衣物，爲了能夠得到他的賞識，後來出入之人大多都穿著
污垢甚至破爛的衣物。陳垣先生的注解正確。

不選《南齊書》、引用《南史》的例子：

《日知錄‧重厚》云：

四明薛岡謂「士大夫子弟，不宜使讀《世說》。未得其雋永，先習其
簡傲。」推是言之，可謂善教矣。防其乃逸乃諺之萌，而引之有物
有恒之域，此以正養蒙之道也。南齊陳顯達語其諸子曰：「麈尾蠅拂，
是王、謝家物，汝不須捉此。」即取於前燒除之。

陳垣先生注說：

《南齊書》二六無「燒除之」之句，此是引《南史》四五。〔註42〕

此段引用《南史》四五。句末用○號者用《南史》。

《南史》卷四十五，列傳第三十五云：

顯達謙厚有智計，自以人微位重，每遷官常有愧懼之色。子十餘
人，誡之曰：「我本意不及此，汝等勿以富貴陵人。」家既豪富，
諸子與王敬則諸兒並精車牛，麗服飾。當世快牛稱陳世子青、王
三郎烏、呂文顯折角、江瞿曇白鼻，而皆集陳舍。顯達知此不悅。

〔註41〕歐陽修：《新唐書》第十六冊，卷一百六十五（北京：中華書局，1975年，第
1版），頁5061。

〔註42〕陳垣：《日知錄校注》中冊，卷十三，頁747。

> 及子休尚爲郢府主簿，過九江拜別。顯達曰：「凡奢侈者鮮有不敗，
> 塵尾蠅拂是王、謝家物，○汝不須捉此自逐。」即取於前燒除之。
> ○其靜退如此。
>
> （李延壽：《南史》第四冊，卷四十五（北京：中華書局，1975 年，第 1 版），頁 1134。）

《南史》、《南齊書》均作「汝不須捉此自逐」，《日知錄》惟作「汝不須捉此」。捉，執也。《日知錄》不加「自逐」二字意思亦完整。

《南齊書》卷二十六，列傳第七云：

> 八年，進號征北將軍。其年，仍遷侍中、鎮軍將軍，尋加中領軍。
> 出爲使持節、散騎常侍、都督江州諸軍事、征南大將軍、江州刺史，
> 給鼓吹一部。顯達謙厚有智計，自以人微位重，每遷官，常有愧懼
> 之色。有子十餘人，誡之曰：「我本志不及此，汝等勿以富貴陵人！」
> 家既豪富，諸子與王敬則諸兒，竝精車牛，麗服飾。當世快牛稱陳
> 世子青，王三郎烏，呂文顯折角，江瞿曇白鼻。顯達謂其子曰：「塵
> 尾扇是王謝家物，汝不須捉此自逐。」〔註43〕

下文所錄，是顧炎武的引文，*斜體* 文字，是得陳垣先生注釋的提示爲顧炎武《日知錄》所增；「**黑體**」文字，是我據《南齊書》的原文補上去的：

> 四明薛岡謂「士大夫子弟，不宜使讀《世說》。未得其儁永，先習其
> 簡傲。」推是言之，可謂善教矣。防其乃逸乃諺之萌，而引之有物
> 有恒之域，此以正養蒙之道也。*南齊陳顯達語其諸子曰*：「塵尾**扇蠅**
> **拂**，是王、謝家物，汝不須捉此**自逐**。」*即取於前燒除之。*

秦漢時代牛車被廣泛應用，漢武帝時的名流以至百姓幾乎無不喜愛牛車。經過訓練的牛，其行走速度也大爲提高。快牛迅若飛禽，未受訓練的牛走得再快也不能及。從文獻記載和出土文物來看，這種風尚流行南北，盛極一時。

又下同一篇所錄，是顧炎武的引文，「*斜體*」文字，是得陳垣先生注釋的提示爲顧炎武《日知錄》所增；「**黑體**」文字，是我據《南史》的原文補上去的：

> 四明薛岡謂「士大夫子弟，不宜使讀《世說》。未得其儁永，先習其
> 簡傲。」推是言之，可謂善教矣。防其乃逸乃諺之萌，而引之有物
> 有恒之域，此以正養蒙之道也。*南齊陳顯達***謙厚有智計，自以人微**

〔註43〕 蕭子顯：《南齊書》第一冊，卷二十六（北京：中華書局，1972 年，第 1 版），
頁 490。

位重，**每遷官常有愧懼之色**。*語其諸子曰：「塵尾蠅拂，是王、謝家物，汝不須捉此自逐。」即取於前燒除之。***其靜退如此。**

蠅拂亦拂塵，可趕飛蟲。到了齊梁（魏晉南北朝（宋、齊、梁、陳））（220～581 年）時代。唐代（公元 618 年～907 年）蠅拂有用馬尾或氂牛尾作的，有用棕絲作的。以後或稱爲「塵尾扇」，或稱「塵拂」，但其功用仍爲「揮塵、卻暑」，名士清談常揮如意或塵尾。摩多羅尊者拿的叫「塵尾」或「塵尾扇」起始流行於晉代。塵尾繼續應用於唐代，兼有拂塵和扇子的功用。《南齊書》，梁朝蕭子顯（487～537 年）撰。《南齊書》收錄「塵尾扇」是其宜。《南史》，唐朝李延壽（生卒年不詳）撰。《南史》收錄「塵尾」合理。《日知錄·重厚》收錄「塵尾」還是合理，此同《南史》，又一引《南史》的證據。王、謝，六朝望族王氏和謝氏的合稱，後比喻豪門望族。逐，跟隨。陳顯達（427～500年），南北朝時期南齊名將。自知出身寒門而位重，易招災禍，所以每次升遷都表現出愧懼之色。外出總要乘坐朽破的車子，從人也只選十幾個老弱病殘的人。效富貴人家追尋世間樂事，陳顯達認爲並非百姓家應該跟隨的。經陳垣先生提示，顧炎武引《南史》四五所加的段落，正好描述陳顯達的爲人。塵尾扇曾流行一時，但塵尾及後應仍然通用，顧炎武用詞配合時代。

概括言之的例子：

顧炎武認爲史書不能亂刪，但他引史書有獨用，有參用，陳垣先生都看到，同時指示出來。不過我留意到顧炎武剪裁史料有時較隨心，方法類近「引用」法和「檃括」法的似乎不多，大部分實爲概括引之。以下就是在《日知錄》內看起來引用得不怎麼樣相近的例子。

《日知錄·武學》云：

> 《山堂考索》言：武學置於慶曆三年，阮逸爲武學諭，未幾省去。熙寧復置，選知兵書者判武學，置直講，如國子監。靖康之變，不聞武學有禦侮者。

陳垣先生於「《山堂考索》言：武學置於慶曆三年，阮逸爲武學諭，未幾省去。熙寧復置，選知兵書者判武學，置直講，如國子監。」段後注說：

> 《山堂考索》後集廿九〈士門·武學類〉，此概括引之。「諭」原作「教授」，「熙寧」下原有「五年」。〔註44〕

〔註44〕陳垣：《日知錄校注》中冊，卷十七，頁 983。

陳垣先生同意《日知錄・武學》這段實屬一般的撮寫。「概括引之」四字用得很精到，能不能說明情況很難說。

《山堂考索》（群書考索）後集，卷二十九，原文是這樣寫的：

慶曆三年八月戊午，罷武學，改武學教授、太常丞阮逸兼國子監丞，其有願習兵書者，許於本監聽讀。既立武學，議者以爲古名將有諸葛亮、羊祜、杜預、裴度等，豈嘗專學孫吳，立學無謂，故亟罷之。…

熙寧五年，立武學於御路之側，於是詔舉人先試以孫吳大義。〔註45〕

《山堂考索》後集原書中，「戊午，罷武學，改武學教授、太常丞阮逸兼國子監丞，其有願習兵書者，許於本監聽讀。既立武學，議者以爲古名將有諸葛亮、羊祜、杜預、裴度等，豈嘗專學孫吳，立學無謂，故亟罷之。」一段實經由《山堂考索》採自《續資治通鑑長編》卷一百四十二，慶曆三年事，《山堂考索》作者費盡心力追索資料。

下文所錄，是顧炎武的引文，「*斜體*」文字，是得陳垣先生注釋的提示爲顧炎武《日知錄》所增；「**黑體**」文字，是我據《山堂考索》（群書考索）後集原文補上去的：

《山堂考索》言：「*武學置於慶曆三年八月戊午*，**改武學教授、太常丞**，*阮逸*兼**國子監丞**，*爲武學諭，未幾省去。熙寧復置，選知兵書者*，**許於本監聽讀**，*判武學，置直講，如國子監。*」靖康之變，不聞武學有禦侮者。

阮逸當甚麼官不重要，顧炎武指出宋代武學在重置後沒培養出優秀的軍事人才。經仔細對比，可以知道古人引文差別可以很大。

論是上對下的命令告語。顧炎武的引文與《山堂考索》的文字相差甚遠，「概括引之。」似未足以說明。據上所述，宋代武學生的品行很令人失望。

《山堂考索》內亦注有「長編」二字，指《續資治通鑑長編》。

《續資治通鑑長編》卷一百四十二云：

戊午，罷武學，改武學教授、太常丞阮逸兼國子監丞，其有願習兵書者，許於本監聽讀。既立武學，議者以爲古名將有諸葛亮、羊祜、

〔註45〕章如愚：《山堂考索》後集，（正德十三年建陽劉氏慎獨書齋刊本），卷二十九，頁4，6。「《群書考索》不同於一般類書，在匯集廣博的知識之外，更表達他的意見及對現世的關心，因此寄託了作者更深層的寫作意圖。……《山堂考索》中選用了大量的宋儒意見。」（黃亭惇：〈章如愚與《群書考索》中的人物與制度〉，台灣國立清華大學碩士論文。2011年，頁2。）

杜預、裴度等，豈嘗專學孫、吳，立學無謂，故亟罷之。此據張唐英
《政要》，劉敞集有議論，當檢附。熙寧五年六月復置。〔註46〕

陳垣先生注說：

「靖康」二句原文無，蓋亭林語。〔註47〕

陳垣先生提示「靖康之變，不聞武學有禦侮者」二句〔註48〕《山堂考索》原文無，乃亭林語。宋代鑑於對西夏戰爭的連番受挫，慶曆三年宣布以太常丞阮逸爲武學教授。有批評指出古名將像諸葛亮、羊祜、杜預、裴度等並非靠讀兵家的著作建功立業，因此開辦武學班沒有意義。張唐英（公元1029～1071年）是北宋徽宗朝宰相張商英（1043～1122年），的兄長。李燾對張唐英《政要》一書用力深細，曾將其書與其他有關資料，包括官方記載和其他私修著作，反覆比勘，推敲琢磨，辨析得失，有棄有取。作爲主要記載北宋仁宗一朝歷史的著作，《政要》在編年史巨著李燾的《續資治通鑑長編》（下稱《長編》）修纂過程中發揮過重要作用。可以說，《政要》是李燾修纂《長編》時的一部重要參考著作。張唐英，生於宋仁宗天聖七年，卒於神宗熙寧四年，年四十三歲。宋代分類輯錄的諸書保存了許多散佚史料。著名的有章如愚《山堂考索》，章如愚（？～？年）南宋婺州金華（今屬浙江）人，字俊卿，號山堂。慶元進士。章如愚《山堂考索》保留了北宋珍貴的資料，把張唐英《政要》的文字完整記錄。李燾的《續資治通鑑長編》亦記錄了張唐英的《政要》。

賴陳垣先生注釋的提示，讓我們知道不只「靖康」二句原文無，以上《日知錄》據《山堂考索》的引文中，不少都是顧炎武加上的。

引大意的例子：

《日知錄‧陳思王植》云：

陳思王植，初封臨菑侯，聞魏氏代漢，發服悲哭，文帝恨之。【原注】
《魏志‧蘇則傳》。司馬順，宣王第五弟通子，初封習陽亭侯。及武帝

〔註46〕李燾：《續資治通鑑長編》第十一冊，卷一百四十二，（北京：中華書局，1995年，第1版），頁3423，3424。

〔註47〕陳垣：《日知錄校注》中冊，卷十七，頁983。

〔註48〕陳致易〈評上世紀九十年代兩種《日知錄》校注本〉說：卷之十七〈武學〉，嶽本 p.63，甘本 p.768：《山堂考索》言：「武學置於慶曆三年……如國子監。」嶽本有起無訖，甘本無起訖。此見《山堂考索後集》二十九《士門武學類》。此處是概括引之，而下「靖康之變，不聞武學有禦侮者」，《山堂考索》無，蓋亭林語。（陳致易：〈評上世紀九十年代兩種《日知錄》校注本〉，《安徽大學學報》（哲學社會科學版）第31卷第1期（2007年1月），頁124。）

受禪，歎曰：「事乖唐虞，而假爲禪名。」遂悲泣，由是廢黜，徙武威姑臧縣。雖受罪流放，守意不移而卒。滕王瓚，隋高祖母弟，周宣帝崩，高祖入禁中，將總朝政。瓚聞召不從，曰：作隨國公，恐不能保，何乃更爲族滅事邪？」廣王全昱，全忠之兄。全忠稱帝，與宗戚飲博於宮中。酒酣，全昱忽以投瓊擊盆中迸散，睨帝曰：「朱三，汝本碭山一民，從黃巢爲盜。天子用汝爲四鎮節度使，富貴極矣，奈何一旦滅唐三百年社稷，自稱帝王？行當族滅，奚以博爲！」帝不懌而罷。夫天人革命，而中心弗願者，乃在於興代之懿親，其賢於裸將之士、勸進之臣，遠矣。

陳垣先生於「【原注】《魏志·蘇則傳》。」句後注說：

《三國志·魏志》十六〈蘇則傳〉，引大意。〔註49〕

《三國志》卷十六，〈任蘇杜鄭倉傳〉云：

微拜侍中，與董昭同寮。昭嘗枕則膝臥，則推下之，曰：「蘇則之膝，非佞人之枕也。」初，則及臨菑侯植聞魏氏代漢，皆發服悲哭，文帝聞植如此，而不聞則也。帝在洛陽，常從容言曰：「吾應天而禪，而聞有哭者，何也？」則謂爲見問，鬚髯悉張，欲正論以對。侍中傅巽掐。則曰：「不謂卿也。」於是乃止。文帝問則曰：「前破酒泉、張掖，西域通使，燉煌獻徑寸大珠，可復求市益得不？」則對曰：「若陛下化洽中國，德流沙漠，即不求自至；求而得之，不足貴也。」帝默然。後則從行獵，槎枑拔，失鹿，帝大怒，踞胡牀拔刀，悉收督吏，將斬之。則稽首曰：「臣聞古之聖王不以禽獸害人，今陛下方隆唐堯之化，而以獵戲多殺群吏，愚臣以爲不可。敢以死請！」帝曰：「卿，直臣也。」遂皆赦之。然以此見憚。黃初四年，左遷東平相。未至，道病薨，諡曰剛侯。〔註50〕

下文所錄，是得陳垣先生注釋的提示爲顧炎武的引文；「**黑體**」文字，是我據《三國志》的原文補上：

陳思王植，初封臨菑侯，聞魏氏代漢，發服悲哭，文帝恨之。【原注】《魏志·蘇則傳》。**帝在洛陽，常從容言曰：「吾應天而禪，而聞有哭者，**

〔註49〕陳垣：《日知錄校注》中冊，卷十三，頁784，785。

〔註50〕陳壽：《三國志》第二冊，卷十六（北京：中華書局，1959年，第1版），頁492，493。

何也？」則謂爲見問，鬚髯悉張，欲正論以對。司馬順，【原注】字子忠。宣王第五弟通子，初封習陽亭侯。【原注】《魏志‧杜恕傳》注引〈晉書〉作「龍陽」。及武帝受禪，歎曰：「事乖唐虞，而假爲禪名。」遂悲泣，由是廢黜，徙武威姑臧縣。雖受罪流放，守意不移而卒。滕王瓚，隋高祖母弟，周宣帝崩，高祖入禁中，將總朝政。瓚聞召不從，曰：作隨國公，恐不能保，何乃更爲族滅事邪？」廣王全昱，全忠之兄。全忠稱帝，與宗戚飲博於宮中。酒酣，全昱忽以投瓊擊盆中迸散，睨帝曰：「朱三，汝本碭山一民，從黃巢爲盜。天子用汝爲四鎮節度使，富貴極矣，奈何一旦滅唐三百年社稷，自稱帝王？行當族滅，奚以博爲！」帝不懌而罷。夫天人革命，而中心弗願者，乃在於興代之懿親，其賢於裸將之士、勸進之臣，遠矣。

以上《三國志‧任蘇杜鄭倉傳》所引「帝在洛陽，常從容言曰：『吾應天而禪，而聞有哭者，何也？』則謂爲見問，鬚髯悉張，欲正論以對。」描寫魏文帝對曹植聞魏氏代漢的「異常」反應。當初，蘇則與臨淄侯曹植聽說魏氏廢漢自立，都穿上喪服爲漢朝悲哀哭泣。曹植的表現魏文帝聽說了，卻不知道蘇則也同曹植是一樣的態度。文帝在洛陽，有一次從容說道：「我順應天命接受禪讓，卻聽說有人哭，爲什麼呢？」蘇則還以爲是對他質問，鬍鬚都豎立起來，立即正顏厲色要上前辯論。侍中傅巽連忙掐他說：「不是說你。」蘇則才沒有發作出來。個人認爲《三國志‧任蘇杜鄭倉傳》這段宜補上。缺了以上及司馬炎篡魏建晉，司馬炎叔祖悲嘆的故事，未能加深曹植聞魏氏代漢，發服悲哭，文帝憎恨他的理由。

二書參用（用《宋書》名，兼採《宋書》、《南史》）的例子：

《日知錄‧流品》云：

《張敷傳》：「遷江夏王義恭撫軍記室參軍。時義恭就文帝求一學義沙門，會敷赴假還江陵入辭，文帝令以 後褊 載沙門。敷不奉詔曰：「臣性不耐雜。」遷正員郎。中書舍人狄當、周赳並管要務，以敷同省名家，欲詣之。赳曰：「彼若不相容，便不如不往。」當曰：「吾等並已員外郎矣，何憂不得其坐？」敷先設二牀，去壁三四尺，二客就席，酬接甚歡。既而呼左右曰：『移吾牀遠客。』赳等失色而去。」

陳垣先生注說：

此稱「文帝」，似引《南史》。然「後褊」《南史》作「後車」，則實

兼採《宋》《南》二史也。又下文「酬接甚歡」句，《南史》刪，知此所引實《宋書》。「其作」原作「共坐」，潘本不誤。〔註51〕

《宋書》卷四十六，列傳第六：

> 敷字景胤。生而母亡，年數歲，問知之，雖童蒙，便有感慕之色。至十歲許，求母遺物，而散施已盡，唯得一扇，乃緘錄之。每至感思，輒開笥流涕。見從母，悲感嗚咽。性整貴，風韻端雅，好玄言，善屬文。初，父邵使與南陽宗少文談〈繫〉、〈象〉，往復數番，少文每欲屈，握塵尾歎曰：「吾道東矣。」於是名價日重。武帝聞其美，召見奇之，曰：「眞千里駒也。」以爲世子中軍參軍，數見接引。累遷江夏王義恭撫軍記室參軍。義恭就文帝求一學義沙門，會敷赴假江陵，入辭，文帝令以 後車 載沙門往，謂曰：「道中可得言晤。」敷不奉詔，上甚不説。遷正員中書郎。敷小名查，父邵小名梨，文帝戲之曰：「查何如梨？」敷曰：「梨爲百果之宗，查何可比。」中書舍人秋當、周赳並管要務，以敷同省名家，欲詣之。赳曰：「彼恐不相容接，不如勿往。」當曰：「吾等並已員外郎矣，何憂不得共坐。」敷先設二牀，去壁三四尺，二客就席，敷呼左右曰：「移我遠客！」赳等失色而去。其自標遇如此。〔註52〕

言晤，晤面交談。上文「酬接甚歡」句，《宋書》中華書局點校本亦刪，似不能證此所引實《宋書》。

下文所錄，是顧炎武的引文，「*斜體*」文字，是得陳垣先生注釋的提示爲顧炎武《日知錄》所增；「**黑體**」文字，是我據《宋書》的原文補上去的：

> 《張敷傳》：「**累**遷江夏王義恭撫軍記室參軍。*時*義恭就文帝求一學義沙門，會敷赴假*還*江陵入辭，文帝令以後*輧*載沙門**往**。敷不奉詔曰：「*臣性不耐雜*。」遷正員郎。中書舍人狄當、周赳並管要務，以敷同省名家，欲詣之。赳曰：「彼*若*不相容，*便*不如*不*往。」當曰：「吾等並已員外郎矣，何憂不得*其*坐。」敷先設二牀，壁三四尺，二客就席，*去酬接甚歡。既而***敷**呼左右曰：『移*吾牀*遠客。』」赳等失色而去。」

〔註51〕 陳垣：《日知錄校注》中冊，卷十三，頁743，744。

〔註52〕 沈約：《宋書》第五冊，卷四十六（北京：中華書局，1975年，第1版），頁1395，1396。

「後編」,《宋書》中華書局點校本作「後車」,與陳垣先生說的版本不同。《南史》卷三十二,列傳第二十二:

> 宋武帝聞其美,召見奇之,曰:「眞千里駒也。」以爲世子中軍參軍,數見接引。累遷江夏王義恭撫軍記室參軍。義恭就文帝求一學義沙門,會敷赴假還江陵,入辭,文帝令以 後車 載沙門往,謂曰:「道中可得言晤。」敷不奉詔,曰:「臣性不耐雜。」上甚不悦。中書舍人秋當、周赳並管要務,以敷同省名家欲詣之。赳曰:「彼恐不相容接,便不如勿往,詎可輕行。」當曰:「吾等並已員外郎矣,何憂不得共坐。」敷先旁設二牀,去壁三四尺。二客就席,敷呼左右曰:「移我遠客。」赳等失色而去。其自標遇如此。〔註53〕

上文「酬接甚歡」句,《南史》中華書局點校本刪。

又下文所錄,是顧炎武的引文,「*斜體*」文字,是得陳垣先生注釋的提示爲顧炎武《日知錄》所增;「**黑體**」文字,是我據《南史》的原文補上去的,以明白顧炎武剪裁材料的用心:

> 會敷赴假還江陵入辭,文帝令以 後編 載沙門,**謂曰:「道中可得言晤」**。敷不奉詔曰:「臣性不耐雜。」**上甚不悦**。遷正員郎。中書舍人狄當、周赳並管要務,以敷同省名家,欲詣之。赳曰:「彼若不相容,便不如不往。」當曰:「吾等並已員外郎矣,何憂不得*其*坐。」敷先*旁*設二牀,去壁三四尺,二客就席,*酬接甚歡*。*既而*敷呼左右曰:『移吾牀遠客。』赳等失色而去。」**其自標遇如此**。

「後編」,《南史》中華書局點校本也作「後車」。「商車賈編,絡繹相尋。」南方江陵行船比行車方便哩。(南朝宋)張敷屢次升遷任江夏王劉義恭撫軍記室參軍。劉義恭向文帝劉義隆求要一位懂得佛理的僧徒,正逢張敷滿假,入宮辭別,劉義隆命張敷用副車(即「後車」)帶僧徒一同前往,對他說:「路上可以會面交談。」張敷不受詔,文帝很不高興。把張敷降爲正員中書郎。

《日知錄》在「二客就席,」後多了「酬接甚歡。」句,再接後「既而敷呼左右曰:『移吾牀遠客。』極富戲劇效果。標遇,高自標置,待人傲慢。

採《宋》參《南》的例子:

〔註53〕李延壽:《南史》第三冊,卷三十二(北京:中華書局,1975年,第1版),頁826。

《日知錄‧流品》云：

> 晉宋以來，尤重流品，故雖蕞爾一方，而猶能立國。《宋書‧蔡興宗傳》：「興宗爲征西將軍，開府儀同三司、荊州刺史、常侍如故，被徵還都，時右軍將軍王道隆，任參國政，權重一時，躡履到興宗前，不敢就席，良久方去，竟不呼坐。元嘉初，中書舍人狄當詣太子詹事王曇首，不敢坐。其後中書舍人王弘爲太祖所愛遇，上謂曰：『卿欲作士人，得就王球坐，乃當判耳。殷、劉【原注】殷景仁、劉湛並雜，無所益也。若往詣球，可稱旨就席。』及至，球舉扇曰：『若不得爾。』弘還，依事啓聞。帝曰：『我便無如此何。』五十年中，有此三事。」

陳垣先生於「時右軍將軍王道隆，任參國」後注說：

> 《宋書》作「內」，《南史》作「國」。此則採《宋》而參《南》也。〔註54〕

《宋書》卷五十七，列傳第十七云：

> 廓年位並輕，而爲時流所推重，……以太宗崩，興宗與尚書令袁粲、右僕射褚淵、中領軍劉勔、鎮軍將軍沈攸之同被顧命。以興宗爲使持節、都督荊湘雍益梁寧南北秦八州諸軍事、征西將軍、開府儀同三司、荊州刺史，加班劍二十人，常侍如故。被徵還都。時右軍將軍王道隆任參內政，權重一時，躡履到前，不敢就席，良久方去，竟不呼坐。元嘉初，中書舍人秋當詣太子詹事王曇首，不敢坐。其後中書舍人王弘爲太祖所愛遇，上謂曰：「卿欲作士人，得就王球坐，乃當判耳。殷、劉並雜，無所知也。若往詣球，可稱旨就席。」球舉扇曰：「若不得爾。」弘還，依事啓聞，帝曰：「我便無如此何。」五十年中，有此三事。道隆等以興宗強正，不欲使擁兵上流，改爲中書監、左光祿大夫，開府儀同三司、常侍如故，固辭不拜。〔註55〕

下文所錄，是顧炎武的引文，「*斜體*」文字，是得陳垣先生注釋的提示爲顧炎武《日知錄》所增；「**黑體**」文字，是我據《宋書》的原文補上去的：

> 晉宋以來，尤重流品，故雖蕞爾一方，而猶能立國。《宋書‧蔡興宗傳》：「**廓年位並輕，而爲時流所推重，**以興宗爲征西將軍，開府儀

〔註54〕陳垣：《日知錄校注》中冊，卷十三，頁742，744。

〔註55〕沈約：《宋書》第五冊，卷五十七（北京：中華書局，1975年，第1版），頁1573，1583，1584。

同三司、荊州刺史、**加班劍二十人**，常侍如故，被徵還都，時右軍
將軍王道隆，任參國政，權重一時。躡履到興宗前，不敢就席，良
久方去，竟不呼坐。元嘉初，中書舍人狄當詣太子詹事王曇首，不
敢坐。其後中書舍人王弘爲太祖所愛遇，上謂曰：『卿欲作士人，得
就王球坐，乃當判耳。殷、劉【原注】殷景仁、劉湛並雜，無所益也。若
往詣球，可稱旨就席。』及至，球舉扇曰：『若不得爾。』弘還，依
事啓聞。帝曰：『我便無如此何。』五十年中，有此三事。」

《南史》卷二十九云：

廓年位並輕，而爲時流所推重，……明帝崩，興宗與尚書令袁粲、
右僕射褚彥回、中領軍劉勔、鎮軍將軍沈攸之同被顧命。以興宗爲
征西將軍、開府儀同三司、都督、荊州刺史，加班劍二十人，被徵
還都。時右軍將軍王道隆任參國政，權重一時，躡履到興宗前，不
敢就席，良久方去。竟不呼坐。元嘉初，中書舍人秋當詣太子詹事
王曇首，不敢坐。其後中書舍人弘興宗爲文帝所愛遇，上謂曰：「卿
欲作士人，得就王球坐，乃當判耳，殷、劉並雜，無所益也。若往
詣球，可稱旨就席。」及至，球舉扇曰：「君不得爾。」弘還，依事
啓聞。帝曰：「我便無如此何。」至是，興宗復爾。〔註56〕

再下文所錄，是顧炎武的引文，「*斜體*」文字，是得陳垣先生注釋的提示
爲顧炎武《日知錄》所增；「**黑體**」文字，是我據《南史》的原文補上去的：

《日知錄‧流品》云：

晉宋以來，尤重流品，故雖叢爾一方，而猶能立國。《宋書‧蔡興宗
傳》：「廓年位並輕，而爲時流所推重，……明帝崩，興宗與尚書令
袁粲、右僕射褚彥回、中領軍劉勔、鎮軍將軍沈攸之同被顧命。以
興宗爲征西將軍，開府儀同三司、荊州刺史，**加班劍二十人**、*常侍
如故*，被徵還都。時右軍將軍王道隆，任參國政，權重一時，躡履
到興宗前，不敢就席，良久方去，竟不呼坐。元嘉初，中書舍人狄
當詣太子詹事王曇首，不敢坐。其後中書舍人弘*興宗*爲太祖所愛遇，
上謂曰：『卿欲作士人，得就王球坐，乃當判耳。殷、劉【原注】殷景
仁、劉湛並雜，無所益也。若往詣球，可稱旨就席。』及至，球舉扇

〔註56〕李延壽：《南史》第三冊，卷二十九（北京：中華書局，1975年，第1版），
頁764，772。

曰：『若不得爾。』弘還，依事啓聞。帝曰：『我便無如此何。』五
十年中，有此三事。至是，興宗復爾。」

流品，門第或社會地位。門閥士族制度深入人心。在唐代以前（甚至包括唐
代），連有些皇帝本人都打從心裏覺得名門大戶高不可攀。據史料記載，南北
朝時，南朝劉宋帝國有一位名叫王弘的大臣，是宋武帝劉裕的親信，此人雖
然姓王，但卻是「不入品」（即庶姓）的王，因而也就不得進入「士大夫」的
行列。有一天他爲此事求助於皇帝，劉裕對他說：「你如果想當士大夫，前提
條件是能與王球（名門望族，時任宰相）坐在一起。你不妨說奉我的命令，
前去試試。」——（沈約修撰的《宋書》這樣寫道：「中書舍人王弘爲太祖所
愛遇，上謂曰：「『卿欲作士人，得就王球坐，乃當判耳！』」）王弘傻得天眞，
眞的到王球家去拜訪，當他打算坐在王球的身邊時，王球用扇子阻止他說：「不
容你坐」（「若不得爾！」）王弘氣憤而回，向劉裕訴苦，劉裕把手一攤說：「我
便無如此何！」——「我也拿他沒辦法！」稍後於王弘有一位紀僧眞，他向
當時的宋孝武帝劉駿請求成爲「士」，劉駿回答說：「這事由都官尚書江斆做
主，求我也沒有用，你可以去找他試試。」紀僧眞是劉駿最愛寵的一位大臣，
可不料到了江家，他剛坐下，江斆命左右移座。紀僧眞向皇上訴苦，劉駿回
答說：「士大夫不是皇帝可以委派的！」

　　連皇帝都覺得名門望族高不可攀，更不用說一般的士大夫及平民百姓
了。班劍，有紋飾的劍。加班劍二十人，天子給賜功臣用作儀仗，由佩紋飾
劍武士擔任。魏晉以後的官，加「開府儀同三司」則可開設府署、辟召掾屬，
享受和三公同等的禮儀。興宗回到朝中，改以常侍時，仍可享受上賜如故。
侍中或常侍這種加官，在解任或遷轉後是要取消的，除非被給予「侍中（或
常侍）如故」的優待。的確，《宋書》中華書局點校本作「內」，《南史》中華
書局點校本作「國」。

引用太略的例子：

《日知錄・古器》云：

洪氏《隨筆》謂彝器之傳，春秋以來，固已重之，如郜鼎紀甗之類，
歷歷可數。不知三代逸書之目，湯有《典寶》，武有《分器》。而春
官有典庸器之職，祭祀而陳之，則固前乎此矣。故夏后氏之璜，封
父之繁弱，密須之鼓，闕鞏之甲，班諸魯公、唐叔之國，而赤刀、
弘璧、天球、河圖之屬，陳設於成王之顧命者，又天子之世守也。

　　然而來去不恒，成虧有數。是以寶珪出河，九鼎淪泗，武庫之劍，
穿屋而飛，殿前之鐘，感山而響，銅人入夢，鐘虡生毛，則知歷世
久遠，能爲神怪，亦理之所必有者。《隋書》文帝開皇九年四月，毀
平陳所得秦漢三大鐘，越二大鼓。十一年正月丁酉，以平陳所得古
器，多爲禍變，悉命毀之。而《大金國志》載：海陵正隆三年，詔
毀平遼、宋所得古器，亦如隋文之言。蓋皆恣睢不學之主，而古器
之銷亡，爲可惜矣。

陳垣先生於「，歷歷可數。」句後注說：

　　《容齋隨筆》十〈古彝器〉條，此引太略。〔註57〕

《容齋隨筆》卷第十（二十則）〈古彝器〉云：

　　三代彝器，其存至今者，人皆寶爲奇玩。然自春秋以來，固重之矣。
經傳所記，取郜大鼎於宋，魯以吳壽夢之鼎賄荀偃，晉賜子產莒之
二方鼎，齊賂晉以紀甗、玉磬，徐賂齊以甲父之鼎，鄭賂晉以襄鐘，
衛欲以文之舒鼎、定之鞶鑑納魯侯，樂毅爲燕破齊，祭器設於寧臺，
大呂陳於元英，故鼎反乎麘室是已。〔註58〕

「武庫之劍，穿屋而飛」，是則晉武庫失火。武庫失火一事，張華親眼目睹，
見劍穿屋而飛，然後不知去向。歷代寶物都被焚毀，當中有漢高祖劉邦斬蛇
的寶劍。武庫失火，張華「見劍穿屋而飛，莫知所向」，漢高祖斬蛇劍穿屋而
飛，其言不經。張華怕因之事變，列兵固守，然後救之，累代之寶以及劉邦
的斬蛇劍、王莽頭、孔子屐等因此盡焚。古人相信寶劍爲靈異之物，終有一
天化去，不會永爲人所降服，所以「龍泉」、「太阿」雌雄雙劍無緣無故失蹤，
最後相合。禹治水，收天下美銅，以爲九鼎，象九州。九鼎淪泗，指九州。
周德衰，宋之社亡，鼎乃淪沒而不見。

　　下文所錄，是顧炎武的引文，「*斜體*」文字，是得陳垣先生注釋的提示
爲顧炎武《日知錄》所增；「**黑體**」文字，是我據《容齋隨筆》的原文補上
去的：

　　洪氏*《隨筆》謂*三代彝器，**其存至今者，人皆寶爲奇玩。然自**之傳，
春秋以來，固*已*重之矣。**經傳所記，**如**取**郜**大鼎**於宋，**魯以吳壽夢

〔註57〕陳垣：《日知錄校注》中冊，卷二十一，頁1196，1197。
〔註58〕洪邁：《容齋隨筆》，卷十（上海：上海古籍出版社，2007年，第1版），頁
　　　　127，128。

之鼎賄苟偃，晉賜子產莒之二方鼎，齊賂晉以紀甗、玉磬，徐賂齊以甲父之鼎，鄭賂晉以襄鐘，衛欲以文之舒鼎、定之鞶鑑納魯侯，樂毅爲燕破齊，祭器設於寧臺，大呂陳於元英，故鼎反乎磨室是已。

紀甗之類，歷歷可數。不知三代逸書之目，湯有《典寶》，武有《分器》。而春官有典庸器之職，祭祀而陳之，則固前乎此矣。故夏后氏之璜，封父之繁弱，密須之鼓，闕鞏之甲，班諸魯公、唐叔之國，而赤刀、弘璧、天球、河圖之屬，陳設於成王之顧命者，又天子之世守也。然而來去不恒，成虧有數。是以寶珪出河，九鼎淪泗，武庫之劍，穿屋而飛，殿前之鐘，感山而響，銅人入夢，鐘虡生毛，則知歷世久遠，能爲神怪，亦理之所必有者。《隋書》文帝開皇九年四月，毀平陳所得秦漢三大鐘，越二大鼓。十一年正月丁酉，以平陳所得古器，多爲禍變，悉命毀之。而《大金國志》載：海陵正隆三年，詔毀平遼、宋所得古器，亦如隋文之言。蓋皆恣睢不學之主，而古器之銷亡，爲可惜矣。

三代彝器因爲都是珍寶奇玩，所以春秋以來十分重視，顧炎武《日知錄》省略了所以重視三代彝器的原因。彝器寶物的名類也被顧炎武減省了不少。

二、以陳垣先生「史書要刪」的治史方法爲準則，觀察《日知錄》「隱括」法運用的設想

用陳垣先生《日知錄校注》爲主要舉證		
用其意，非原文	《日知錄·以日同爲占》（陳垣：《日知錄校注》上冊，卷四（合肥：安徽大學出版社，2007年，第1版），頁227，228。）（此表以下省略「（合肥：安徽大學出版社，2007年，第1版）」的出版資料。）撮寫《左傳》昭十八年	
隱括其詞	《日知錄·省官》（陳垣：《日知錄校注》上冊，卷八，頁476，477。）隱括晉代荀勗之論	

所引較原文爲詳，疑另有據；改造擴充之	日知錄・閣下》（陳垣：《日知錄校注》下冊，卷二十四，頁 1345，1347。）改寫擴充《五雜俎》	日知錄・閣下》（陳垣：《日知錄校注》下冊，卷二十四，頁 1346，1348。）改寫《五雜俎》	
文稍有異同；文字稍異；引用有改易；略有改易	《日知錄・艮其限》（陳垣：《日知錄校注》上冊，卷一，頁 29，30。）改易《黃氏日鈔》卷八六	《日知錄・爲不順於父母》（《日知錄校注》上冊，卷七，頁 414，415。）《孟子・萬章上》；《日知錄・先輩》（《日知錄校注》中冊，卷十七，，頁 968，969。）	《日知錄・吳會》（陳垣：《日知錄校注》下冊，卷三十一，頁 1742,1743。）與《會稽志》卷一注稍異
詳略不同；有刪節，有改易	《日知錄・生員額數》（陳垣：《日知錄校注》中冊，卷十七，頁 933，934。）引用《新、舊唐書》，與原文詳略不同	《日知錄・昌歜》（陳垣：《日知錄校注》上冊，卷四，頁 234，235。）刪改《左傳》襄二十四年孔穎達正義　《日知錄・改書》（陳垣：《日知錄校注》中冊，卷十八，頁 1041，1042。）引用《舊唐書》，略有改易	《日知錄・財用》（陳垣：《日知錄校注》中冊，卷十二，頁 670。）改《南齊書》三

　　顧炎武可能參考了《唐書》的某個今天無法目睹的版本。「麈尾」或「麈尾扇」的引用，見證了作者的寫作時代。

　　用其意，非原文的例子：

　　《日知錄・以日同爲占》云：

> 禪竈以逢公卒於戊子日，而謂，今「七月戊子，晉君將死」。萇弘以昆吾乙卯日亡，而謂毛得殺毛伯而代之，是乙卯日，以卜其亡。此以日之同於古人者爲占，又是一法。

　　陳垣先生於「，以卜其亡。」後注說：

> 《左傳》昭十八年。此是用其意，非原文。〔註59〕

　　《左傳》昭公十八年云：

> （傳）十八年，春，王二月，乙卯，周毛得殺毛伯過，而代之。萇弘曰：「毛得必亡。是昆吾稔之日也，侈故之以。而毛得以濟侈於王

〔註59〕陳垣：《日知錄校注》上冊，卷四，頁 227，228。

都，不亡何待！」〔註60〕

再下文所錄，是顧炎武的引文，「*斜體*」文字，是得陳垣先生注釋的提示爲顧炎武《日知錄》所增；「**黑體**」文字，是我據《左傳》的原文補上去的：

> 禅竈以逢公卒於戊子日，而謂，今「七月戊子，晉君將死」。萇弘曰：**「毛得必亡。是以昆吾稔之日也，侈故之以。而謂周毛得殺毛伯過，而代之，是乙卯日，以卜其亡。而毛得以濟侈於王都，不亡，何待？」**此以日之同於古人者爲占，又是一法。

《左傳》記載的萇弘（？～公元前 492 年）能看出上古天文發生與演變軌跡，萇弘通曉天地之氣、日月之行、風雨之變、曆律之數、讖緯之學。藉觀天象爲預知由天象所兆示之人事吉凶。萇弘精擅星占之學，昭公十八年（公元前 541 年）周朝的毛得殺毛伯過而代替其職位，萇弘預言毛得必然逃亡。當年夏伯昆吾積惡，跟夏桀王同時被殺。毛得在王都幹了很多壞事，也免不了要垮台。公元前 524 年毛氏家族內部發生變亂，周卿士毛得殺毛伯過而代爲毛伯，稱毛伯得。毛伯得是支持周王子朝的。周景王二十一年（前五二四）二月十五日，稔，事物醞釀成熟。這一天正好是昆吾惡貫滿盈的日子，毛得在天子的都城以驕橫的成事，不逃亡，還等待甚麼？萇弘說：「毛得一定會滅亡。當年夏伯昆吾作惡多端，跟夏桀王同時被殺。毛得在王都幹了很多壞事，也免不了要垮台。」八年後，毛得果然與亂臣一道逃亡楚國。萇弘積極參與政治活動，終因捲入政治漩渦而招殺身之禍。

欒括其詞的例子：

《日知錄・省官》云：

> 晉荀勗之論，以爲省官不如省事，省事不如清心。昔蕭曹相漢，載其清靜，民以寧一，所謂清心也。抑浮說，簡文案，略細苛，宥小失，有好變常以徼利者，必行其誅，所謂省事也。此探本之言，爲治者識此，可無紛紛於職官多寡之間矣。

陳垣先生於「必行其誅，所謂省事也。」句後注說：

> 《晉書》三九本傳有〈省吏議〉，《全晉文》三一。此欒括其詞。

〔註60〕十三經注疏委員會：《十三經注疏》本，第七冊，《春秋左傳正義》（北京：北京大學出版社，2000 年，第 1 版），頁頁 1579，1580。
楊伯峻：《春秋左傳注》（北京：中華書局，1990 年，第 1 版），頁 1394。

〔註61〕

《晉書》卷三十九云：

時又議省州郡縣半吏以赴農功，勖議以爲：「省吏不如省官，省官不如省事，省事不如清心。昔蕭曹相漢，載其清靜，致畫一之歌，此清心之本也。漢文垂拱，幾致刑措，此省事也。光武并合吏員，縣官國邑裁置十一，此省官也。魏太和中，遣王人四出，減天下吏員，正始中亦并合郡縣，此省吏也。今必欲求之於本，則宜以省事爲先。凡居位者，使務思蕭曹之心，以翼佐大化。篤義行，崇敦睦，使昧寵忘本者不得容，而僞行自息，浮華者懼矣。重敬讓，尚止足，令賤不妨貴，少不陵長，遠不間親，新不間舊，小不加大，淫不破義，則上下相安，遠近相信矣。位不可以進趣得，譽不可以朋黨求，則是非不妄而明，官人不惑於聽矣。去奇技，抑異說，好變舊以徼非常之利者必加其誅，則官業有常，人心不遷矣。事留則政稽，政稽則功廢。處位者而孜孜不怠，奉職司者而夙夜不懈，則雖在挈瓶而守不假器矣。使信若金石，小失不害大政，忍忿悁以容之。簡文案，略細苛，令之所施，必使人易視聽。願之如陽春，畏之如雷震。勿使微文煩撓，爲百吏所黷，二三之命，爲百姓所厭，則吏竭其誠，下悅上命矣。〔註62〕

而《全上古三代秦漢三國六朝文》卷三十一〈省吏議〉云：

省吏不如省官，省官不如省事，省事不如清心。昔蕭曹相漢，載其清靜，致畫一之歌，此清心之本也。漢文垂拱，幾致刑措，此省事也。光武并合吏員，縣官國邑裁置十一，此省官也。魏太和中，遣王人四出，減天下吏員，正始中亦并合郡縣，此省吏也。今必欲求之于本，則宜以省事爲先。凡居位者，使務思蕭曹之心，以翼佐大化。篤義行，崇敦睦，使昧寵忘本者不得容，而僞行自息，浮華者懼矣。重敬讓，尚止足，令賤不妨貴，少不陵長，遠不間親，新不間舊，小不加大，淫不破義，則上下相安，遠近相信矣。位不可以進趣得，譽不可以朋黨求，則是非不妄而明，官人不惑于聽矣。去

〔註61〕陳垣：《日知錄校注》上冊，卷八，頁477。
〔註62〕房玄齡：《晉書》第八冊，卷九十一（北京：中華書局，1974年，第1版），頁1154，1155。

奇技，抑異說，好變舊以徼非常之利者必加其誅，則官業有常，人
心不遷矣。事留則政稽，政稽則功廢。處位者而孜孜不怠，奉職司
者而夙夜不懈，則雖在挈瓶而守不假器矣。使信若金石，小失不害
大政，忍忿捐以容之。簡文案，略細苛，令之所施，必使人易視聽。
願之如陽春，畏之如雷震。勿使微文煩撓，為百吏所黷，二三之命，
為百姓所蠹，則吏竭其誠，下悅上命矣。〔註63〕

下文所錄，是顧炎武的引文，「*斜體*」文字，是得陳垣先生注釋的提示為顧炎
武《日知錄》所增；「**黑體**」文字，是我據《晉書》的原文補上去的：

晉荀勖之論，**勖議**以為「**省吏不如省官**，省官不如省事，省事不如
清心。昔蕭曹相漢，載其清靜，*民以寧一*，所謂**致畫一之歌，此清
心之本也**。抑浮說，簡文案，略細苛，宥小失，有好變常以徼利者，
必行其誅，所謂**漢文垂拱**，**幾致刑措**，此省事也。此探本之言，為
治者識此，可無紛紛於職官多寡之間矣。

以上《日知錄‧省官》的文字與《晉書》三九本傳有〈省吏議〉，《全晉文》
三一的其實有不少相同。

所引較原文為詳，疑另有據及改造擴充之的例子：

《日知錄‧閣下》云：

謝在杭《五雜俎》言：「閣，夾室也，以板為之。《禮記‧內則》：『天
子之閣，左達五，右達五。』蓋古人置此以度飲食之所，即今房中
之板閣。而後乃廣之為樓觀之通名，如石渠、天祿、麒麟之類。或
以藏書，或以繪像，或以為登眺游覽之所。閣者，門旁小戶也。因
設館於其旁，即謂之閣。《漢書‧公孫弘傳》：「開東閣以延賢人。」
師古曰：「閣者，小門也。東向開之。避當庭門而引賓客，以別於掾
吏官屬。如今官署，角門旁有延賓館是也。」故〈蕭望之傳〉言：「自
引出閣。」而〈雋不疑傳〉：「暴勝之為直指使者，不疑至門，勝之
開閣延請。」是凡官府皆有閣，不獨三公也。〈韓延壽傳〉：「行縣至
高陵，入臥傳舍，閉閣思過。」如今之閉角門，不聽官屬入也。〈朱
博傳〉：「召見功曹，閉閣數責。」此又是閉角門不聽出也。東晉太

〔註63〕嚴可均：《全上古三代秦漢六朝文》全晉文，卷三十一（北京：中華書局，1958
年，第1版），頁8，9。

極殿有東西閣，唐制倣之，以宣政爲前殿，紫宸爲便殿。前殿謂之
正衙。天子不御前殿，而御紫宸，乃自正衙喚仗，緜閤門而入，百
官候朝于衙者，因隨以入見，謂之入閤，蓋中門不啓，而開角門也。
《爾雅》：「小閨謂之閤。」而室中之門，亦或用此爲稱。是則二字
之義，本自不同。《漢舊儀》曰：「丞相聽事門曰黃閤，不敢洞開朱
門，以別於人主，故以黃塗之，謂之黃閤。」今代以文淵閣藏書，
而大學士主之，故謂之閣老。」

陳垣先生於「謝在杭《五雜俎》」句後注說：

《五雜俎》三〈地部〉，至「故謂之閣老」止。此所引較原文爲詳，
疑另有據。〔註64〕

又陳垣先生注說：

以上蓋引《五雜俎》之說，而改造擴充之。〔註65〕

《五雜俎》卷三〈地部〉一云：

閣與閤，世人多混用之。閣，夾室也，以板爲之，亦樓觀之通名也，
〈內則〉：「天子之閣，左達五，右達五。」蓋古人製此以度飲食之
所，即今房中之板閣，而後乃廣其制，爲天祿、凌煙等名，或以藏
書，或以繪像，或以爲登眺游覽之所，此樓閣之閣也。閤者，門旁
小戶也。漢公孫弘開東閤以延賢人，蓋避當門而東向開一小門，引
賓客以別於官屬，即今官署腳門，旁有延賓館是也。韓延壽爲太守，
閉閤思過，即如今閉腳門不聽官屬入耳。唐正衙日喚仗入閤，則百
官亦隨以入，謂之「入閤」，蓋中門不啓而開腳門也。然則夾室謂之
閣，傍門爲之閤，義自昭然。漢三公黃閤，注：「不敢洞開朱門，以
別於人主，故黃其閤。」今國家設文淵閣藏書，而大學士主之，故
謂之「閣老」。若以黃閤、東閤之義言之，亦可謂之「閤老」耳。
《爾雅》：「小閨謂之閤。」閤即門也。故金門亦謂金閨，處子謂之
閨女，以其處門內也，今人閨閤概作閨閣，至以朝廷東閤亦巍然揭
東閣之額而不覺其非，蓋黃閤老，子美詩已誤用之矣。今若稱閤下
爲閣下，舉世有不笑之者耶？〔註66〕

〔註64〕陳垣：《日知錄校注》下冊，卷二十四，頁1345，1347。
〔註65〕同上，頁1346，1348。
〔註66〕謝肇淛：《五雜俎》，卷三（上海：上海書店出版社，2001年，第1版），頁

下文所錄，是顧炎武的引文，「*斜體*」文字，是得陳垣先生注釋的提示爲顧炎武《日知錄》所增；「**黑體**」文字，是我據《五雜俎》的原文補上去的：

謝在杭《五雜俎》言：「閣，夾室也，以板爲之。*亦樓觀之通名也，*《禮記·內則》：『天子之閣，左達五，右達五。』【原注】檀弓：「曾子曰：『始死之奠，其餘閣也與。』」蓋古人置此以庋飲食之所，即今房中之板閣。而後乃廣之爲樓觀之通名，如**其制，爲**石渠、天祿凌煙、麒麟之類。【原注】《三輔黃圖》云：皆蕭何造。或以藏書，或以繪像，或以爲登眺游覽之所。【原注】司馬相如〈上林賦〉：「高廊四注，重坐曲閣。」閣者，門旁小戶也。【原注】《說文》。〈董賢傳〉：「與孔光並爲三公。上故令賢私過光，光警戒衣冠出門待，望見賢車，迺卻入。賢至中門，光入閣，既下車迺出。」因設館於其旁，即謂之閣。《漢書·公孫弘傳》：「開東閣以延賢人，**蓋避當門而東向開一小門。**」師古曰：「閣者，小門旁小戶也。東向開之。【原注】古人坐以東向爲尊。**蓋避當庭門而引賓客以別於**掾吏官屬。**即**如今官署，角門旁有延賓館是也。」【原注】〈朱雲傳〉：「薛宣謂雲曰：且留我東閣，可以觀四方奇士。」故〈蕭望之傳〉言：「自引出閣。」而〈雋不疑傳〉：「暴勝之爲直指使者，不疑至門，勝之開閣延請。」是凡官府皆有閣，不獨三公也。〈韓延壽傳〉：「行縣至高陵，入臥傳舍，**爲太守，**閉閣思過。」，**即**如今之閉**腳門，不聽官屬入也。【原注】〈嚴延年傳〉：「母閉閣不見，延年免冠，頓首閣下。」†〈朱博傳〉：「召見功曹，閉閣數責。」此又是閉角門不聽出也。東晉太極殿有東西閣，唐制倣之，以宣政爲前殿，紫宸爲便殿。前殿謂之正衙。天子不御前殿，而御紫宸，乃自正衙喚仗，縣閣門而入**閣，則**百官候朝于衙者，因**亦**隨以入見，謂之入閣，【原注】《唐六典》：宣政殿之左曰東上閣，右曰西上閣。」蓋中門不啓，而開角門也。《爾雅》：「小閨謂之閤。」【原注】閤即門也，故金門亦謂之金閨。謝朓詩：「既通金閨籍。」〈文翁傳〉：「諸生傳教令，出入閨閤。」師古曰：「閨閤，內中小門也。」太史公〈報任少卿書〉：「身直爲閨閤之臣。」而室中之門，亦或用此爲稱。【原注】《後漢書·曹大家傳》：「時《漢書》始出，多未能通者，同郡馬融伏於閤下，從昭受讀。」是則二字之義，本自不同。《漢舊儀》曰：「丞相聽事門曰黃閤，不敢洞開朱門，以別於人主，故以黃塗之，謂之

黃閤。」【原注】《宋書・百官志》：「黃閤，主簿省錄眾事。」〈鄧琬傳〉：「太宗定亂，進子勛車騎將軍、開府儀同三司，諸佐吏並喜，造琬曰：暴亂既除，殿下又開黃閤」。今代以文淵閣藏書，而大學士主之，故謂之閣老。」

顧炎武《日知錄》所引《五雜俎》版本某些部分確較原文詳盡。†號有以下《五雜俎》的一段文字：

然則夾室謂之閤，傍門爲之閣，義自昭然。漢三公黃閤，注：「不敢洞開朱門，以別於人主，故黃其閤。」今國家設文淵閣藏書，而大學士主之，故謂之「閣老」。若以黃閤、東閤之義言之，亦可謂之「閤老」耳。

文稍有異同的例子：

《日知錄・艮其限》云：

慈谿黃氏【原注】震《日鈔》曰：「心者吾身之主宰，所以治事，而非治於事，惟隨事謹省，則心自存，不待治之而後齊一也。孔子之教人曰：『居處恭，執事敬，與人忠。』『曾子曰，吾日三省吾身。爲人謀而不忠乎，與朋友交而不信乎，傳不習乎。』不待言心，而自貫通於動靜之間者也。孟子不幸當人欲橫流之時，始單出而爲『求放心』之說，然其言曰：『君子以仁存心，以禮存心』，則心有所主，非虛空以治之也。至於齋心服形之老、莊，一變而爲坐脫立忘之禪學，乃始瞑目靜坐，日夜仇視其心而禁治之。及治之愈急，而心愈亂，則曰，易伏猛獸，難降寸心。嗚呼！人之有心，猶家之有主也，反禁切之，使不得有爲，其不能無擾者勢也，而患心之難降歟。」【原注】〈省齋記〉。

陳垣先生注說：

《黃氏日鈔》卷八六，文稍有異同。〔註67〕

《黃氏日鈔・省齋記》云：

心者吾身之主宰，靈明廣大，與造化相流通所以治事，而非治於事，惟隨事謹省，則心自存正，不待治之而後齊一也。「危微精一」之語，萬世道學之源，要不過求所謂中者而執之。故自數聖人而傳之孔子，惟曰：「居處恭，執事敬，與人忠。」則心不待言，而自貫通於動靜之間。曾子親得孔子之傳，亦惟曰：「謀不忠乎？交不信乎？傳不習

〔註67〕陳垣：《日知錄校注》上冊，卷一，頁29，30。

乎？」將心不待言，而昭徹於流行之際。孟子不幸當人欲橫流之時，始單出而爲「求放心」之説，然嘗言曰：「君子以仁存心」，則心有所主，非虛空以治心爲可知。至於齋心服形之老、莊，一漲而爲坐脱立忘之禪學，始瞑目株坐，日夜仇視其心而禁治之。及治之愈急，而心愈亂，則曰，易伏猛獸，難降寸心。嗚呼！人之有心，猶家之有主也，反禁切之，使一不得有爲，其擾者勢也，而訝心之難降與。

〔註68〕

　　下文所錄，是顧炎武的引文，*斜體*文字，是得陳垣先生注釋的提示爲顧炎武《日知錄》所增；「**黑體**」文字，是我據《黃氏日鈔》的原文補上去的：

慈谿黃氏【原注】震《日鈔》曰：「心者吾身之主宰，**靈明廣大，與造化相流通**，所以治事，而非治於事，惟隨事謹省，則心自存正，不待治之而後齊一也。「**危微精一**」之語，萬世道學之源，要不過求所謂中者而執之。**故自數聖人而傳之孔子，惟孔子之教人曰：『居處恭，執事敬，與人忠。』**『*曾子亦惟*曰，吾日三省吾身。爲人謀而不忠乎，與朋友交而不信乎，傳不習乎。』不待言心，而自貫通於動靜之間**者也。曾子親得孔子之傳**，將心不待言，而昭徹於流行之際。孟子不幸當人欲橫流之時，始單出而爲『求放心』之説，然*嘗*言曰：『君子以仁存心，*以禮存心*』，則心有所主，非虛空以治**心爲可知**之也。至於齋心服形之老、莊，一*變*而爲坐脱立忘之禪學，*乃*始瞑目*靜*坐，日夜仇視其心而禁治之。及治之愈急，而心愈亂，則曰，易伏猛獸，難降寸心。嗚呼！人之有心，猶家之有主也，反禁切之，使一不得有爲，其*不能無*擾者勢也，*而患*心之難降*歟*。」【原注】〈省齋記〉。

黃震雖推崇居敬執中，但反對靜坐養心。他反對禪學的議論頗爲顧炎武所採取，顧炎武增了《孟子·離婁章句》的其中「以禮存心」一句。《孟子·離婁章句》云：

君子所以異於人者，以其存心也。君子以仁存心，以禮存心。仁者愛人，有禮者敬人。愛人者，人恆愛之；敬人者，人恆敬之。〔註69〕

又補充了曾子三省吾身的話。《黃氏日鈔》卷八六的文字與顧炎武的引文，不

〔註68〕黃震：《黃氏日鈔》卷八十六，輯自《文淵閣四庫全書》第七○八冊（臺北：臺灣商務印書館，1986年，第1版），頁32，33。
〔註69〕楊伯峻：《孟子譯注》（北京：北京中華書局，1960年，第1版），頁197。

算很大不同，但有兩段文字位置互換。

再《日知錄・先輩》云：

> 先輩，乃同試而先得第者之稱。程氏《演繁露》曰：「《通典》：『魏文帝黃初五年，立太學於雒陽。時慕學者始詣太學爲門人，滿一歲試通一經者稱弟子，不通一經罷遣。弟子滿二歲，試通二經者補文學掌故。不通者聽從後輩試，試通二經亦得補掌故。滿三歲試通三經者擢高第，爲太子舍人。不第者隨後輩復試，試通亦爲太子舍人。舍人滿二歲，試通四經者擢高第，爲郎中，不通者隨後輩復試，試通亦爲郎中。郎中滿二歲能通五經者擢高第，隨才敍用，不通者隨後輩復試，試通亦敍用。』故唐世舉人，呼已第者爲先輩，緣此也。」

陳垣先生「『魏文帝黃初五年，……，試通亦敍用。』」段後注說：

> 以上引《通典》五三〈禮・太學〉條，文字稍異，下句《繁露》語。〔註70〕

《通典》卷五十三云：

> 魏文帝黃初五年，立大學於洛陽。時慕學者，始詣大學爲門人。滿二歲，試通一經者，稱弟子；不通一經，罷遣。弟子滿二歲，試通二經者，補文學掌故；不通經者，聽須後輩試，試通二經，亦得補掌故。掌故滿二歲，試通三經者，擢高第爲太子舍人；不第者，隨後輩復試，試通亦爲太子舍人。舍人滿二歲，試通四經者，擢其高第爲郎中；不通者，隨後輩復試，試通亦爲郎中。郎中滿二歲，能通五經者，擢高第，隨才敍用；不通者，隨後輩復試，試通亦敍用。〔註71〕

下文所錄，是顧炎武的引文，「*斜體*」文字，是得陳垣先生注釋的提示爲顧炎武《日知錄》所增；「**黑體**」文字，是我據《通典》的原文補上去的：

> 先輩，乃同試而先得第者之稱。程氏《演繁露》曰：「《通典》：『魏文帝黃初五年，立太學於*雒*陽。時慕學者始詣太學爲門人，滿一歲，試通一經者稱弟子，不通一經罷遣。弟子滿二歲，試通二經者補文學掌故。不通**經**者聽從後輩試，試通二經亦得補掌故。**掌故**滿三歲試通三經者擢高第，爲太子舍人。不第者隨後輩復試，試通者亦爲

〔註70〕陳垣：《日知錄校注》中冊，卷十七，頁968，969。
〔註71〕杜佑：《通典》，卷五十三（北京：中華書局，1982年，第1版），頁1464。

太子舍人。舍人滿二歲，試通四經者擢**其**高第，爲郎中，不通者隨後輩復試，試通亦爲郎中。郎中滿二歲能通五經者擢高第，隨才敘用，不通者隨後輩復試，試通亦敘用。』故唐世舉人，呼已第者爲先輩，繇此也。」

我發現這裏《日知錄》與《通典》的不同，主要在年歲規限方面，像〔《日知錄》滿一；《通典》滿二〕歲，試通一經者，稱弟子。掌故〔《日知錄》滿三；《通典》滿二〕歲，試通三經者，擢高第，爲太子舍人。

引用有改易、有刪節的例子：

《日知錄‧吳會》云：

宋施宿《會稽志》曰：「按《三國志》，吳郡、會稽爲吳、會二郡。張紘謂：『收兵吳、會，則荊、揚可一。』〈孫賁傳〉云：『策已平吳、會二郡。』〈朱桓傳〉云：『使部伍吳、會二郡。』〈全琮傳〉云：「分丹陽、吳、會三郡險地爲東安郡。」是也。前輩讀爲都會之會，殆未是。」錢康功曰：「今平江府署之南，名吳會坊。《漢書‧吳王濞傳》：『上患吳會輕悍。』」按今本《史記》、《漢書》竝作「上患吳會稽」，不知順帝時，始分二郡，【原注】〈順帝紀〉：「永建四年分會稽爲吳郡。」漢初安得言「吳會稽」？當是錢所見本未誤，後人妄增之。

顧炎武於「殆未是」後注說：

《會稽志》卷一注，稍有改易。〈全琮傳〉是亭林所加。〔註72〕

《會稽志》卷一注云：

《三國志》謂吳郡、會稽爲吳、會二郡。張紘謂：「收兵吳、會，則荊、揚可一。」〈孫賁傳〉云：「策已平吳、會二郡。」〈朱桓傳〉云：「部伍吳、會二郡是也。」前輩有讀會，字爲都會之會，或者以爲不然。今姑蘇有吳會館，蓋承其誤。〔註73〕

下文所錄，是顧炎武的引文，「*斜體*」文字，是得陳垣先生注釋的提示爲顧炎武《日知錄》所增；「**黑體**」文字，是我據《會稽志》的原文補上去的：

宋施宿《會稽志》曰：「按《三國志》，吳郡、會稽爲吳、會二郡。張紘謂：『收兵吳、會，則荊、揚可一。』〈孫賁傳〉云：『策已平吳、

〔註72〕陳垣：《日知錄校注》下冊，卷三十一，頁1742，1743。

〔註73〕施宿：《會稽志》，輯自《欽定四庫全書》，史部十一（台北：臺灣商務印書館，1986年，第1版），頁9。

會二郡。』〈朱桓傳〉云：『*使部伍吳、會二郡。*』〈全琮傳〉云：「*分丹陽、吳、會三郡險地爲東安郡。*』是也。前輩**有讀會，字爲都會之會，殆未是**」錢康功曰：「今平江府署之南，名吳會坊。《漢書·吳王濞傳》：『上患吳會輕悍。』」按今本《史記》、《漢書》竝作「上患吳會稽」，不知順帝時，始分二郡，【原注】〈順帝紀〉：「永建四年分會稽爲吳郡。」漢初安得言「吳會稽」？當是錢所見本未誤，後人妄增之。**今姑蘇有吳會館，蓋承其誤。**

再《日知錄·昌歜》云：

襄公二十四年，日有食之。正義曰：「此與二十一年頻月日食，理必不然。但其字則變古爲篆，改篆爲隸，書則縑以代簡，紙以代縑。多歷世代，轉寫謬誤，失其本眞，後儒因循，莫能改易。」此通人之至論。考《魏書》江式言：「魯共王壞孔子宅，得《尚書》、《春秋》、《論語》、《孝經》。又北平侯張倉獻《春秋左氏傳》，書體與孔氏相類，世謂之古文。」自古文以至於今，其傳寫不知幾千百矣，安得無誤？後之學者，於其所不能通，必穿鑿而曲爲之說，其爲經典之害也甚矣。

陳垣先生於「，莫能改易。』」句後注說：

《左傳》襄二十四年孔穎達正義。引文有刪節、改易。〔註74〕

《左傳》襄二十四年孔穎達正義云：

（經二四·四）秋，七月甲子朔，日有食之，既。

此與二十一年頻月日食，理必不然。但其字則變古爲篆，改篆爲隸，書則縑以代簡，紙以代縑。多歷世代，年數遙遠，喪亂或轉寫誤失其本眞，先儒因循，莫敢改易，執文求義，理必不通，後之學者，宜知此意也。〔註75〕

下文所錄，是顧炎武的引文，「*斜體*」文字，是得陳垣先生注釋的提示爲顧炎武《日知錄》所增；「**黑體**」文字，是我據《春秋左傳正義》的原文補上去的：

襄公二十四年，日有食之。正義曰：「此與二十一年頻月日食，理必

〔註74〕陳垣：《日知錄校注》上冊，卷四，頁234，235。

〔註75〕十三經注疏委員會：《十三經注疏》本，《春秋左傳正義》（北京：北京大學出版社2000年，第1版），頁1148，1149。

不然。但其字則變古爲篆，改篆爲隸，書則縑以代簡，紙以代縑。多歷世代，**年數遙遠，喪亂或轉寫謬誤，失其本眞**，後儒因循，莫能改易，**執文求義，理必不通，後之學者，宜知此意也。**」此通人之至論。考《魏書》江式言：「魯共王壞孔子宅，得《尚書》、《春秋》、《論語》、《孝經》。又北平侯張倉獻《春秋左氏傳》，書體與孔氏相類，世謂之古文。」自古文以至於今，其傳寫不知幾千百矣，安得無誤？後之學者，於其所不能通，必穿鑿而曲爲之說，其爲經典之害也甚矣。〔註76〕

　　顧炎武以爲《左傳》非一人一時之書，但對於《春秋》的理解仍有裨益。然而經典經過一段時間之後，失去原義是很自然的。後儒辨釋之書名曰正義，今通謂之疏。顧炎武認定《春秋左傳正義》是後儒努力而爲的成品。

　　《日知錄・豳》云：

自〈周南〉至〈豳〉，統謂之「國風」。此先儒之誤，程泰之辨之詳矣。〈豳〉詩不屬於「國風」。周世之國無豳，此非太師所采。〔註77〕

顧炎武認爲先儒釋經之書，或曰傳，或曰箋，或曰解，或曰學，今通謂之注；其後儒辨釋之書名曰正義，今通謂之疏。顧炎武強調從其本源上弄清學術的產生和演變，以經學作爲理學之源和根據，以「務本原之學」來摒棄「不知本」的「後儒之學」。陳垣先生指出《日知錄・昌獻》有關「〔先〕後儒因循，莫能改易。」的引文有刪節、改易。賴陳垣先生注的啓示，再看《日知錄・十三經注疏》，知顧炎武改「先儒因循，莫能改易。」爲「後儒因循，莫能改易。」符合他自己下的定義。

　　《日知錄・十三經注疏》云：

其先儒釋經之書，或曰傳，或曰箋，或曰解，或曰學，今通謂之注。《書》則孔安國傳，《詩》則毛萇傳，鄭玄箋，《周禮》、《儀禮》、《禮記》則鄭玄注，《公羊》則何休學，《孟子》則趙岐注，皆漢人。《易》則王弼注，魏人。《繫辭》韓康伯注，晉人。《論語》則何晏集解，

〔註76〕陳垣：《日知錄校注》上冊，卷四，頁234，235。
〔註77〕陳垣：《日知錄校注》上冊，卷三，頁129。
　　　　十三經注疏委員會：《十三經注疏》本，《春秋左傳正義》（北京：北京大學出版社2000年，第1版），頁1148，1149。
　　　　《十三經注疏・左傳》（台北：東昇出版事業公司，據嘉慶二十年江西南昌府學重栞宋本禮記注疏附校勘記），卷35，頁608。

魏人。《左氏》則杜預注,《爾雅》則郭璞注,《穀梁》則范甯集解,
皆晉人。《孝經》則唐明皇御注。其後儒辨釋之書名曰正義,今通謂
之疏。〔註78〕

顧炎武是位實事求是的史家,若他認為先儒有誤不會隱瞞。

〔註78〕陳垣:《日知錄校注》中冊,卷十八,頁996。

第七章 結 論

　　為甚麼陳垣先生用了很多時間研究顧炎武的《日知錄》，論學問雖然陳垣先生認為錢大昕較顧炎武高，但他依然用心於《日知錄》。那是因為：陳垣先生推崇胡三省愛父母國的心，寫成《通鑑胡注表微》；同樣陳垣先生推崇顧炎武愛父母國的心，所以把很多心思放在《日知錄》上。我的論文首要研究陳垣先生《日知錄校注》基於注釋、校勘及史源方面的撰作體例，稍稍觸及從陳垣先生《日知錄校注》的注釋中，求證顧炎武愛父母國的心；又由陳垣先生《日知錄校注》的注釋裏，分析顧炎武在增損檃括文獻時，一些較常使用的原則或方法。沒有陳垣先生《日知錄校注》注釋的幫助，我肯定無法深入了解顧炎武《日知錄》剪裁改寫文章的做法。

　　《日知錄校注》比較像傳統的箋注典籍，不像《通鑑胡注表微》般把《資治通鑑》的內容重組分類，有較強烈的個人感情色彩。用史源學的辦法，我盡量恢復了陳垣先生的論證過程、語言的慣用法。

　　讀陳垣先生《日知錄校注》的注釋頗費神，為的是他因備課而加的注釋文字較為簡單了些。陳垣先生為《日知錄》作注釋，基本格式是：

篇名或單冊書名（及引文在原書內容中之卷數或冊數）。例如：

他於《日知錄‧寫》「讀若汝南人寫書之『寫』。」句後注說：

　　　卸。〔註1〕

注釋僅有一字，不可謂不簡約了。

　　陳垣先生於《日知錄‧三以天下讓》「而蔡仲默傳《書‧武成》曰：」中

〔註 1〕陳垣：《日知錄校注》下冊，卷三十二，頁 1855～1858。

的「而蔡仲默」後注說：

蔡沈。〔註2〕

相比起來，注釋有二字，已不算最簡約的了。

陳垣先生講授如何尋找每一條史料的來源，必須查證其來源的正確與否。查正史是必要的，正史不止一本，相關的史料查證必須靠不同的書。陳垣先生熟知版本，點明顧炎武哪處兼採用甚麼相關的史書。

從內涵上看，陳垣先生的注大體上可以分為兩類：一為義訓、地理、典故、史實等並無微言大義的注釋。陳垣先生少作音訓。二為別有寄託、深寓感慨的注文，即是所謂表微之作。陳垣先生以史書撰著者寄託深情，不求純學術研究，不為考據而考據，而是藉考據作手段，借史學研究的形式，發揮史學彰善癉惡，褒貶勸戒的作用，以經世致用，敘史談今，嚴責降敵，闡述自己不阿附日偽的道理與歷史依據。

陳垣先生研究史著，認為應該認真尋考其所依據的史料來源，以考察其根據是否可靠，引證是否充分，敘述是否正確。唐初仿漢刺史制設立，赴各道巡察，考核吏治。景雲二年（公元711年）分置十道按察使，成為常設官員。按察使，唐初仿漢刺史制設立，赴各道巡察，考核吏治。開元二十二年（公元734年）改稱採訪使。景雲二年（公元711年）分置十道按察使，成為常設官員。開元二十年（公元732年）改稱採訪使。從巡察使到按察使、採訪使以至觀察使等監察使臣的含義、發展演變，在歷史上的名稱即不固定。陳垣先生在《〈日知錄〉部刺史條唐置採訪使原委》文中，從《通典》、《舊唐書》、《唐會要》、《冊府元龜》、《新唐書》、《資治通鑑》、《唐大詔令集》、《文獻通考》中，輯出了關於唐朝置廢巡察使、按察使及設置採訪使的材料四十餘條。然後根據設置時間、使職名稱，從史源學、校勘學的角度逐條分析史料，找出多處年代、名稱上的錯誤，最終得出了結論。文章末尾，陳垣先生寫道「校勘學之不可不講如此！」陳垣先生創設史源學的意義更多的應該在於啟發思考。古代文獻中經常出現關於某事的完全不同的記載，如何處理這種矛盾，深深困擾著文史研究者，若是從史源學的視角出發，問題往往會迎刃而解。史源學思路的引入，使得研究者可以準確鑑定文獻內容的真偽。更為重要的是將史源學思路展現在具體的研究實踐中，所謂運用之妙，存乎一心。陳垣先生講授史源學實習課時所寫的有關《日知錄》的四篇範文，為備課而用，

〔註2〕陳垣：《日知錄校注》上冊，卷七，頁388，389。

陳智超將之作爲《日知錄校注》附錄，極具參考價值。

　　陳垣先生的注釋有時沒直接相關的證據，或硬梆梆地提出不同意見。但仔細讀陳垣先生的注釋，加上我們的想像，又覺得陳垣先生說得有道理。

　　讀陳垣先生的注如不將心領會他寄寓的民族情感，不能明白他痛心潘耒改「赴僞廷之舉」爲「有捧檄之喜」（詳見本論文第三章）。現在所見到的三十二卷本《日知錄》，是顧炎武去世之後，其弟子潘耒從其家求得《日知錄》的全部手稿，於康熙三十四年（公元 1695 年）在福建閩中刊刻的。潘耒改《日知錄》有避禍的原因，更有他難以言說的隱秘，得陳垣先生發掘出來。陳垣先生對歷史上降敵變節的人必大加撻伐。

　　引書不論朝代，則因果每倒置。注意先引〈世家〉，後引〈傳〉。陳垣先生著述，材料編排注重時間和邏輯順序。

　　陳垣先生於《日知錄》常作出別創一格的評論。雖敬佩顧炎武的愛國情操，但遇有不合之處陳垣先生仍不肯輕輕放過。陳垣先生批評顧炎武篤信天災繫於動亂，想法幼稚。我相信陳垣先生批評顧炎武某方面的思想保守是對事不對人。不過陳垣先生屢次讚賞炎武的考證。

　　陳垣先生認爲如果爲文者沒有基本的學養常識，也沒有掌握一定的古文基本文體基礎，知識不夠全面。陳垣先生的文字清通，可惜《日知錄校注》隨手批注，未成著作，是以不免簡約。

　　古人有改文章的可能，陳垣先生不忘提醒我們。他重視檢索原始資料，分析了謝君直、劉瑾及胡廣三人的學術淵源，這份用心需要讀者細心領會。陳垣先生有時會直接注明那處是衍文，遇有不檢引文所止的，他必定記下。《日知錄》裏引文錯引書名、篇名不鮮見，陳垣先生淹通經史故能觸類旁通，糾正引據錯誤、文字脫落，甚至內容顛倒。全賴陳垣先生注釋給我啓示，我參考李師學銘的〈陳援庵先生與史書要刪〉，所以歸納了顧炎武《日知錄》「引用」、「檃括」兩表，「引用」表下粗分「兼用《新唐書》、《舊唐書》」；「二書參用（用《唐書》名，《新、舊唐書》參用）」、「《新舊、唐書》名稱不注重」、「以《新唐書》改《舊唐書》」；「實引《舊唐書》」、「不選《南齊書》、引用《南史》」、「概括言之」；「引大意」、「二書參用（用《宋書》名，兼採《宋書》、《南史》）」；「採《宋》參《南》」、「引用太略」。「檃括」表下粗分「用其意，非原文」、「檃括其詞」、「所引較原文爲詳，疑另有據」；「改造擴充之」、「文稍有異同」；「文字稍異」；「引用有改易」；「略有改易」、「詳略不同」；「有刪

節，有改易」等項。就在我亦步亦趨，追蹤史源的初步，我發覺顧炎武《日知錄》有時稱《新唐書》爲《唐書》，《舊唐書》也叫《唐書》，陳垣先生覺得不符體例。顧炎武鎔裁史書的方法，時而甲書四句間以乙書一句，再甲書三句間以乙書一句，尾附甲書兩句。這即是「兼用《新唐書》、《舊唐書》」的例子。陳垣先生加了符號○△，說明那處用《新唐書》名，那處用《舊唐書》。《新唐書》用○，《舊唐書》用△，情況就是○○○○△○○○△○○。又陳垣先生發覺某些時候顧炎武說自己參考了古書甲本，卻原來參考的是乙本。陳垣先生「史書要刪」強調史家要能駕馭文字，不輕言用「櫽括」法，顧炎武增刪文字有時頗隨意。陳垣先生深思求解顧炎武增補文字所據何書，以《唐書》爲例，個人懷疑顧炎武另有古本，惜不爲今人所知。就在我仔細比讀《日知錄》和《左傳》時，我發覺顧炎武《日知錄》把《左傳》「先儒因循」改成了「後儒因循」，有這樣的改動是顧炎武認爲注是先儒作的，疏是後儒作的，暫不必推論是顧炎武厚先儒薄後儒的其中一個證據。經義失傳，究其原因由於字體演變、紙料質材的變化、傳寫失誤、後人因循，不求甚解，甚而穿鑿附會，以至於將原義扭曲。顧炎武說我們應「知本」，故崇敬聖人，聖人之經典、先儒的注疏與前代史冊不能不讀，卻鄙薄後儒的所謂時文。顧炎武對於明末王學末流所造成的流弊十分不滿，尤其是明亡清興，他更以爲此亡天下之痛與王學的空疏頗有關係。《日知錄》與《通典》曾經在年歲規限方面顯示了不同，像〔《日知錄》滿一；《通典》滿二〕歲，試通一經者，稱弟子。掌故〔《日知錄》滿三；《通典》滿二〕歲，試通三經者，擢高第，爲太子舍人。顧炎武改動文字，除了關乎典章制度，還會考慮通用的語言：「塵尾扇」曾流行一時，但「塵尾」及後應仍然通用，「塵尾扇」義同「塵尾」，顧炎武用詞配合時代，就用了「塵尾」一詞。

　　《舊唐書》的「仰給縣官」、「介馬萬蹄」曾是流行古語，於顧炎武時或通行作「仰給縣官馬萬蹄」，所以《日知錄》把改成了「仰給縣官馬萬蹄」。引用或櫽括法重在令文章的語氣通順，陳垣先生且以爲史家應該有增損文字的能力，顧炎武一生顛沛流離，大概無暇兼顧版本的問題，可他又博聞強記，隨想隨筆錄。從陳垣先生注校《日知錄》得到啓示，我發現《日知錄》有甲書幾句夾乙書幾句的例子，有甲書一段再來乙書一段的例子，有說用甲書實用乙書的，也有省去一段關於主人翁背景的文字，顯得較沒有系統。顧炎武大量地從正史中節錄史料，又能隨時加以剪裁陶鑄，文字風格如出一手。但

看顧炎武把《左傳》「先儒因循」改成了「後儒因循」，寫文章有他認定的嚴正立場。

大學者如顧炎武多多少少會犯錯。陳垣先生認為讀史首重校勘，重視字詞的訓釋，明訓詁、懂語法。陳垣先生對典制很留意，討厭不實的說法，有時說幾句批評顧炎武思想極保守一面的話。提意見務必注明出處，引書更不容光憑記憶，偏是顧炎武有時只引個大概，甚而不真確。最好有具版本知識並常理推論用校勘方法，一一改正底本形近而誤的錯誤。

顧炎武偶而把自己的話夾雜在《日知錄》原文中，陳垣先生會改正。斥責文辭欺人，考證年份及異文，注意地理常識是陳垣先生讚賞的。顧炎武自言喜編列年表，或許陳垣先生跟他學習。

陳垣先生在《日知錄校注》中所用的校勘方法也比較全面，由其所概括的對校法、本校法、他校法以及理校法，陳垣先生均有使用。《日知錄校注》沒標明《日知錄》用那種校勘方法，對校用的不計其數。又陳垣先生擅長從考察人名、地名、職官、制度等歷史要素入手，由縱及橫地聯繫相關史料，從而考察某一段歷史記載的正誤。陳垣先生利用時間推算考證，先確立「開元二十三年八月甲申朔」，順推而下，知「癸巳，十日，不合。」，除非你能推倒「開元二十三年八月甲申朔」的這個立足點，否則「癸巳，十日，不合。」的簡單算法實無可懷疑，詳見本論文第六章第三節。

陳垣先生以第一手資料為判斷版本正確與否的標準。歐陽修撰《新唐書》就其擷引，勇於改動，就文體而言，自是為功匪細，然作為史料，則不屬於第一手。《舊唐書》的撰修者在文體方面確實沒有歐陽修斧削的魄力，未能細加釐正，但就史料價值來說，卻屬第一手史料。經公私記載整理而成的，即不是第一手材料。《資治通鑑》不是第一手資料，考據不能光看它來做證。如研究兩漢，不可引《資治通鑑》而沒引兩《漢書》。而如《唐六典》是研究唐代官制、政治史的第一手資料，《通典》和兩《唐書》的有關內容主要是從《唐六典》中迻錄的。從史料角度說，由北宋薛居正（公元 912～981 年）監修的《舊五代史》（即《薛史》）為後人保存了大量原始資料，保存了許多五代時期的「實錄」和第一手材料的史書，價值很高。又《冊府元龜》收集有大量的《舊唐書》史料，由於《舊唐書》失佚已久，要復原此書，必須大量引用《冊府元龜》。直至近代，始為陳垣先生所肯定。譬如薛居正《五代史》，大部分也可由《冊府元龜》輯出。

今假設對校法爲 A 法，本校爲 B 法，他校爲 C 法，理校爲 D。我相信只有在陳垣先生校注《日知錄》才顯示到校勘三段式。於《通鑑胡注表微》及《校勘學釋例》都多見 AC 等二段式，但 CA 以至兩段式參用的不少，但沒提到 ACD、CAC 等三段式的。三段式出現的是「先他校、再對校、後他校」及「先他校、再本校、後他校」的兩個例子。

陳垣先生看見胡三省注《通鑑》有一處認爲「四十餘年」的「四」字誤，當作「三」（《通鑑胡注表微・校勘篇》）而說：「此理校也，亦幾於考證學矣」。那就是說「幾近」沒跟「考證學」畫上等號，我們不能迷信理校能達到考證學的功能。考證還需要有較強的邏輯思維，和考古學、地理學、金石學、文字學及哲學、經濟學、倫理學和自然科學等方面的知識。

（純）理校不易解釋，無所根據，但最高妙。陳垣先生認爲對校最先，再順序是本校、他校再理校。理校不等於考證學，若運用得宜，理校甚至校勘會接近考證學，最能解決問題。理校涵蓋的範圍太大，陳垣先生以爲把對校、本校和他校都不能解決的，推給了理校。站在學術的角度看，陳垣先生有他的用意，不過理校法實際有可分的空間，惜自己駑鈍，還未想得透徹，沒能成一個完美的體系。鄭慧生有一篇〈「數校法」:《校法四例》外一例〉的論文，企圖在校法四例外，別創一「數校法」，以數理邏輯來校勘典籍。〔註 3〕可是我覺得「數校法」部分跟理校重疊。

《通鑑胡注表微》一書的內容，重在分析、闡發胡三省在注文裏潛藏的忠君愛國的心。若能從陳垣先生的《通鑑胡注表微》中胡三省的注中找到大多數情況稱宋爲「我朝」、「我宋」的，就多一個重要證據說明胡三省是愛國的。我想若自己的論文同樣處理，顧炎武著的《日知錄》大多數情況稱明爲「我朝」、「我明」，不也能夠證明顧炎武愛明朝嗎？從中我找到多而直接的證據。《日知錄》書中稱謂亦多不同，如稱明曰本朝、明太祖稱我太祖、崇禎曰先帝、明初曰國初等。又原抄本中曰胡，曰虜，通行本則改爲邊、塞、外國。中原左衽改爲中原塗炭。前後比觀，原抄本表現著民族立場、敵我壁壘分明；指清爲胡、爲虜、爲敵，明爲我。《日知錄》稱明太祖爲「我太祖」的有 4 次，足證顧炎武仍深愛父母國。《日知錄》有多處把原爲「先帝」的地方更改爲「崇禎」的，個人以爲顧炎武確實感念崇禎，故而尊重稱呼已故的君主崇禎爲「先

〔註 3〕 鄭慧生：〈「數校法」:《校法四例》外一例〉，《史學月刊》第 6 期（2003 年），頁 120。

帝」。李師學銘的〈陳援庵先生的體例歸納〉憑藉陳垣先生《通鑑胡注表微》來推論強調胡三省仍富愛父母國的心，而我學李師學銘的〈陳援庵先生的體例歸納〉憑藉陳垣先生《日知錄校注》來推論顧炎武都富愛父母國的心。我要多次提醒自己，我的主要推論根據不能離開陳垣先生《日知錄校注》注釋的範圍，否則會變得無邊無際。如果陳垣先生不是十分欣賞顧炎武愛父母國的心，他不會廢寢忘餐地注釋《日知錄》，個人的這篇論文也沒有寫成的一天。

　　《日知錄校注》注釋的基本原則，個人以為不僅解釋正文，而且還給古人的注解作注解。陳垣先生在《日知錄》的校注中，直接回應原注家論述的地方很少，許是篇幅有限吧。

附錄一　前人研究陳垣先生學術已刊論的著作

　　想了解陳垣先生注解特色，個人以爲下面兩篇文章不能不讀，分別是陳智超〈陳垣與史源學及《日知錄》研究〉和陳致易〈評上世紀九十年代兩種《日知錄》校注本〉。

　　陳智超整理他祖父的遺稿，分析《日知錄校注》所要解決的問題，是區分顧炎武的原文與所引之文，區分顧所引書的注文與顧的自注。其目的亦見於《日知錄校注》前言：

> 將《日知錄》所引書「全部找出，溯其史源，校其異同，注其起止，並正其偶誤。」〔註1〕

陳智超這篇文章收入《日知錄校注》中，作爲編者前言。

　　陳致易〈評上世紀九十年代兩種《日知錄》校注本〉〔註2〕一文比照、勘查，對嶽麓書社 1994 年版《日知錄集釋》和甘肅民族出版社 1997 年版《日知錄》校注的問題，望改正訛誤。陳致易本人參與了《日知錄校注》實際的編校工作，由他來評《日知錄》的校注，可謂恰當不過。

　　陳垣先生的史學成就早爲學術界認同，校勘方面主要見他的《校勘學釋例》、《通鑑胡注表微》。陳垣先生在校勘學方面的貢獻，具體體現爲科學地概

〔註 1〕陳智超：〈陳垣與史源學及《日知錄》研究〉，《安徽大學學報：哲學社會科學版》第 3 期（2007 年 5 月），頁 119～121。
　　　　陳垣：《日知錄校注》上冊，前言，頁 5。
〔註 2〕陳致易：〈評上世紀九十年代兩種《日知錄》校注本〉，《安徽大學學報：哲學社會科學版》第 1 期（2007 年 1 月），頁 77～81。

括出「校勘四法」，使這門傳統校勘學以系統和科學的面貌重現人前。另外，可以看出陳垣先生的校勘學與歷史考證學的密切聯繫，以至體現出的價值與意義。本書原名《元典章校補釋例》，是作者在校勘《元典章校補釋例》基礎上，條列舊刻致誤的類例之校勘學專著。《校勘學釋例》原名《元典章校補釋例》，是陳垣先生繼《元典章校補》之後的著作。《校勘學釋例》的突出貢獻是通過對《元典章》一書的解剖，總結出古代典籍的竄亂通弊。

胡適〈校勘學方法論——序陳垣先生的元典章校補釋例〉大概是最早評論陳垣先生校勘學方法的知名學者。胡適認爲那時研究國學，當務之急是把不自覺的方法變爲自覺的，因爲陳垣先生的《元典章校補釋例》以土法研究出總結考據學中校勘一門的方法，胡適推許《元典章校補釋例》走的是科學方法，雖然陳垣先生沒留洋學習胡適老師杜威的實驗主義，胡適對《元典章校補釋例》的評價還是很高的。他是這樣說的：

> 我和援菴先生做了幾年的鄰舍，得讀《釋例》最早，得益也最多。
> 他知道我愛讀他的書，所以要我寫一篇《釋例》的序。我也因爲他
> 這部書是中國校勘學的一部最重要的方法論，所以我也不敢推辭。

胡適覺得校勘問題出在傳寫的錯誤，改正不能不靠古本的幫助。純靠個人的天才推理不保險，王念孫段玉裁有他們的才華，不是一般人能做到的。〔註 3〕陳垣先生土法校勘的工作，其影響力延至今天，談到校勘人們仍會提到他的《校勘學釋例》。

多讀陳垣先生的著作，越覺他重視體例歸納，各本之間的議題論點又往往可通，有脈絡可循。李師學銘〈陳援庵先生的體例歸納〉提出重點：

> 體例，一般指規定的款式或文辭的格式，從一部著述來說，所指應
> 該是它的撰作條例和內容規律，也就是它的系統。陳援庵先生治史，
> 非常講究著述體例。他自己的著述，就有嚴格的要求，而且不時有
> 所開創。他很擅長歸納，許多瑣碎、繁雜的材料，一到他的手裏，
> 就能採用類舉的方法，從這些材料中尋找出系統來，歸納出體例來。
> 他研究前人的著述，也特別著眼在體例分析上，常能在複雜紛紜的
> 內容或現象中，把體例歸納出來，再揭而出之，使讀者對著述的內
> 容，既可有系統、深入的理解，同時又可進而掌握著述的內在規律，

〔註 3〕 胡適：〈校勘學方法論——序陳垣先生的元典章校補釋例〉，國立北京大學《國學季刊》第 4 卷第 3 號（1934 年），頁 97～110。

　　　　得到以此推彼、舉一反三甚至聞一知十的效果。〔註4〕
李師學銘說明陳垣先生很講究著述體例，也表現在陳先生對自己著述的體例
安排上，我從前就忽略了他在安排方面的表現與成就。

　　經管錫華〈七十年代末以來大陸校勘學研究綜論〉的統計，自 1979 年至
2001 年大陸共出版校勘學專著八種，發表校勘學論文 81 篇。專著八種的其中
六種都認爲陳垣先生的《校勘學釋例》（原名《元典章校補釋例》）在校勘學
史上被稱爲是開山之作。但陳著僅就一種古籍而論，所具校勘學內容只包括
沈刻《元典章》的誤例、幾條校勘原則與校勘四例，以探討並建立校勘學的
理論體系。同時從〈七十年代末以來大陸校勘學研究綜論〉統計的 118 篇校勘
學論文中找到直接談到陳垣先生的論文有如鄧瑞全的〈陳垣與古籍整理〉，文
章說：

　　　他（陳垣先生）取對校派與理校派的精華，去掉他們的偏見。…從
　　　校史入手，總結歸納校勘學的理論和方法，使之適用於各類古籍。

　　　〔註5〕

　　對校用同一書的各種版本互相對校，挑選一種較好的本子作底本，再以
其他本子參校，把不同之處注於其旁。本校是一種用本書校本書的校勘方法，
通過前後文字的對照，比較分析其異同，從而找出其中的錯誤。他校通過查
檢相關的權威工具書或權威著作，找到判斷是非、改正錯誤的可靠依據，從
而達到校對目的的校對方法。理校即據理推斷，以定其正誤的校勘方法。

　　陳垣先生的校勘方法論主要體現在《校勘學釋例》卷六之〈校法四例〉
和《通鑑胡注表微·校勘篇》中。《校勘學釋例》，1931 年面世，《通鑑胡注表
微》，1945 年出版。陳垣先生於《校勘學釋例》中從眾多實例中提煉出校勘的
通則，類例可算精純。在校勘實踐中，〈校法四例〉不是孤立使用的，在不同
條件下，在不同工作階段，可以使用其中一種，也可以同時使用其中幾種，
對此陳垣先生《通鑑胡注表微》有詳細的分析和說明。

〔註 4〕李學銘：〈陳援庵先生的體例歸納〉，載張其凡、范立舟主編：《宋代歷史文化
　　　　研究》（續編）（北京：人民出版社，2003 年），頁 68～85。李師的這篇文章
　　　　我讀了十多二十遍，期摸索寫論文的方法。
　　　　管錫華〈七十年代末以來大陸校勘學研究綜論〉，《漢學研究通訊》第 83 期（2002
　　　　年），頁 1～11。
〔註 5〕鄧瑞全：〈陳垣與古籍整理〉，《傳統文化與現代化》第 3 期（1998 年），頁 87
　　　　～95。

　　《校勘學釋例》中沒有提過多種校勘方法兼用，故而葛棻雲〈結合陳垣《校勘學釋例》談談古書校勘的方法〉談到採用對校與其他三種方法相結合的方法，則可保存對校法的長處，並能克服其短處。〔註6〕陳垣先生在《通鑑胡注表微》全書標明為對校的經我統計得 3 次，本校 3 次，他校 7 次，理校 13 次，先他校後對校的 1 次，先他校、後理校的 1 次，本校、他校兼用的 1 次，他校、理校兼用的 3 次。《日知錄校注》沒標明《日知錄》用那種校勘方法，對校用的不計其數。先用對校、後他校的 3 次，先他校、後對校的 9 次，先他校、再對校、後他校的 1 次，先他校、再本校、後他校的 1 次。這些數字進一步的說明，將另章探討。

　　管錫華〈七十年代末以來大陸校勘學研究綜論〉提到的專書有幾種是我印象很深的，這包括了張舜徽的《廣校讎略》〔註7〕，王叔岷《校讎別錄》〔註8〕，陳鍾凡編述《古書讀校法》〔註9〕，張舜徽《中國古代史籍校讀法》〔註10〕適合大專同學自修，後兩本更是我讀大學時教授上課時用的課本，不過訂成一冊，名稱因很多年前大陸書未解禁而易了書名或諱改作者名。

　　山西大學碩士學位論文，由賈廣瑞寫的〈理校方法論〉，以陳垣先生（1931）提出的理校法概念為理論基礎，對大量的理校條例進行了分類考察，並據此對理校法的科學依據進行了分類說明。進一步探討了理校法的功用，提出了他認為合理運用理校法的重要原則。通過對理校法的考察，得出以下結論：

　　　一、……，在經歷了「經驗理校法」和「科學理校法」兩個階段後，
　　　理校法概念被明確提出。二、與其他有具體資料為參考的校勘方法
　　　不同，理校法沒有具體的資料可供比勘，但是理校法並不是沒有任
　　　何依據的單純推測，而是有可靠依據的邏輯論證，不同的是理校法
　　　的依據相對靈活多樣。三、理校法的功用，主要是在沒有比勘資料
　　　的情況下發現並解決問題和校正通過其他校勘方法已經發現的訛
　　　誤，以及比較異文的長短正誤。四、在運用理校法的過程中除了要
　　　注意校勘過程中的一般問題外，更重要的是……運用理校法時要考

〔註6〕　葛棻雲：〈結合陳垣《校勘學釋例》談談古書校勘的方法〉，《宿州教育學院學報》第 3 期（2004 年），頁 73～75。
〔註7〕　張舜徽：《廣校讎略》，（北京：中華書局，1963 年，第 1 版）。
〔註8〕　王叔岷：《校讎別錄》，（北京：中華書局，2007 年，第 1 版）。
〔註9〕　陳鍾凡：《古書讀校法》，（台灣：商務印書館，1980 年，第 1 版）。
〔註10〕　張舜徽：《中國古代史籍校讀法》，（北京：中華書局，1962，第 1 版）。

　　慮到文獻以及文獻所述內容所處的時代和地點……這樣才能做到合
理運用理校法，避免理校過程中因爲臆測造成新的訛誤。〔註11〕
至於有關避諱的研究，王彥坤編著的《歷代避諱字彙典》極便查閱。

　　由王彥坤編著，北京中華書局再版印行的《歷代避諱字彙典》〔註12〕，以
廣義避諱材料爲收集對象，對解決諱字的疑難很有幫助。它以敬諱材料爲主，
兼及忌諱、憎諱材料；以史料爲主，但也不完全排除非史（如小說）材料。本
書在廣泛吸收前人避諱研究成果的基礎上寫成，其中特別是利用了清周廣業氏
《經史避名匯考》的豐富避諱材料，借鑑了民國張惟驤氏《歷代諱字譜》以諱
字立條目的編寫體例，採納了陳垣先生《史諱舉例》中的某些避諱學理論。

　　《歷代避諱字彙典》一書的優點很多，編著者王彥坤不光是採納了陳垣
先生《史諱舉例》中的某些避諱學理論，遇有懷疑他提出自己的意見，這才
最寶貴：

　　　　〔疑誤〕或謂宋眞宗名恒，改恒山爲常山，則誤。《史諱舉例》卷
　　　　六曰：「恒山，唐穆宗時已改爲鎮州，宋眞宗又安得恒山而改之？」
　　　　〔註13〕

河北的恒州，隋唐時爲恒州恒山郡。後避唐穆宗諱，改「恒」爲「鎮」。因爲
弘農恒農，恒山常山，時設時廢，很容易引發糾紛。〔註14〕《史諱舉例》根

〔註11〕 賈廣瑞：〈理校方法論〉，山西大學碩士論文（2006年）。
　　　　2001年打後有關的陳垣先生校勘學的論文還有：劉丹〈陳垣先生歷史文獻學成
　　　　就述要〉（《世紀橋》第9期（2007年），頁95～96。）；鄔應龍〈試論陳垣對古
　　　　典文獻學的貢獻〉（《山東圖書館季刊》第3期（2006年），頁75～78。）；崔文
　　　　媛〈試論陳垣對歷史文獻學的建基性貢獻〉（《河南師範大學學報：哲學社會科
　　　　學版》第5期（2009年），頁148～150。）；張子俠、田亞瓊〈淺探《校勘學釋
　　　　例》〉（《五邑大學學報：社會科學版》第10卷第4期（2008年），頁38～41。）
〔註12〕 王彥坤：《歷代避諱字彙典》，（北京：中華書局，2009年，第1版）。
〔註13〕 同上，頁92。
〔註14〕 陳垣：《史諱舉例》，（上海：上海書店出版社，1997年，第1版），頁60。
　　　　陳垣先生在《史諱舉例》卷五「數朝同諱例」中的「宋至道三年避眞宗諱改」，
　　　　頗引起讀者的疑惑。宋眞宗（公元968～1022年）似避父太宗（公元939～997
　　　　年）諱，李師學銘解釋說：「至道是宋太宗年號，宋眞宗是太宗子，爲甚麼會
　　　　父避子諱？原來至道三年三月，太宗崩，眞宗隨即即位，仍用至道年號，到了
　　　　第二年的正月，才改元爲咸平元年（公元998年）。」李師學銘自言參閱《宋
　　　　史》卷六〈宋眞宗本紀一〉，1977年11月中華書局校點本，頁103～106。（李
　　　　學銘：〈近代史學家陳垣研究〉，香港大學博士論文。1987年，頁352a，352b，
　　　　388。）（李學銘：〈「至道三年避眞宗諱」考〉《學術研究》第8期（2001年），
　　　　頁98～100。）

據史實，列成一個簡表。讀《歷代避諱字彙典》一書可以參照《史諱舉例》，一舉得二。我會再另章進一步探討《日知錄校注》的避諱研究。

我還喜歡附錄中的〈秦以來歷代帝王廟諡名字墓號年號表〉、〈工具書及史書中不明避諱致誤舉隅〉。

王新華著的《避諱研究》是第二本值得推介有關避諱的參考書，全書規模頗大，共七章，前六章分別討論了避諱的起源與形成原因、避諱的物件與範圍、避諱的發展變化、避諱的方式、避諱的規則、避諱的影響，第七章中則簡略勾勒了避諱的發展史，在《經史避名匯考》和《史諱舉例》的基礎上，梳理了避諱這種漢民族特有的文化，周邊民族得以在漢民族文化的脈絡下發展。〔註15〕書末附《歷代帝王廟諡名字墓號年號表》，以備檢索。

還有的是近二十年來，數量不少研究陳垣先生的其他學術論文，以下選我較有印象的，按出版年份排列簡述。

1、祝注先〈陳垣關於歷史工具書的設想與實踐〉（《辭書研究》第 3 期（1990 年 5 月），頁 137～144。）

祝注先〈陳垣關於歷史工具書的設想與實踐〉一文敘述陳垣先生就史學工具改良的方法，這包括：類書類工具書的改良、目錄或總目的改善和編製、文集總目的編製、群書篇目匯纂的編製、重要書籍索引、分類專題編集。

2、何齡修〈讀《明季滇黔佛教考》——紀念陳垣先生誕生一百二十周年〉（《暨南學報》第 23 卷第 2 期（2001 年 3 月），頁 128～136。）

《明季滇黔佛教考》把語錄入史，何齡修說是豐富了滇黔佛教史本身的史實。考從引述材料、建立假設開始，接著對假設進行驗證，得出結論。是文考證了名明遺民、抗清志士、詩人，字開少，出家後名大錯和尚的錢邦苔的生平。

3、石濤〈探賾索隱稽古發微——陳垣《耶律楚材父子信仰之異趣》一文簡評〉（《山西大學學報》（哲學社會科學版）第 25 卷第 1 期（2002 年 2 月），頁 81～83。）

陳垣先生於 1929 年創作的文章〈耶律楚材父子信仰之異趣〉一文，是他

〔註15〕王新華：《避諱研究》，（北京：中華書局，2009 年，第 1 版），頁 380。
期刊論文見周少川〈陳垣的避諱學研究——論《史諱舉例》的歷史文獻學價值〉（《淮北煤炭師範學院學報：哲學社會科學版》第 27 卷第 4 期（2006 年），頁 16～20。）；宗廷虎〈陳垣的史諱研究〉（《揚州大學學報：人文社會科學版》第 9 卷第 1 期（2005 年），頁 47～51。）

宗教史論中的一篇小文章，是陳垣先生用詩歌進行考證的典型文章之一。全文大致可分為兩大部分。在第一部分陳垣先生首先簡略介紹耶律楚材信仰佛教的原因和經過：第二部分主要記述耶律鑄與道士交往，調解佛道之間的矛盾的事蹟，以《溪醉隱集》中收錄的他與佛道交往應酬的詩作為證據，說明耶律鑄對道教有濃厚的感情。

4、張俊燕〈論陳垣對中國目錄學的貢獻〉(《廣西社會科學》第 1 期（2002年，總第 87 期），頁 205～207。)

陳垣先生對中國目錄學的發展作出過重要貢獻。他講求實用，強調目錄對治學的指導作用；他潛心研究，審慎編撰了大量目錄學論著，供讀者利用；他大力提攜和精心培養目錄學人才。

5、許殿才〈陳垣在近代史學領域的開拓〉（《史學集刊》第 2 期（2004年 4 月），頁 22～27。)

在〈陳垣在近代史學領域的開拓〉文中，許殿才讚賞陳垣先生史學研究的廣與深。

6、史麗君〈試析陳垣歷史編纂學思想〉(《人文雜誌》第 4 期（2005 年），頁 118～122。)

陳垣先生選題講求獨創與實用，搜集使用資料堅持博採慎取的標準。堅持一定的編纂義例，注重標目，充分利用序跋附錄、史文尚簡、編次謹嚴、善用圖表、徵引等規範。著作完成後一定要進行精心修改。

7、羅興連〈試論陳垣的宗教史治學方法──以《從教外典籍看明末清初的天主教》為例〉（《廣東教育學院學報》第 26 卷第 2 期（2006 年4 月），頁 99～103。)

文章大致指出陳垣先生重史料搜集的詳瞻，與史料比次，再加以組織，能在紛繁中見條理，得出「新結論」。〈試論陳垣的宗教史治學方法──以《從教外典籍看明末清初的天主教》為例〉一文中陳垣先生運用較多的是上諭、奏摺及官方文件。不過羅興連批評陳垣先生對內典的運用相當少。

8、孫萍〈論陳垣對校勘學的貢獻〉（《西北民族大學學報》第 6 期（2007年），頁 146～148。)

孫萍欣賞陳垣先生將清代樸學中關於目錄、版本、校勘、輯佚、避諱、辨偽等考據之學融會貫通，靈活運用，熔鑄成自己的史料考證學。

9、張子俠、田亞瓊〈淺探《校勘學釋例》〉（《五邑大學學報》第 10
　　卷第 4 期（2008 年 11 月），頁 38～41。）

　　本論文兩位作者提出看法，概括《校勘學釋例》用的方法爲選用誤例數
量多、所列舉誤例的所在區域交叉性強，並且有時相對集中出現布局系統而
又層次分明、注重版本的選擇、從校勘的結果總結「誤例」、從實踐中總結校
勘方法開闢了校勘工作新路。對校法、本校法、他校法和理校法這四種校勘
方法構成了一個完整而又層次清楚的體系。前三種方法憑藉的主要是客觀實
物，第四種方法憑藉的主要是主觀學識。

10、牛潤珍、王磊〈地方志與陳垣的史學研究〉（《中國地方志》第 2
　　期（2009 年 11 月），頁 28～34。）

　　牛潤珍、王磊評陳垣先生所撰《元也里可溫教考》、《釋氏疑年錄》、《元西
域人華化考》等名著廣徵元至順《鎮江志》、佛教志乘及其他志書；考證元大德
《南海志》殘本爲路志，陳大震撰，陳垣用歷史學家的深邃眼光，在全面掌握
有關材料的基礎上，對佛教方志資料進行分類整理，區別對待，或作依據；或
取一說，並存異說；如有訛誤，先取正確的說法，再辨證錯誤的記載。

11、祁龍威〈考證成爲科學的歷史文獻——讀 1997 年版陳垣著《校勘學
　　釋例》〉（《書品》第 6 期（2010 年 11 月），頁 8～11。）

　　陳垣著《校勘學釋例》由於時勢的需求，流通在我國大陸的，已有三個
年代的版本。一是 1934 年初刊本，書名《元典章校補釋例》，胡適爲之序。
二是 1959 年重印本，改名《校勘學釋例》，刪去了胡序。三是 1997 年三版本，
以 1959 年重印本爲據，但恢復了胡適序文。祁龍威讀的，就是上海書店出版
社的三版本。此書雖然只是一本僅有十二萬八千餘字的小冊子，但卻關係著
20 世紀我國學術史上兩件有影響的大事：其一，陳垣對二千餘年的我國校勘
學作了總結，提出「校法四例」：對校、本校、他校、理校，成爲古籍校勘的
普遍法則。其二，胡適以校勘爲例，引進西方的「實驗主義」方法論，革新
乾嘉考證學，使之成爲科學。

12、劉重來〈一門不該消失的學科——論陳垣先生創建的史源學〉（《中
　　國大學教學》第 1 期（2011 年），頁 49～53。）

　　史源學是著名史學大師陳垣先生在 20 世紀三四十年代在大學歷史系開創
的一門新學科。劉重來總結史源學的特點是重在實踐，重在啓迪思維、培養

人才、訓練基本功，是一門將學與思、理論與實踐緊密結合，樹立嚴謹學風
的學科。

附錄二 《日知錄》的版本系統

在潘承弼的文章〈《日知錄》補校（版本攷略附）〉中，對於《日知錄》的版本系統有相當清楚的分類和梳理，以下是其大略的分類：

第一類：《日知錄》八卷

    一、符山堂初刻本

    二、舊鈔本（此鈔本共 140 條，而初刻本共 116 條，而潘承弼未見初刻本和此本）

第二類：《日知錄》三十二卷

  甲、刻本

    一、康熙三十四年潘氏遂初堂刻本

    二、乾隆六十年重刊本

    三、乾隆時重刊巾箱本

    四、皇清經解本

    五、石印巾箱本

  乙、鈔本

    一、四庫全書本

    二、原寫本

    三、底稿本

    四、雍正時鈔本（即黃侃先生所用張繼鈔本）

    五、吳兔牀陳簡莊校鈔本

第三類：《日知錄之餘》四卷

    一、乾隆六十年刊本

二、乾隆時刊巾箱本

三、宣統二年吳中鄒氏重刻本

四、四川刻本

五、風雨樓排印本

六、舊鈔本

第四類：《日知錄集釋》三十二卷

一、道光初刻本

二、道光十四年嘉定黃氏西谿草廬重刊定本

三、同治七年漢陽童氏朝宗書屋活字排印本

四、同治八年廣州述古堂重刻本

五、同治十一年湖北崇文書局重刻本

六、光緒三年重刻本

七、日本明治甲申樂善堂巾箱本

八、坊刻巾箱本

第五類：《日知錄刊誤》二卷、《續刊誤》二卷

一、道光十五年嘉定黃氏袖海樓刊本

二、道光十六年袖海樓雜著本

三、同治七年漢陽童氏朝宗書屋活字排印本

四、同治八年廣州述古堂重刻本

五、同治十一年湖北崇文書局重刻本

六、光緒三年重刻本

七、日本明治甲申樂善堂巾箱本

八、坊刻巾箱本

第六類：《日知錄》校勘、校注

一、《日知錄續補正》三卷，清嘉興李遇孫撰，民國五年，見《學術叢編》

二、《日知錄校正》一卷，清山陽丁晏撰，光緒間，見《小方壺齋叢書》

三、《日知錄小箋》一卷，清德清俞樾撰，見《曲園叢書》

四、《日知錄校記》一卷，黃侃先生撰，金陵大學排印本，民國二十五年萬載龍（即龍楡生）刊成定本。

　　如此複雜的系統，許多書潘承弼自己都未見過，許多都不過是根據目錄書照錄而已。〔註1〕

　　談論版本如果未見原書，談是白談。以下談今天容易看到的《日知錄》版本。

　　陳智超說：

> 《日知錄》的刻本有三個系統：一爲康熙九年（1670 年）顧炎武的自刻本，8 卷。援庵先生稱之爲初刻本。一爲康熙三十四年顧弟子潘耒整理的 32 卷本，此時顧已去世 13 年。一爲道光十四年（1834 年）黃汝成集釋本，是在潘本的基礎上集諸家相類文章於顧炎武原文之後，也是 32 卷。後來通行的是黃氏集釋本。除此之外，還有不同時期的抄本。潘本和集釋本都沒有處理顧氏原文與引文區分的問題。不但如此，還增加了一個新的問題，即把《日知錄》所引書的注文與顧炎武自己的注文混淆了。潘本兩種注文同用小字，集釋本則一律加「原注」二字。〔註2〕

陳垣先生校注本的底本是民國元年武昌官書處翻刻的粵刻集釋本，其底本是道光十四年黃汝成西谿草廬重刻定本集釋本，所用的本子則是八卷初刻本和潘刻本。

　　目前幾種比較容易見到的《日知錄》或者校勘，有嶽麓書社秦克誠點校《日知錄集釋》，嶽麓本的優點是簡潔，僅一冊，爲夾行小注，但是簡體橫排，且無其他附錄，僅收黃的集釋，未收其他人的校注。1985 年上海古籍出版社影印，沒加新式標點的《日知錄集釋》（附外七種），已將初刻八卷本及《之餘》、《校記》等一併收入。2006 年顧炎武、黃汝成集釋，欒保群、呂宗力校點《日知錄集釋》（全校本・全三冊・繁體版），整理校點即以西谿草廬本爲底本，校勘中汲取了黃侃用雍正年間《日知錄》抄本對校西谿草廬本《日知錄》而成的《日知錄校刊》成果，對清代的避諱字逐改。附錄比較全，海內孤本的八卷本也附在後面，還有 7 種其他校釋本。這新出的三冊校點本，盡量吸取了後人校注成果，並把刪改之處據黃侃校本增補進去或是改回去，以期恢復原貌。注文附于正文之後，翻檢略有影響，但讀正文可少受干擾，與

〔註1〕潘承弼：《《日知錄》補校》（版本攷略附），載顧炎武：《日知錄集釋》（外七種）（上海：上海古籍出版社，1985 年，第 1 版），頁 3440～3448。

〔註2〕陳垣：《日知錄校注》上冊，前言，頁 4。

夾行注相比，各有優缺點。最新的是陳垣先生《日知錄校注》（安徽大學出版社）。校勘本則有近人黃侃先生的《日知錄校記》。黃侃用舊抄本校出潘刻爲避時忌而刪改的文字條目，均可補三十二卷本之缺失。

顧炎武編《日知錄》時廣泛收集資料，歸納研究，有著細緻專一、鍥而不捨等治學精神。尙幸未脫離實際、煩瑣細碎。

《日知錄》是顧炎武「稽古有得，隨時箚記，久而類次成書」的著作。《日知錄》屬箚記性質，字數不定，弟子潘耒從其家取出書稿，再三校勘，刪改了犯忌的字眼，把內容大體劃爲經義、史學、官方、吏治、財賦、典禮、輿地、藝文等八類，《四庫全書總目》則分作十五類，即經義、政事（卷八至十二）、世風（卷十三）、禮制、科舉（卷十六至十七）、藝文、名義、古事眞妄、史法、注書、雜事、兵及外國事、天象術數、地理、雜考證。〔註3〕

〔註3〕陳致易：〈評上世紀九十年代兩種《日知錄》校注本〉，《安徽大學學報》（哲學社會科學版）第31卷第1期（2007年1月），頁77～81。

參考資料

*以下古籍、專書、論文皆依筆畫先後順序

一、古　籍

1. 《十三經注疏・左傳》（台北：東昇出版事業公司，據嘉慶二十年江西南昌府學重栞宋本禮記注疏附校勘記）。

2. 十三經注疏委員會：《十三經注疏》本，《春秋左傳正義》（北京：北京大學出版社，2000 年，第 1 版）。

3. 十三經注疏委員會：《十三經注疏》本，第三冊，《毛詩正義》（北京：北京大學出版社，2000 年，第 1 版）。

4. 十三經注疏委員會：《十三經注疏》本，第六冊，《禮記正義》（北京：北京大學出版社，2000 年，第 1 版）。

5. 十三經注疏整理委員會：《春秋公羊傳注疏》（北京：北京大學出版社，2000 年第 1 版）。

6. 于慎行：《穀山筆塵》（北京：中華書局，1984 年，第 1 版）。

7. 王充撰，蕭登福校注：《新編論衡》（台灣：國立編譯館，2000 年，第 1 版）。

8. 王先慎：《韓非子集解》（北京：中華書局，1998 年，第 1 版）。

9. 王念孫：《廣雅疏證》，（北京：中華書局，1983 年，第 1 版）。

10. 王昶：《金石萃編》，石印本（上海：寶善堂，1918 年，第 1 版）。

11. 王欽若：《冊府元龜》（台灣：臺灣商務印書館，1967 年，第 1 版）。

12. 王溥：《唐會要》（北京：中華書局，1955 年，第 1 版）。

13. 王溥：《唐會要》（京都：中文出版社，1978 年，第 1 版）。

14. 王琦等：《李賀詩歌集注》，（上海：上海人民出版社，1977 年，第 1 版）。

15. 司馬光：《資治通鑑》（北京：中華書局，1954 年，第 1 版）。

16. 司馬遷：《史記》（北京：中華書局，1959 年，第 1 版）。

17. 朱熹：《楚辭集注》（北京：人民文學出版社，1953 年，第 1 版）。

18. 朱鑄禹：《世說新語彙校集注》（上海：上海古籍出版社，2002 年，第 1 版）。

19. 朱駿聲：《六十四卦經解》（北京：北京大學出版社，2008 年，第 1 版）。

20. 牟潤孫：〈勵耘書屋問學回憶——陳援庵先生誕生百年紀念感言〉，載陳智超主編《勵耘書屋問學記：史學家陳垣的治學》（北京：三聯書店，2006 年，第 1 版），頁 72。

21. 吳玉貴：《唐書輯校》（北京：中華書局，2008 年，第 1 版）。

22. 杜佑：《通典》（北京：中華書局，1988 年，第 1 版）。

23. 杜甫：《杜詩詳注》（北京：中華書局，1979 年，第 1 版）。

24. 李延壽：《南史》（北京：中華書局，1975 年，第 1 版）。

25. 李賀：《三家評註李長吉歌詩》（北京：中華書局，1960 年，第 1 版）。

26. 李燾：《續資治通鑑長編》（北京：中華書局，1995 年，第 1 版）。

27. 沈約：《宋書》（北京：中華書局，1975 年，第 1 版）。

28. 周天游：《八家後漢書輯注》（上海：上海古籍出版社，1986 年，第 1 版）。

29. 孟棨：《本事詩》（上海：古典文學出版社，1957 年，第 1 版）。

30. 房玄齡：《晉書》（北京：中華書局，1974 年，第 1 版）。

31. 林寶：《元和姓纂》（附四校記）（北京：中華書局，1994 年，第 1 版）。

32. 邵博：《邵氏聞見後錄》（北京：中華書局，1983 年，第 1 版）。

33. 施宿：《會稽志》，輯自《欽定四庫全書》，史部十一（台北：臺灣商務印書館，1986 年，第 1 版）。

34. 段安節：《樂府雜錄》，載於《學海類編》第四十九冊。

35. 段安節：《樂府雜錄》，載於《墨海金壺》子部，清嘉慶十三年。

36. 洪适：《隸釋・隸續》（北京：中華書局，1985 年，第 1 版）。

37. 洪邁：《容齋隨筆》（上海：上海古籍出版社，2007 年，第 1 版）。

38. 紀昀：《四庫全書總目》卷九十七（北京：中華書局，1965 年，第 1 版）。

39. 孫希旦：《禮記集解》卷三十六（北京：中華書局，1989 年，第 1 版）。

40. 徐元誥：《國語集解》（北京：中華書局，2002 年，第 1 版）。

41. 桓譚：《桓子新論》（上海：龍谿精舍叢書，1917 年，第 1 版）。

42. 班固：《漢書》（北京：中華書局點校本，1962 年，第 1 版）。

43. 章如愚：《山堂考索》後集，載《欽定四庫全書》第九三七冊（台北：臺

灣商務印書館，1986 年，第 1 版），頁 555。

44. 章如愚：《山堂考索》後集（正德十三年建陽劉氏慎獨書齋刊本）。

45. 脫脫：《宋史》，第七冊，卷九十二（北京：中華書局點校本，1986 年，第 1 版）。

46. 陳奇猷：《呂氏春秋新校釋》（上海：上海古籍出版社，2002 年，第 1 版）。

47. 陳垣：《日知錄校注》（合肥：安徽大學出版社，2007 年，第 1 版）。

48. 郭茂倩：《樂府詩集》（北京：中華書局，1979 年，第 1 版）。

49. 陳壽：《三國志》（北京：中華書局，1959 年，第 1 版）。

50. 程大昌：《演繁露》，輯自《欽定四庫全書》，（台北：臺灣商務印書館，1986 年第 1 版）。

51. 黃震：《黃氏日鈔》輯自《文淵閣四庫全書》第七〇八冊（台北：臺灣商務印書館，1986 年，第 1 版）。

52. 楊伯峻：《春秋左傳注》（北京：中華書局，1981 年，第 1 版）。

53. 楊琳：《小爾雅今注》（上海：漢語大詞典出版社，2002 年，第 1 版）。

54. 葉適：《水心集》，輯於《欽定四庫全書》集部一〇三，第一一六四冊，（台北：臺灣商務印書館，1986 年，第 1 版）。

55. 葉適：《葉適集》（北京：中華書局，1961 年，第 1 版）。

56. 趙汝楳：《筮宗》，載紀昀主編《四庫全書》第十九冊，經部易類叢書中。（上海：上海古籍出版社，1987 年，第 1 版）。

57. 趙翼：《陔餘叢考》（北京：中華書局，1963 年，第 1 版）。

58. 劉昫：《舊唐書》（北京：中華書局點校本，1959 年，第 1 版）。

59. 劉敞：《春秋權衡》，載紀昀主編《四庫全書》第一四七冊，經部春秋類叢書中（臺灣：商務印書館，1983 年，第 1 版），頁 194。

60. 劉肅：《大唐新語》（北京：中華書局，1984 年，第 1 版）。

61. 劉瑾《詩傳通釋》見《欽定四庫全書》「經部」中卷五，頁 33。胡廣《大全》卷五，頁 30。

62. 劉寶楠：《論語正義》（北京：中華書局，1990 年，第 1 版）。

63. 劉敞：《春秋權衡》，載紀昀主編《四庫全書》第一四七冊，經部春秋類叢書中（臺灣：商務印書館，1983 年，第 1 版），頁 194。這是乾隆敕輯版本，臺灣商務 印書館影印文淵閣寫本。

64. 黎靖德：《朱子語類》（北京：中華書局，1985 年，第 1 版）。

65. 潘成弼：《《日知錄》補校》（版本攷略附），載顧炎武：《日知錄集釋》（外七種）（上海：上海古籍出版社，1985 年，第 1 版），頁 3440～3448。

66. 歐陽修：《新唐書》（北京：中華書局，1975 年，第 1 版）。

67. 歐陽詢：《藝文類聚》（上海：上海古籍出版社，1985 年，第 1 版）。

68. 蕭統：《文選》（北京：中華書局，1977 年，第 1 版）。

69. 蕭子顯：《南齊書》（北京：中華書局，1972 年，第 1 版）。

70. 閻若璩：《潛邱劄記》，載沈自南：《藝林彙考》，集於《欽定四庫全書》第八五九冊。（上海：上海古籍出版社，1987 年，第 1 版）。

71. 應劭：《風俗通義校注》，王利器校注「佚文」，（北京：中華書局，1981 年，第 1 版）。

72. 謝君直：《詩傳注疏》，宛委別藏本，江蘇古籍出版社，1988 年第一版。

73. 謝肇淛：《五雜俎》（上海：上海書店出版社，2001 年，第 1 版）。

74. 瀧川資言：《史記會注考證附校補》（上海：上海古籍出版社，1986 年，第 1 版）。

75. 嚴可均：《全上古三代秦漢六朝文》全晉文，卷三十一（北京：中華書局，1958 年，第 1 版）。

76. 釋道宣《廣弘明集》，集於《欽定四庫全書》，頁 19。

77. 顧炎武：《日知錄集釋》（合肥：安徽大學出版社，2007 年，第 1 版。）

78. 顧炎武：《日知錄集釋》（外七種）（上海：上海古籍出版社，1985 年，第 1 版。）

79. 顧炎武：《菰中隨筆》，載《日知錄集釋》，下冊（台北：世界書局。1991 年，第 8 版）。

80. 顧炎武：《顧亭林詩文集》（北京：中華書局，1983 年，第 2 版），頁 41。

二、專　書

1. 王力：〈朱熹反切考〉，載吳文祺主編：《語言文字研究專輯》（上）（上海：上海古籍出版社，1982 年，第 1 版）。

2. 王叔岷：《校讎別錄》，（北京：中華書局，2007 年，第 1 版）。

3. 王彥坤：《古籍異文研究》（廣東：廣東高等教育出版社，1993 年，第 1 版）。

4. 王彥坤：《歷代避諱字彙典》，（北京：中華書局，2009 年，第 1 版）。

5. 王新華：《避諱研究》，（北京：中華書局，2009 年，第 1 版）。

6. 田惠剛：《中西人際稱謂系統》（北京：外語教學與研究出版社，1998 年，第 1 版）。

7. 牟潤孫：〈《兩漢迄五代入居中國之蕃人氏族研究》序〉，載《海遺叢稿》（初編）（北京：中華書局，2009 年，第 1 版）。

8. 邢澍：《金石文字辨異》卷四，刊於《石刻史料新編（二十九）》，（台北：

新文豐出版公司，1986 年，第 1 版），頁 17。

9. 邱樹森：《中國歷代職官辭典》，（南昌：江西教育出版社，1991 年，第 1 版）。

10. 范志新：《避諱學》（台北：學生書店。2006 年，初版）。

11. 容庚：《金文編》（北京：中華書局，1985 年，第 1 版）。

12. 徐中舒：《漢語古文字字形表》（成都：四川辭書出版社，1980 年，第 1 版）。

13. 袁庭棟：《古人稱謂》（濟南：山東畫報出版社，2007 年，第 1 版）。

14. 高亨：《古字通假會典》（濟南：齊魯書社，1989 年，第 1 版）。

15. 高亨：《詩經今注》（上海：上海古籍出版社，1980 年，第 1 版）。

16. 高步瀛：《文選李注義疏》（北京：中華書局，1985 年，第 1 版）。

17. 高明：《古文字類編》，（台北：大通書局，1986 年，初版）。

18. 張舜徽：《中國古代史籍校讀法》，（北京：中華書局，1962，第 1 版）。

19. 張舜徽：《廣校讎略》，（北京：中華書局，1963 年，第 1 版）。

20. 張保見：《通鑑地理通釋校注》（成都：四川大學出版社，2008 年，第 1 版）。

21. 章太炎：《國故論衡》（浙江：浙江圖書館校刊本，1917 年，第 1 版）。

22. 陳垣：《史諱舉例》，（上海：上海書店出版社，1997 年，第 1 版）。

23. 陳垣：《校勘學釋例》（北京：中華書局，1959 年，第 1 版）。

24. 陳垣：《通鑑胡注表微》（北京：科學出版社，1958 年，第 1 版）。

25. 陳垣：《釋氏疑年錄》（揚州：廣陵書社，2008 年，第 1 版）。

26. 陳垣：《陳垣史學論著選》，上海人民出版社，1981 年。

27. 陳拱：《文心雕龍本義》（台北：台灣商務印書館，2007 年，第 1 版）。

28. 陳智超：《勵耘書屋問學記》，（北京：三聯書店 1982 年版，第 1 版）。

29. 陳鍾凡：《古書讀校法》，（台灣：商務印書館，1980 年，第 1 版）。

30. 陳德芸：《古今人物別名索引》（上海：上海書店，1982 年，第 1 版）。

31. 馮其庸、鄧安生：《通假字彙釋》（北京：北京大學出版社，2006 年，第 1 版）。

32. 馮春田等：《王力語言學詞典》（濟南：山東教育出版社，1995 年，第 1 版）。

33. 馮漢驥：《中國親屬稱謂指南》，（上海：上海文藝出版社，1989 年，第 1 版）。

34. 馮惠民等編：《通鑑地理注詞典》（濟南：齊魯書社，1986 年，第 1 版）。

35. 楊伯峻：《孟子譯注》（北京：北京中華書局，1960 年，第 1 版）。

36. 楊伯峻：《論語譯注》（北京：中華書局，1980 年，第 2 版）。

37. 詹鍈：《文心雕龍義證》（上海：上海古籍出版社，1994 年，第 1 版）。

38. 趙文潤、趙吉惠：《兩唐書辭典》（濟南：山東教育出版社。2004 年，第 1 版）。

39. 趙德義、汪興明：《中國歷代官稱辭典》，（北京：團結出版社，1999 年，第 1 版）。

40. 劉乃和、周少川等：《陳垣年譜配圖長編》上、下冊，（瀋陽：遼海出版社，2000 年，第 1 版）。

41. 劉昭民：《中國歷史上氣候之變遷》，（台北：臺灣商務印書館，1994 年，修訂版）附錄一，中國歷史上之旱災紀錄。

42. 劉濬：《杜詩集評》（台北：大通書局，1972 年，第 1 版）。

43. 錢鍾書：《管錐編》（北京：三聯出版社，2001 年，第 1 版）。

44. 羅欽順：《困知記》（北京：中華書局，1990 年，第 1 版）。

45. 顧實：《漢書藝文志講疏》，（臺北：商務印書館，1927 年，第 3 版）。

46. 顧頡剛、劉起釪：《尚書校釋譯論》（北京：中華書局，2005 年，第 1 版）。

三、論　文

（一）期刊論文

1. 王明澤：〈陳垣同志已刊論著目錄繫年補正〉《史學史研究》2000 年第 4 期，頁 61～66。

2. 牛潤珍、王磊：〈地方志與陳垣的史學研究〉《中國地方志》第 2 期（2009 年 11 月），頁 28～34。

3. 史麗君：〈試析陳垣歷史編纂學思想〉《人文雜誌》第 4 期（2005 年），頁 118～122。

4. 白文固：〈唐代僧籍管理制度〉，《普門學報》2003 年 5 月，第 15 期，頁 3。

5. 石濤：〈探賾索隱稽古發微——陳垣《耶律楚材父子信仰之異趣》一文簡評〉《山西大學學報》（哲學社會科學版）第 25 卷第 1 期（2002 年 2 月），頁 81～83。

6. 何齡修：〈讀《明季滇黔佛教考》——紀念陳垣先生誕生一百二十周年〉《暨南學報》第 23 卷第 2 期（2001 年 3 月），頁 128～136。

7. 李亞明：〈《周禮·考工記》度量衡比例關係考〉《東華漢學》第 5 期（2007 年 6 月），頁 5，6。

8. 李學銘：〈陳援庵先生與史書要刪〉，《新亞學報》第 27 期（2009 年 2 月），

頁 7。

9. 李學銘:〈陳援庵先生的體例歸納〉,載張其凡、范立舟主編:《宋代歷史文化研究》(續編)(北京:人民出版社,2003 年),頁 68~85。

10. 李學銘:〈「至道三年避真宗諱」考〉《學術研究》第 8 期 (2001 年),頁 98~100。

11. 李瑚〈勵耘書屋問學記〉,載《勵耘書屋問學記》(北京:三聯書店,1982 年)。

12. 呂宗力:〈漢代的流言和訛言〉《歷史研究》2003 年第 2 期,頁 14~31。

13. 季慶陽:〈武則天與忠孝觀念〉,西北大學學報(哲學社會科學版)。第 39 卷 6 期 (2009 年 11 月),頁 139,140。)

14. 周少川:〈陳垣的避諱學研究——論《史諱舉例》的歷史文獻學價值〉,《淮北煤炭師範學院學報:哲學社會科學版》第 27 卷第 4 期 (2006 年),頁 16~20。

15. 周星瑩:〈中古「哥」父兄兼指的理據〉,《鹽城師範學院學報》(人文社會科學版) 第 29 卷第 6 期 (2009 年 12 月),頁 76~79。

16. 周菁葆:〈西域摩尼教的樂舞藝術〉,《西域研究》2005 年,第 1 期,頁 90。

17. 林金樹:〈試論明代蘇松二府的重賦問題〉,載中國社會科學院歷史研究所明史研究室主編:《明史研究論叢》(南京:江蘇人民出版社,1982 年,第 1 版) 頁 118。

18. 宗廷虎:〈陳垣的史諱研究〉《揚州大學學報:人文社會科學版》第 9 卷第 1 期 (2005 年),頁 47~51。

19. 祁龍威:〈考證成為科學的歷史文獻——讀 1997 年版陳垣著《校勘學釋例》》《書品》第 6 期 (2010 年 11 月),頁 8~11。

20. 胡適:〈校勘學方法論——序陳垣先生的元典章校補釋例〉,國立北京大學《國學季刊》第 4 卷第 3 號 (1934 年),頁 97~110。

21. 范曉民:〈《日知錄》對《昭明文選》作品的闡釋與訂誤〉《鄭州大學學報》第 4 期 (2002 年 7 月),頁 92。

22. 孫玉蓉:〈為《陳垣年譜配圖長編》補遺指謬〉,《天津大學學報:社會科學版》第 2 期 (2008 年 3 月),頁 143~145。

23. 孫萍:〈論陳垣對校勘學的貢獻〉《西北民族大學學報》第 6 期 (2007 年),頁 146~148。

24. 徐元誥:《國語集解》(北京:中華書局,2002 年,第 1 版)。

25. 祝注先:〈陳垣關於歷史工具書的設想與實踐〉,《辭書研究》第 3 期 (1990 年 5 月),頁 137~144。

26. 袁輝:〈歷史與空間:明清變遷中反省細節〉,載香港文匯報「文匯園」專

欄，2006 年 11 月 8 日。

27. 梁方仲：〈近代田賦史中的一種奇異制度及其原因〉，載黃啓臣主編：《梁方仲經濟史論文集》（北京：中華書局，1989 年，第 1 版），頁 10～18。

28. 張一平：〈《杜甫〈石壕吏〉中的老翁和石壕吏》辨訛〉，《文學遺產》第 5 期（2004 年）。

29. 張子俠、田亞瓊：〈淺探《校勘學釋例》〉《五邑大學學報》第 10 卷第 4 期（2008 年 11 月），頁 38～41。

30. 張俊燕：〈論陳垣對中國目錄學的貢獻〉《廣西社會科學》第 1 期（2002 年，總第 87 期），頁 205～207。

31. 張龍：〈史學名師的治史方法——《陳垣史源學雜文》（增訂本）讀後〉，2008 年，輯於〈文匯讀書報〉。

32. 張京華：〈陳垣《日知錄校注》讀評〉《學術界》（月刊）第 153 期（2011 年 2 月），頁 87～97。

33. 許殿才：〈陳垣在近代史學領域的開拓〉《史學集刊》第 2 期（2004 年 4 月），頁 22～27。

34. 陳垣：〈日知錄「部刺史」條唐置採訪使原委〉，載存萃學社：《顧炎武學術思想研究彙編》（香港：大東圖書公司。1980 年，第 1 版），頁 268。

35. 陳垣：〈《隋書・百官志》後周祿秩解〉，載陳智超主編《陳垣史源學雜文》（北京：三聯書店，2007 年）。

36. 陳智超：《陳垣史源學雜文》（北京：人民出版社，1980 年，第 1 版）。

37. 陳智超：《勵耘書屋問學記：史學家陳垣的治學》（北京：三聯書店，1982 年，第 1 版）。

38. 陳致易：〈評上世紀九十年代兩種《日知錄》校注本〉，《安徽大學學報：哲學社會科學版》第 1 期（2007 年 1 月），頁 77～81。

39. 陳智超：〈陳垣與史源學及《日知錄》研究〉，《安徽大學學報：哲學社會科學版》第 3 期（2007 年 5 月），頁 119～121。

40. 彭君華：〈採山之銅　刮垢磨光——評陳垣先生《日知錄校注》〉，見《古籍整理出版情況簡報》2008 年第 2 期），總 444 期。

41. 楊君：〈歷代改補「開元通寶」版式流通錢〉，《中國錢幣》第 98 期（2007 年 3 月），頁 26～32。

42. 葛菜雲：〈結合陳垣《校勘學釋例》談談古書校勘的方法〉，《宿州教育學院學》第 3 期（2004 年），頁 73～75。

43. 管錫華：〈七十年代末以來大陸校勘學研究綜論〉，《漢學研究通訊》第 83 期（2002 年），頁 1～11。

44. 劉重來：〈一門不該消失的學科——論陳垣先生創建的史源學〉《中國大學

教學》第 1 期（2011 年），頁 49～53。

45. 鄧瑞全：〈陳垣與古籍整理〉，《傳統文化與現代化》第 3 期（1998 年），頁 87～95。

46. 鄧克銘：〈羅欽順「理氣爲一物」說之理論效果〉，《漢學研究》第 19 卷第 2 期（2001 年 12 月），頁 33～57。

47. 鄭慧生：〈「數校法」：《校法四例》外一例〉，《史學月刊》第 6 期（2003 年）。

48. 盧錦堂：〈詩情書意：《吳郡圖經續記》、《新定續志》〉（國家圖書館古籍善本雜詠之二）一文。

49. 羅興連：〈試論陳垣的宗教史治學方法——以《從教外典籍看明末清初的天主教》爲例〉《廣東教育學院學報》第 26 卷第 2 期（2006 年 4 月），頁 99～103。

（二）學位論文

1. 田富美：〈清代荀子學研究〉，台灣國立政治大學博士論文。2006 年。

2. 李秋蘭：〈史記敘事之書法研究〉，台灣國立成功大學博士論文。2008 年。

3. 李學銘：〈近代史學家陳垣研究〉，香港大學博士論文。1987 年。

4. 李蘇和：〈唐玄度《九經字樣》研究〉，台灣國立政治大學碩士論文。2008 年。

5. 林怡君：〈韓愈送別文學研究〉，台灣國立中正大學碩士論文。2005 年。

6. 柯慧蓮：〈今本《禮記》中有關喪服制度的篇章與《儀禮·喪服篇》之關係〉，台灣國立中央大學碩士論文。2001 年。

7. 曹光明：〈潘耒的史學：兼論顧炎武史學的繼承〉，香港大學碩士論文。1984 年。

8. 陳玉玲：〈漢賦聯綿詞研究〉，台灣逢甲大學中國文學學系碩士論文，2005 年。

9. 黃亭惇：〈章如愚與《群書考索》中的人物與制度〉，台灣國立清華大學碩士論文，2011 年。

10. 黃榮郎：〈明代正德及嘉靖朝廷杖之研究〉，台灣國立中央大學碩士論文。2000 年。

11. 彭怡文：〈黃以周《禮書通故》女子喪服禮考〉，台灣東海大學碩士論文，2010 年。

12. 鍾達華：〈李賀詩意象研究〉，台灣南華大學文學研究所碩士論文，2005 年。